傾いた図形の同一性認知の発達的研究

野田　満著

風間書房

目　次

序……………………………………………………………………………… 1

第1章　傾いた形に対する子どもの知覚・イメージ研究と
　　　　本研究の位置づけ……………………………………………… 5

　第1節　子どもの傾いた形の認識に関する研究の先駆……………… 9

　第2節　メンタルローテーション研究における正答率あるいは
　　　　　エラー率……………………………………………………… 15

　第3節　メンタルローテーションとは異なる方略………………… 17

　第4節　全体と部分…………………………………………………… 35

　第5節　図形の体制化………………………………………………… 45

　第6節　空間関係・空間視覚化から空間理解へ…………………… 50

　第7節　処理モデル…………………………………………………… 53

　第8節　身体のかかわり……………………………………………… 65

　第9節　本研究の問題と目的………………………………………… 73

第2章　実験系列1　旗型を用いた児童の形態知覚……………… 77

　第1節　実験1-1　旗型課題とWLTとの比較検討………………… 77

　第2節　実験1-2　全角度を使用した場合の分析 ………………… 91

　第3節　実験1-3　標準刺激を斜めにした場合の検討 …………115

　第4節　実験1-4　円形と正方形輪郭との比較検討 ……………128

　第5節　実験1-5　縦断データによる分析 ………………………140

　第6節　実験1-5に関する分析2…………………………………146

　第7節　実験系列1から導かれた発達の側面……………………153

第3章　実験系列2　構成課題を用いた幼児の形態の知覚……………171
　第1節　実験2-1　構成課題による誤反応の分類 ………………………171
　第2節　実験2-2　誤反応の分類2：改良した刺激とWLTとの
　　　　　比較検討……………………………………………………………188
　第3節　実験2-3　誤反応の分析：両面と片面との比較検討 …………200
　第4節　実験2-4　観察効果 ………………………………………………217
　第5節　実験2-5　刺激内の対称軸の検討 ………………………………225
　第6節　実験系列2から導かれた発達の側面……………………………232

第4章　実験系列3　反応時間を用いた幼児のメンタル
　　　　ローテーション実験………………………………………………245
　第1節　実験3-1　構成課題とRT課題：ノーマル（NN）
　　　　　条件での分析………………………………………………………245
　第2節　実験3-2　構成課題とRT課題：ノーマル・シルエット（NS）
　　　　　条件での分析………………………………………………………265
　第3節　実験3-3　構成課題とRT課題：シルエット・シルエット（SS）
　　　　　条件での分析………………………………………………………281
　第4節　実験系列3から導かれた発達の側面……………………………298

第5章　実験系列4　身体を用いた比較方略 ……………………………309
　第1節　実験4-1　手操作課題の検討 ……………………………………309
　第2節　実験4-2　反応時間と手操作課題の分析 ………………………316
　第3節　実験4-3　旗型課題で用いられた方略：質問紙の分析 ………327
　第4節　実験系列4から導かれた発達の側面……………………………338

第6章　総合的考察 …………………………………………………………349
　第1節　対象へのかかわり…………………………………………………349

目　次　iii

第2節　今後の研究課題……………………………………………364

参考文献………………………………………………………………367

あとがき………………………………………………………………383

序

　「同じである」と捉えることは，対象を理解する上での基本的な手続きといえる。「同じである」と捉えられなければ同じではない，つまり違うという判断が生まれる。何をもってその判断をしているのだろうか。そもそも同じ対象であっても，傾きが異なって示されれば，両者は違うとすることがある。傾きが違うというのは，両者の置かれている空間関係が違うのであって，両者が各々所有している属性の違いを示しているのではないはずである。傾きという次元を取り去ってみると，対象どうしの属性が同じかどうかという問題になってくる。どうやら，物体は空間の中にあっては，物体それぞれに割り当てられている方向（orientation）次元が物体の属性のように扱われてしまうようだ。それは見る側との関係の中で対象の属性が規定されるからであろう。見る側から対象を切り離して，対象がどちらを向いていてもどう傾いていても不変であるということを，子どもは発達の途上いつ頃から意識するようになるのだろうか。

　知覚発達において，対象の属性としての色，形だけではなく方向が認識を成立させる上で，重要な側面を担うことが先駆的研究（Aslin & Smith, 1988；Gibson, E. J., 1969/1983；Howard & Templeton, 1966；勝井, 1971；田中, 1991；Rock, 1973）で明らかにされてきた。例えば，幼児に標準刺激と似た図形を二者択一で選択させると，標準刺激と同じだが回転した図形より鏡映図形の方を選択し，その傾向は図形の回転角度が大きくなるほど顕著に現れてくることが示されている（田中, 1991）。こうした勾配に従う正確さあるいは困難度を反映する反応の変化に対して十分な検討を行った知覚発達の研究は無い。知覚とイメージとの未分化なレベルから対象の動きまでも含めた認識へ進むなかで，形知覚がいかに発達するかという位置づけで検討することは，実り

ある研究の展開に結びつくと思われた。その意味で本研究は，対象の方向という変数に基づいて，形の認識の正確さが発達的にどのようにして生じてくるのか検討することは意義があると考えられた。それまでの研究では，傾きや逆位に対する知覚のあり方と，対象をメンタルローテーションさせた場合の研究とは別々に行われてきた。しかし形知覚とメンタルローテーションとはどのように異なるのか検討しておくことには意義がある。両者の違いは扱われる刺激が連続した系列上にあると捉えるかどうか，という認識のされ方の違いにあると考えられる。基本的には，共通する認知過程が相当含まれていると考えられるが，異なる仕方で認識されるので反応の結果は違ってくることは推測される。本研究では，形知覚の認知過程において，対象に含まれる輪郭情報と図柄情報とが充分に統合されていない発達レベルから，相互に結びつき統合されるまでのプロセスを縦断的・横断的なデータ（3〜10歳）に基づき，明らかにすることを目的とした。また，認識の成立には刺激の形状による情報だけではなく，手の動かし方等，身体的なかかわりも多く関与すると予想されることから，それら2種類の情報の統合と身体的かかわりの働きとを含めた，認識過程を明らかにすることを目的とした。

　本論文の構成であるが，第1章で研究史と問題提示を行い，第2〜5各章で実験の結果とその考察を示した。そして最終章である第6章で総合的考察を行い，発達モデルを提示した。

　まず第1章で，知覚とイメージの発達は異なる研究文脈で行われてきたが，関連領域を検討していくと身体性や対象へのかかわりが両者をつなぐキーワードであることがわかってきた。第1節では歴史的なメンタルローテーションの研究において，イメージの回転と命題記述による対立する解釈があることを再確認し，第2節でエラーのあり方に規則性が見出されることを指摘し，第3節で子どもにおいて対象を回転する方法とは異なる方略について多くの研究結果があり，回転は意識的な変換であることを示した。そうした知覚的方法における刺激構造の理解を深めるために，第4節で全体と部分がどう認

序 3

識されていくかという知覚発達研究や，第5節の図形の体制化の知見を検討した。反応指向的な捉え方の契機となるのは，第6節での空間認知における対象と自己の捉え方である。空間関係と空間定位との相違を指摘した。第7節ではダイナミックな過程を想定し，情報処理モデルにおける追加的変換，内的軸，2重システムといった鍵概念を提示した。そして第8節では身体的なかかわりが対象の認識形成をもたらすと考え，距離化や対象化の概念を示し，自らの理論への基礎として位置づけた。そして第9節で問題と目的を示した。

　実験系列1では，児童期を通じて輪郭情報と図柄情報の処理のされ方が発達とともに変化し，情報が統合され処理されていく姿を導き出した。輪郭情報は図柄情報より先行して認識され，最終的には輪郭情報と図柄情報とが統合され形に対する認識が完成するプロセスを，反応の変化モデルとして示した。同一性の認識を扱った実験系列2では，幼児期を通じて対象の各部に準拠する認識が形成され，イメージを補完するという作業を通じて幼児期後半から回転への気づきが始まることから1次元構造から2次元構造への発達を遂げる発達の姿を明らかにした。実験系列3では図柄情報と輪郭情報の結びつきの程度と図柄情報の減少とのあいだに関係があると考え，それらを結ぶものとして実験系列1で仮定した身体と対象の関係を位置づけ，身体の投影から対象化へのプロセスを想定した。また合せて方略の使い分けも対比する試みを行った。実験系列4では，ひきうつしの一種として対象の異同を比較する手操作を位置づけ，実験系列1や3で取り上げた対象と一体化していた身体から対象が分離し対象化されていく発達の方向を，内化の程度，媒介の程度，変換対象の側面から対比して呈示した。

　総合的考察において，それまでの知見を総括してイメージの補完的役割を担うとされる「ひきうつし」のプロセスを仮定し，身体的，運動的なかかわりが大きな要因をなしていることを改めて示すことで，形を知覚するには何が必要であるかを提示した。また，各実験系列に共通するアプローチの仕方

から，刺激構造である輪郭情報と図柄情報の結びつきの程度（刺激指向），単一の準拠から複数の準拠への変化つまり1次元から多次元構造への変化の側面（認知指向），身体的かかわりから対象化への変化の程度（反応指向）という3軸からなる重層的な発達モデルを提案した。

第1章　傾いた形に対する子どもの知覚・イメージ研究と本研究の位置づけ

　我々は外界の様々な情報を処理し行動している。一般に知覚活動を行う中でイメージは予期的性格を担っており，リアルな情報を操作して場合により方向づけることもある。Neisser（1976/1978）は知覚循環の考えの中で，行為を方向づけるものをイメージと定義する代わりに認知地図という用語を用いている。それによると人は対象の情報とそれに対する行為を含んだ図式化された認知地図を持っていて，暫時変化していくという。いわゆる心内にある空間の地図のような知覚対象としての意味ではなく，自らの知覚や行為を方向づけるガイド役のような役割を想定している。また認知地図には行動図式という側面がある。現実世界に対して能動的に知覚的探索を行い，そこから情報を抽出して行為を方向づけるが，自らが動いて行為した結果，自分と現実との関係が変化し再び知覚的探索が行われる，という知覚循環の図式が想定されている。Neisser の考え方は重要な研究知見とつながっている。彼の知覚循環という概念では，ガラガラなどの玩具を触って環境からの効果を引き出した乳児が繰り返し触るなど，Piaget（1952/1967）が示した循環反応と同じ性質のものと考えられている。また情報抽出は対象の持つ潜在的な機能や特徴を引き出すという考えを取っている Gibson ら（Gibson, J. J., 1979/1985；Gibson, E. J., 1969/1983）の考えと通じることも述べている（Neisser, 1976/1978, pp. 62-82）。こうしたことから，Neisser はイメージを知覚や行為を方向づける予期的な役割に重きを置いた知覚循環のシステムという考え方を取っているといえる。

　知覚とイメージとの発生的なかかわりについては，発達心理学の領域で古くから重要視されてきている。Werner（1948/1976）は知覚とイメージとは

幼児期では未分化の状態にあり，発達につれて分化するものと考えている。知覚とイメージが明確に分けられない例として Jaensch（1922/大脇による「直観像の心理」，1949を参考）の直観像をあげている。Jaensch によると，物の知覚と物の純粋な記憶によるイメージとのあいだに中間的な段階があって，この水準にあるイメージを直観像と呼んでいる。それは原初的なイメージが明確に知覚と分化する前の段階で，知覚との複合的なある種の中間的な現象を示し，感覚的な残像とは異なるものとしている。研究の発端は子どもの直観像研究であった。Kroh（1922/大脇による「直観像の心理」，1949を参考）は中学教師で Jaensch の弟子にあたるのだが，1917年12歳になる生徒が宿題の蜘蛛の観察結果を発表している際に黒板から目を離さなかったので，その理由を尋ねるとリアルに見える様を報告した。その時に自分も見えるという生徒が多数現れたことから調査が行われ，この年齢時期で約40％に達する生徒に同様の現象が確認された。Werner は，子どもが大人とは違う知覚様式を持つことから，未分化から分化へと発達する中で知覚とイメージが分れていくという捉え方をし，直観像をその中間と捉えている。また，Werner は，未分化なイメージは未開人や精神的な病を持つ人々にも観察されることから，知覚と感情とが融合した状態にあると考えている。こうしたことからイメージとは記憶を想起して得られる明瞭なものとは違い，知覚や感情と複合した状態にあるものと位置づけられている。しかし，対象へかかわるとか操作するという働きかけの要素は特に主張されてはいない。

　Bruner らは多くの研究者と共同研究を行い認知の成長がどのような性質をもつのか検討している（Bruner, Olver, & Greenfield, 1967/1969）。そこで検討されたテーマの一つは，経験をどのような手段を用いて表象するのか，というものであった。表象の捉え方は表象の媒体と表象作用の対象とに分けて考えられている。媒体の説明として，することをとおしてそのものを知っている場合，そのものの画像あるいはイメージをとおして知っている場合，言語のような象徴的手段をとおして知っている場合の3通りに分けて捉えている。

第1章　傾いた形に対する子どもの知覚・イメージ研究と本研究の位置づけ　7

動作の場合は，例えば，紐の結び目を作ることを覚えた時には動作のパターンを通じて覚えているので，動作を媒介にしてヒモを結ぶ過程を表象するという動作的表象（enactive representation）が用いられるとしている。イメージの場合は，結び目の画像が形成されるが，結びの最後の場合や中間の場合などもあれば，結ぶ動作そのものをあらわす画像の場合もある。それらを媒介にして，結び目という状態を映像的表象（ikonic representation）で捉えている。シンボルの場合は，状態間や過程間の抽象的関係を記述する言葉を媒介にして，行為の系列化を表象する（symbolic representation）ことが出来るようになるとしている。この理論では映像的表象において知覚はイメージの中に画像として織り込まれていて，特別に知覚とイメージの違いは主張されておらず，むしろイメージを中心に課題解決の際に用いられるという。しかし，映像的表象では中心をなしていたイメージの使用の習慣は，最後の象徴的表象段階に到り言語の習得とともに抑制されるか，複雑な課題の場合に応じて用いられるという扱われ方になっている。

　知覚について，Piaget は上記のような対象の性質や情報の抽出という知覚の捉え方とは異なる。Piaget は子どもが知覚対象に注意を向け集中するために錯視が生じる現象を取りあげ，そこで生じるゲシュタルト的な場の効果の歪みを補正するために知覚的な探索活動が働くことを知覚活動としている。それゆえ，知覚活動の結果生じる場の効果と知覚活動とは区別されている（Piaget, 1970/2007）。また，イメージは模倣の内面化を指していて，知覚を起源とするものではないという考え方をしている。再生的イメージと予期的イメージとを区別していて，7〜8歳以前では運動や変形のイメージ課題，つまり運動や変形について途中の状態を思い出させたり予想させたりする予期的イメージを用いる課題では，うまく出来ずにいる。このことは動的なイメージ（dynamic imagery）が働かず，静的なイメージの状態にあるため上手く遂行できないと説明されている（Piaget & Inhelder, 1966/1975）。Piaget がいうイメージと操作との関係は，操作が構成されてくるとイメージは操作に

より統制されるようになるとしているが，7〜8歳以前は前操作段階であるために，イメージを変換できずにいると考えている。運動や変形の最終結果に至る途中の状態をイメージ化するためには，途中の状態を順序立てることが必要であるのだが，それがまだこの段階の子どもは出来ないでいる。しかし具体的操作期以降は予期的イメージが操作を助けることになるとしている。イメージは模倣の内化である限り，自らの身体を通じて外界の情報を取り入れる，という活動の成分がある。いわゆる対象が持つ知覚情報を読み取り想起するというのではなく，操作性との関係からイメージ生成において運動的かかわりが重要な役割を担っている。さらに Piaget のイメージは象徴としての役割も担っていて，中垣（Piaget, 1970/2007）の説明にあるように，形象的機能と記号論的機能の両者の中間的存在として，延滞模倣や描画と並んで位置づけられている。つまり象徴として，言い表したいものと知覚的になんらかの類似性を保持しながら用いられている場合のことを示している。

　本研究では，知覚を知覚活動という意味で捉えているが，その知覚活動はPiaget 的な場の効果の歪みの補正という捉え方をするのではなく，対象を理解する為に，対象が持っている属性や情報を取り出すための行為も含めて知覚と捉え能動的な意味から知覚活動という言葉に近い捉え方をしている。その意味で対象の情報抽出を唱えた Gibson, E. J.（1969/1983）や，模倣による内化が表象を形成するとした Piaget（1947/1967）の考え方と共通するものである。そしてイメージについては対象を理解する上で，現在の状態に縛られがちな知覚を助け，運動や変換の途中の状態や最終結果を予測する予期的性格を持ったものと捉えている。この捉え方は，身体を通じて対象の表象レベルの発達変化を理解しようとした Bruner らの考えにおける動作的表象と映像的表象や，Piaget のイメージの発達的な変化に着想を得たものである。

第1節　子どもの傾いた形の認識に関する研究の先駆

1）幼児期の逆さへの無頓着さとイメージの変換

　Stern（1909）は絵本が逆さまであっても子どもは気にすることなく，正しく置かれた絵と同じく再認することや，就学期の最初の頃まで文字が逆さになっている場合や鏡に映った文字であっても正しい位置の文字と変わらずに読み書きすることをあげている。このことはKoffka（1924/1943）も取り上げ，子どもの知覚する形が対象の空間位置に捉われないが，成人になると絶対的空間的位置に捉われるようになるとしている。しかし幼児期特有の知覚が自在に対象の空間位置を捉えているかというと，そうではなく方向の影響を受け，傾くほど認識に時間がかかることが示されてきた（Marmor, 1975, 1977）。

　そもそも空間における方向の問題は知覚論においては古くから議論されてきたテーマである。対象が傾いていたり逆さまである場合，違った印象を受けたり知覚が困難となることから，定位（orientation）に注目したRock（1973）の研究がある。Rock（1973）は，Mach（1918/1971）の異なる向きの図形に対する視覚の捉え方の影響を受けている。Machは幾何学的に合同であっても視覚的には異なる場合があることを指摘し，図形の向きの違いの背景にある心理学的プロセスの違いを示唆している。

　メンタルローテーションは1970年代に新しく現れたものではなく，それまではサイコメトリックな研究や子どもの図形や文字等に関する知覚発達研究で扱われ，Thurstone（1938）のPMA（Primary Mental Abilities）などに基づいていると指摘されている（Corballis, 1982）。サイコメトリックなアプローチにより傾いた図形の認識を得点で求めようとしたか，実験心理学的な反応時間で測定しようとしたかの相違が分岐点になるといえる。メンタルローテーション研究そのものは，Shepard & Metzler（1971）が物理的な操作と同等なイメージの働きを反応時間で捉えることができるとして，そのパラダイムを実験心理学へ導入したことが始まりであった。それ以降，主にメンタル

ローテーションの研究といえば，対象の異同判断にかかる反応時間を指標とし，勾配とともにリニアーに反応時間が増大を示すというメンタルローテーション効果を確認する形式をとった研究を指すようになった。

ただし，サイコメトリックな研究では時間的な制限が無かったためにいくらでも参照し直すことが許されていたが，いわゆる「メンタルローテーション」研究では時間の制約を設けて，意図的な回転を教示するという違いがあることが重要と思われる。以下ではメンタルローテーションの2つの考え方を示し，本研究の立場を明確にしようと思う。

2）アナログか命題か―クロノメトリックな知見：イメージ論争―

アナログか命題かというこの問題は「イメージ論争」という名で知られる（宮崎，1983）。これは変換しようとする対象の情報をどういう形式で保存するかという点での論争である。当初，情報の保存の仕方には2種類あって音声言語的なコードとイメージによるコードとからなる2重コード説をPaivioが唱えたことに対して，Pylyshynのイメージ命題説が現れた。2重コード説では情報を受動的な処理の流れの中で受け止めようとしていたが，命題説は具体的な絵的な形式ではなく，対象を積極的に解釈し，構造化して関係の記述がなされていることを重視した。イメージ派の立場に立ったイメージによる表象の存在に関する実験はいくつもあるが，その中でも特に本研究と関係するものにShepard & Metzler（1971）のメンタルローテーションの実験がある。対象の視覚的イメージを心の中で回転させるということを示唆する証拠が得られた実験であった。タキストスコープに呈示された刺激の異同判断を行う課題であるが，左右に呈示される刺激対は試行ごとに角度が変わった。比較刺激には標準刺激と一致するものと鏡映像になったものが用いられた。刺激はアーム状の立体図形で，奥行き回転をするものであった。

Cooper & Shepard（1973）はメンタルローテーションに関して理論的な解釈を整理しているが，1）メンタルローテーションが物理的な回転と1対1

対応のアナログ的なプロセスであるということや、2）準備的な情報を与えておくとローテーション効果が無くなり、勾配に対してフラットな反応になること等から、メンタルローテーションされるのは抽象的な参照枠ではなく、具体的な対象の表象であること、3）回転速度には個人差があり、刺激の複雑さや刺激に対する親近性が影響しているということ等をあげている。

　一方、Pylyshyn（1979）は全体的アナログ的処理を否定し、命題的処理を擁護するために、メンタルローテーション実験を行った。それは刺激である図形の内部をいくつかの部分にわけて、それら各部分を回転させた際に、元の図形内の部分と同じか異なるか判断させる課題であった（図1-1-1）。彼は以下の2つの仮説を検討している。1）もしイメージのメンタルローテーションが全体的なアナログ様式で行われるなら、図形内の各部分の反応時間は

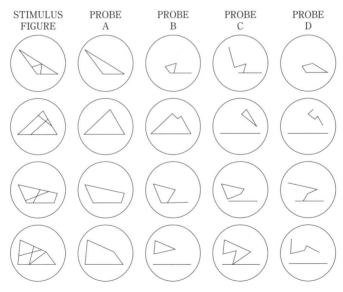

図 1-1-1　Pylyshyn の用いた部分の図形
左端が刺激図形で、右に並んでいるのは、刺激図形の中に含まれる部分（Probe A から D）を示す。部分は正しい像であるが、鏡映像も用いられた（Pylyshyn, 1979）。

同じになるだろう，2）全体的な回転であれば図形が複雑になっても反応時間は変わらないだろう，というものであった。結果は，仮説を支持するものであった。つまり図形内の部分によって反応時間が異なり，図形が複雑になると反応時間が増大した。こうして，図形内の各部分の記述がそれぞれ別々になされるから反応時間が異なってくるのだという解釈がなされたわけである。

　対象の上下や左右といった符号化による照合過程がメンタルローテーションでなされている証拠として，特徴に注目して，その部分（piecemeal manner）が回転した場合にどこにくるかという内省報告や，刺激内の特徴をそれぞれ処理しただろう実験結果がある（Just & Carpenter, 1976；Steiger & Yuille, 1983；Yuille & Steiger, 1982）。特に，Yuille & Steige（1982）は刺激が複雑になると回転速度が減少するという複雑さの効果（complexity effect）に注目した。彼らは，複雑さのレベルを下げた刺激を用たり，刺激のある部分に注目させた場合，回転速度が良くなるという結果を得た。刺激の複雑性（complexity）による反応の違いが生じる理由として，回転操作する上での部分比較方略（segment-comparison strategy）の使用があることを指摘し，そこから「全体回転」より「部分比較（piecemeal comparison）」を行っているのではないか，という仮説を導き出している。

　上述したとおり，物理的な回転といった場合は対象の全てをイメージ上で回転していかねばならないが，刺激内の部分を比較するという方法はわずかな情報量で済むことがわかる。子どもの場合は，複雑な対象を扱うことが困難であることを考えると命題派が提示した考え方に近いのではないかといえる。以下では幼児期のメンタルローテーションのあり方の問題として，意図的に回転できる子どもの数が限られている点を示した。

3）Marmor による実験：早期から備わっている予期的運動イメージ

　Piaget & Inhelder（1971）のイメージ研究では，子どもの操作時期により

イメージの性格が異なるものと考えられている。前操作期では静的イメージ（static imagery）あるいは再生的イメージ（reproductive imagery）が中心であり、具体的操作の時期を迎える7〜8歳以降に至り、運動や変換の予期的イメージ（anticipatory imagery）という可動的な性格をもつイメージが利用できるようになってくるとしている。つまり前操作期の子どもは動いている対象の最初と最後の状態を思い出せるが、途中の中間状態を認識したり再構成したり出来るようになるのは、具体的操作期に入ってからなのである。しかし、Marmor（1975, 1977）は、Shepard & Metzler（1971）型の実験を実施し、4歳や5歳、8歳の幼児でもメンタルローテーションが可能であることを示し、運動イメージが早期から備わっていることを指摘した。

　Marmor（1975, 1977）の手続きは前訓練、基準検査、メンタルローテーション訓練、実験検査という4区分からなる。前訓練のあいだ、子どもには両方のクマが同じ手をあげている場合は、「同じ」、異なる手の場合は「違う」と言うよう求めた。基準検査では、子どもに2種類のレバーを押し分けることで反応を示させた。左のレバーが同じ、右が異なるを意味した。基準は最初の10試行が連続して全て正しいか、総試行数24の内20試行が正しい場合に通過とみなした。実験検査では、左のクマは直立したままであるが、右側のクマ5通りの方位（時計回りに0, 30, 60, 120, 150度）で示された。其々の子どもは60試行実施された。「これから心の中で右のクマを左のクマさんまで回しましょう」と言ってメンタルローテーションを求めた（図1-1-2）。測度は反応時間と誤反応であった。尚、Marmor（1975）の対象年齢は5歳と8歳であったが、Marmor（1977）では参加児の年齢を下げ4歳、5歳とし、さらに保存課題を行っている。

　結果は、年少になるに従い速度は遅くなるが、4歳を含めていずれの年齢でも、角度とともにリニアーに反応時間が増大していくメンタルローテーション効果が得られた。つまりPiaget & Inhelder（1971）が想定した具体的操作期よりも前に、運動イメージの操作が可能であることが見出されたことに

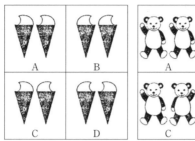

図1-1-2　実験で使用された刺激対
Aは同じ対，Bも同じ対，Cは異なる対，Dも異なる対（Marmor, 1977）

なる。そこで，Marmor（1977）は，早期から運動イメージが可能であることをより明確にするために，保存課題とメンタルローテーション課題を行い，角度とともにリニアーに反応が得られた子どもと，そうではなかった子どもの保存レベルを比較した。結果はリニアーな反応を示した子どもの8名が保存，10名が非保存，リニアーではなかった子どもの内，3名が保存を示し，5名が非保存であった。リニアー傾向が運動イメージの使用を示すのならば，非保存であった子どもも運動イメージを用いていたことが示されたことになる。

　こうして，Piaget & Inhelder（1971）と異なる結果について，Marmor（1975）の説明では課題に内在している潜在的なストラテジーの相違と，反応の取り方に求めている。それはFlavell（1971）の考え方を取り入れたもので，適切な解決手続きの判断が行われるストラテジーの喚起能力（evocability）と，問題に適合するように解決手続きを理解し，効果的にその解決手続きを扱う利用能力（utilizability）から説明しようとしている。課題を解くのに回転の運動イメージを用いるようMarmorは教示しているが，Piaget & Inhelder（1971）は行っていない。つまりMarmorの研究で観察されたのは運動イメージの利用能力であり，Piaget & Inhelder（1971）では喚起能力が観察されたとしている。

だが，Piaget & Inhelder（1971）の四角形の回転課題について反応時間を持ちいて行った Dean & Harvey（1979）は，エラー数の少ない子どもでも，必ずしも反応時間においてリニアーな関数を示すという事が無いことを示しており，そこでは回転ではない方略が用いられたことを示唆している。実際に Frick, Möhhring, & Newcombe（2014）は Marmor の実験結果に疑念を抱いており，先の Dean & Harvey（1979）の追試結果だけでなく，Marmor が示したメンタルローテーションを行った子どもの割合よりも少ない数しか得られなかったという結果（Estes, 1998；Noda, 2010；Krüger & Krist, 2009）等の指摘がある。

第2節　メンタルローテーション研究における正答率あるいはエラー率

1）エラー率の勾配変化

　メンタルローテーションは反応時間（RT）を測度としているが，正答あるいはエラー率も指標とした研究の多くで，勾配に従って反応の暫時的変化が認められている。Marmor は 5 歳児と 8 歳児を対象にメンタルローテーション実験を行っているが，勾配とともにエラー平均は増加する傾向を報告している（Marmor, 1975）。Kail, Pellegrino, & Carter（1980）は 8，9，11，18 歳を対象に検討しているが，やはり正確さは勾配に従い減少傾向を示したことを報告している。また。Roberts & Aman（1993）はメンタルローテーション実験の試行に対する正誤において，6 歳と 8 歳の子どもを特定の基準で正解群と不正解群に分けたが，両群ともに正反応率は勾配に従って有意に減少し，不正解群の方が正解群より顕著であったという結果を得ている。成人の場合は正答率がいずれの角度でも高く差はなかった（図1-2-1）。Kosslyn, Margolis, Barrett, Goldknopf, & Daly（1990）の場合は 5，8，14歳，成人を対象とした。エラー率は年齢を込みにすると勾配に従って減少傾向を示したが，年齢と角度との交互作用があった。子どもは角度とともにエラーが増加し，成人は Roberts & Aman（1993）と同じく，エラーが少なく一定の割

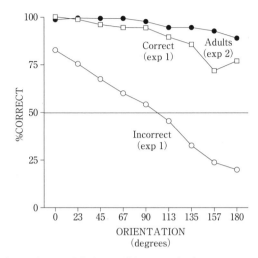

図 1-2-1　勾配に従って減少する子どもの正反応（Roberts & Aman, 1993）

合であったので交互作用が生じたものであった。課題が易しかったために正答率が上がり，角度による差が認められなかった研究として Foulkes & Hollifield（1989）があげられる。しかし，9，11，20歳を対象にした Childs & Polich（1979）では，エラーの全体平均は10.6％でエラー率の年齢差はなかったが，勾配に従ってエラーが増加する結果を得ている。Estes（1998）は4歳と5歳を対象に，心内で対象を回転させた子どもとそうでない子どもとを比較しているが，両方の年齢ともメンタルローテーションの出来た子どもは，勾配に従って有意にエラー平均が増加し，そうでない子どもは有意差が無かった。これらのことからいえることは，対象の異同判断から得られる反応つまりエラー率あるいは正答率はイメージの回転の直接的な証拠ではないが，子どもの場合は角度の増大に伴う困難さあるいは正確さを反映する側面を示しているということである。

2）ローテーション効果

論文にメンタルローテーションという語を用いても，実際には反応時間（RT）ではなく正答率だけを扱っている研究が多くある。それらの多くは臨床評価を目的としている（Kerns & Berenbaum, 1991；Snow, 1990；Snow & Strope, 1990；Stefanatos, Buchholz, & Miller, 1998）。また，Shepard & Metzler（1971）が用いた刺激と同じ図を検査用紙に印刷し，空間視覚化能力を測定するために開発された MRT というサイコメトリック検査もある（Vandenberg & Kuse, 1978；Peters, Laeng, Latham, Jackson, Zaiyouna, & Richardson, 1995）。空間能力の妥当性検討（Hoyek, Collet, Fargier, & Guillot, 2012；野田，1997；Voyer & Hou, 2006；Voyer, Butler, Cordero, Brake, Silbersweig, Stern, & Imperato-McGinley, 2006）や課題構造の研究（Geiser, Lehmann, & Eid, 2006）などが盛んに行われた。

本研究では，従来のメンタルローテーション研究が対象としてきた勾配に従ってリニアーに反応時間が変化するメンタルローテーション効果とは質的に異なるものとして正反応を区別し，正答率あるいはエラー率として扱われてきた指標の勾配に従う順次的な変化を「ローテーション効果」として扱うことにし，実験 1-1 の考察で改めて示した。

第3節　メンタルローテーションとは異なる方略

幼児や児童は図形の特徴の理解においてはどのような仕方で認識するのだろうか。対象を認識し異同を識別するという場合に，対象のどこを見ようとするのだろうか。メンタルローテーションによる方略ではなく，部分に注目して解こうとする方略がある。次節「全体と部分」とも関係するが，メンタルローテーションの研究文脈で扱われてきた子ども特有の部分に基づく解決方法が，全体―部分の認識と関連していることを理解するためにも，この節では，対象を回転させて解く以外の方略についてふれたいくつかの研究を概観する。

1）マッチングという他の方法

Kerr, Corbitt, & Jurkovic（1980）は，まず2種類の保存課題（数，長さ）で前操作期，移行期，具体的操作期に分け，次に運動イメージの測定としてメンタルローテーション課題を行った。被験児は4歳から7歳であった。

結果は，前操作期の子どもは具体的操作や移行期の子どものように，メンタルローテーションすることができなかった。Piaget & Inhelder（1971）が言うように，具体的操作期まで対象の運動をイメージするのは遅れることが示された。しかしデータを検討すると，前操作期の子どもの方略に関しては疑問が残った。わずかな角度に相当な時間をかけている子どもがいて，一貫した予想どおりの方法でメンタルローテーションを用いて課題を遂行したとはいえない。回転を用いたかもしれないが反応時間で示されるのはあまりにまとまりの無い（disorganized），一貫性の無い（inconsistent）方法がとられたのだろうと推測している。メンタルローテーションを使わずにマッチング，あるいはなんらかの比較方略を用いた可能性を指摘している。

2）対象中心ではなく自己中心的方略

Roberts & Aman（1993）はメンタルローテーションと左右の問題を検討している。6歳と8歳を対象に人形課題とRT課題という2種類の空間参照課題を行った。

人形課題では，ゴムの指人形とその家を白いボール紙の上に置き，「人形は右か左のどちらを向けば自分の家が見えるか教えてください」という内容を尋ねた。配置の仕方が変数となる。RT課題では，ビデオモニター中央に人形を表す三角形（幅0.7cm×高さ1.2cm）を16方位で呈示された。三角形から2cm離れたところに人形の家を意味する小さなドットを表示し，そのドットが三角形の右にあるのか左にあるのかをボタンを押すことで求めた（図1-3-1）。

結果は，RT課題のデータはメンタルローテーションを用いて，三角形が

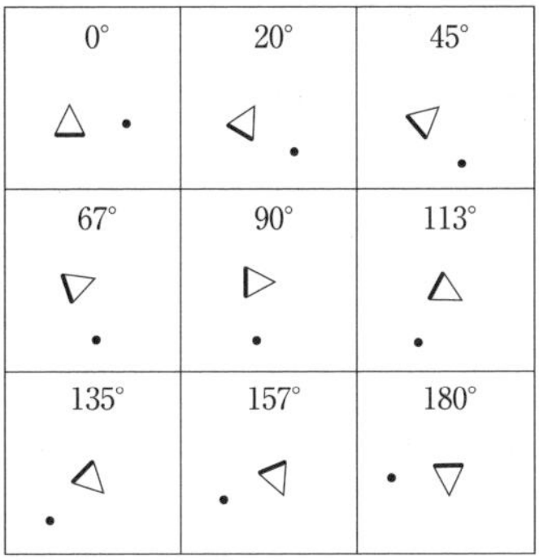

第 1 章　傾いた形に対する子どもの知覚・イメージ研究と本研究の位置づけ　　19

図 1-3-1　空間参照における反応時間課題（Roberts & Aman, 1993）
三角形が右か左のどちらを向けばドットの方を向くことになるのか問われた。図に示したのは，全
て右を向いた場合を示してある。9 方位すべての場合を示したが，いずれも角度変数ごとに CRT
に映しだされた。

回転した方位からドットの位置を正しく判断していたことを示した。また，
メンタルローテーションを用いず自己中心的参照枠を用いた子どもは，ドッ
トの向きの判断を誤っていた。さらに RT 課題の正確さにより群分けしたと
ころ，正しいグループの成績は間違いグループより高かったが，ともに回転
角度の増大に従ってエラーも増大した。このエラーの角度による増大は他の
研究でも見られる（Kail et al, 1980；Marmor, 1975）。反応時間は中央値をとっ
た。正しくないグループより正しいグループの方が速度が遅く，角度ととも
に反応時間は増加した。しかし正しくないグループでは，角度とともに増加
するというリニアーな変化が得られなかった。一方，人形課題では，RT 課
題で分けた正しいグループの方が正しくないグループより人形課題での成績
が良く，方位の効果が認められ，0 度→90→270→180度の順に成績が下降す
るものであった。
　Roberts & Aman（1993）は，課題が困難であった子どもは，反応時間も
角度差が無かったので，メンタルローテーションを行っていないとした。こ
れについては，2 つの説明を考えている。メンタルローテーションを行なお

うとしたが，ひとつは回転するのが難しかった。2番目は一旦「回転したもの」を正しく判断するのが難しかったというものである。しかし正しく判断した子どもより反応時間が早いという事実から，回転については疑っているようだ。なぜならば，それまでの研究 (Kail, 1988；Kail et al., 1980；Marmor, 1975) では，発達的に進んだ子どもは，それより年齢の低い子どもに比べて，より早くメンタルローテーションを行うことが示されている。もし正しくないグループもメンタルローテーションをしていたなら，速度が遅くなると予想されるが，実際はそうではなかった。

　また，両課題とも正しくないグループは，自己中心的な方向判断を行っていた。ターゲットとなるドットが自分と同じ側にあるときは正しく判断できたが，ドットが子どもの側と反対の場合は，正しく判断できなかった。そこから，Roberts らはメンタルローテーションに関して2つの方略を考えた。つまり，自分と三角形の方位との違いを調整しすべての角度でメンタルローテーションを行った子どもの場合と，三角形が0度正立から最大90度離れた場合まではメンタルローテーションを用いた子どもの場合との2通りである。

　実験2では，成人の方略を調べることが目的となった。方法は実験1と同じである。結果であるが，人形課題ではほぼ全員が正しい反応であった。RT課題では，反応時間は0度から67度までフラット，それ以降180度までリニアーに増加し，成人はメンタルローテーションを用いたことが示された。0度から67度までフラットであった点で，実験1の正しく反応した子どもとは違う方略を用いていたことがわかる。つまり大人や正しい反応をした子どものうち数名は，自分の左右の面に比べて，三角形が90度以上の角度になった時にメンタルローテーションを行うという，より効果的な方略をとったと考えられた。

　こうしたことから，Roberts & Aman (1993) は，7歳や8歳のあいだは，自己中心的参照枠が重視されるとしている。つまり対象の左右の向きを決める上で，自分の枠を再度調整してメンタルローテーションを行なおうとする。

第1章　傾いた形に対する子どもの知覚・イメージ研究と本研究の位置づけ　21

この方略では自己の左右の枠が，対象の枠から90度離れるとメンタルローテーションが発動されるというものだ。

さらにRoberts & Aman（1993）は，なぜ年少の子どもはメンタルローテーション方略を用いないのかについて考察している。年少の子どもは自分の参照枠と自分以外の対象の左右や上下（前後）という2つの参照枠を調整（tri-aligning）しなければならない場合，自分の側に合わせたかたちで左右の向きを選ぼうとしていると指摘している。つまり，三角形が0度の場合は，自分の身体を基盤とした安定したリフェレント（referents）として左右のラベルを用いることができる。しかし年齢の低い子どもでは，0度ではない方位の場合，三角形の前と後ろ（front/back）は正しく同定できるが，まだ左右と合わせて2つの向きに関する軸を一緒に認識することができない。つまり，左右の向きと上下（あるいは前後）の向きとが相互に関係しているということを認識できないでいるレベルがあるという。

こうしたRobets & Aman（1993）の考えは身体を基準にした対象への投影が，刺激の方向に関する構造理解の基礎にあることが示唆され，傾いた対象を認識する上で±90度が重要な認識上の切り替えになると考えられるものである。以下では，与えられた情報を有効に利用できるかどうか，という視点からの研究について触れておくことにする。

3）同じ側－異なる側ルール

Platt & Cohen（1981）は，Marmorの第1論文（Marmor, 1975）では被験児を訓練しているが，その後の論文（Marmor, 1977）では訓練した群と訓練していない群が含まれているにもかかわらず，いずれも勾配に従ったリニアーな反応が得られたことに疑問を持った。そこで訓練効果について追試検討している。対象は5歳と8歳で，訓練群と非訓練群に分けられた。Marmorと同じパンダ刺激を用いてメンタルローテーション課題が実施された。

Platt & Cohen（1981）の結果は，5歳では訓練した子どものみメンタルロ

ーテーション効果を示し，5歳児が自発的な方略として運動イメージを喚起させる，という Marmor（1975）の主張を支持するものではなかった。また，エラー率とリニアー傾向とのあいだに関係が見出されなかった。このことから彼らは，1）解く上で運動イメージではない別の効果的な方略があるか，2）リニアー傾向は必ずしも子どもが用いている運動イメージを反映しているとは限らないか，のどちらかであると考えた。このことを裏づけるものとして，パンダの刺激図の外側の参照点に基づく方略が報告されている（Platt & Cohen, 1981）。例えば，子どもは最初に，2匹のパンダは各々どちらの手があがっているか決めて，外的な参照（リフェレント）を用いて，それぞれあがっている手が位置しているのは，パンダの正中線のどちら側であるか決めるという。Platt & Cohen（1981）は，子どもたちが「同じ側－異なる側（same side-different side）」ルールを適応し，方位を考慮しないで空間を理解していたのではないか，と解釈している。

　回転ではなく別の方略として左右に提示されたパンダの正中線のどちら側で手をあげているかというルールで判断するというのは，手という特徴に目を向ければ解決できる点で特徴分析的な方略といえる。正中線の左右が鍵となっており後述する内的軸による構造理解とも関係し，刺激構造の特徴をいかに捉えるかということと関連してくるといえる。

4）Rosser のコンポーネント分析

　Marmor（1975）は具体的な刺激を用いたが，Dean（1979）は Piaget で使用された抽象的な刺激を利用している。後者では RT を得る際にミスが多く，低いヒット率となっていた。そこでヒットの割合と刺激の特徴とが関連していると考え，Rosser, Ensing, Glider, & Lane（1984）は，刺激上の向きマーカーの数や配置が課題の成功と関連していると仮説をたて検討している。結果から4〜5歳の幼児の場合，刺激特徴の顕著な部分へ注意を向け，全体の回転操作というストラテジー以外の解決方法をとっているのではないかと考

えられた。

　一方，課題遂行に際して何が働いていたかという問題ともかかわる，刺激の役割を検討している。Rosser, Ensing, & Mazzeo（1985）は，メンタルローテーション課題で要請されるパフォーマンスを3ステップに分け，従来の研究で軽視されている部分を指摘した。まず2つの図形の向きの違いについて最初の認識をし（パフォーマンスA），図形の比較（パフォーマンスB），最後に2つの図形の等価性の判断（パフォーマンスC）の3ステップに区分けした。回転するイメージと直接関連するパフォーマンスBに多くの成人研究では焦点があてられ，そこでの成否が成績に影響するという考えを批判的に捉えている。むしろ，パフォーマンスAやCでの知覚的なコンピテンスが，エラー原因である可能性を除去しない限り，運動イメージの有無によるのかどうか説明出来ないと指摘している。

　その上でRosser, Stevens, Glider, Mazzeo, & Lane（1989）は，Rosser et al.（1984）の仮説を5，7，9，11歳の子どもにより発達的に捉えなおしている。刺激の単一のコンポーネントだけで判断する年少児から，年長児に見られる刺激内の複数のコンポーネントを同時に扱う仕方へと移行していくことが確認された。年少児が回転可能であることは（Dean et al., 1986；Marmor, 1975），刺激の配置や数といったことから年少の子どもの成績が左右するので，刺激の各コンポーネントつまり要素が顕著であれば，その他の要素と結び合わさり，全体回転によるのではなく，ひとつの要素の回転と他の要素との関係をつけて反応するという「コンポーネント回転ストラテジー」から説明できるのではないかとしている。

5）参照対象としての顕著な特徴

　Courbois（2000）は刺激の顕著な特徴（salience）が成績を左右するという考えを検討する上で，参照枠を決めるのは刺激の延長部分やシンメトリー部であり，それらが対象の主軸にとって重要な役割を果たすという考え（Sekuler, 1996；Sekuler & Swimmer, 2000）を取り入れ刺激を工夫している。Cour-bois（2000）は，傾いた刺激の異同判断を平均5歳と8歳児に行ったところ，5歳では顕著な特徴と考えた突出したアームの無い条件だと角度に対してフラットな反応となり，エラーが増大したが，突出したアームのある場合は5歳でも反応が改善されエラーが減少しメンタルローテーションを行うことが示された。一方，8歳では両条件とも角度に対してリニアーな反応が得られ，エラーは5歳より少なかった。このことから5歳から8歳にかけて，見慣れない図形でも顕著な特徴となる軸（salience axis）があると符号化しやすくなり，5歳児でもメンタルローテーションが引き出されるのではないかと考えている。また，Courbois, Oross, & Clerc（2007）は傾いた刺激の異同判断を平均8歳と16歳の健常児と同じ精神年齢の知的障害児に行ったところ，顕著な特徴の無い条件は，それが有る条件に比べて勾配とともにエラーが増加した。このことから彼らは，回転させた場合の刺激に顕著な特徴となる部分が無い場合は，参照システムを引き出す能力が限定され，変換でのエラーになるのではないかと考えた。

　上記のRossser et al.（1984, 1985, 1989）やCourbois et al.（2007）の顕著な特徴的部分が手がかりとなるという研究例は，刺激内の特徴の重要さを指摘している点で，刺激構造の理解が対象変換という課題にとって重要であることがわかる。

6）Bialystok の構造記述モデル

　刺激の命題記述（propositional description）と刺激対象の変換に基づくメンタルローテーション課題を解くモデルをJust & Carpenter（1976）は提案した。それを，Olson & Bialystok（1983）は空間課題（3つの山課題，水平性課題，回転課題等）における対象間や対象と自己との関係を記述することに用いている。そしてメンタルローテーション課題に適用したBialystok（1989）は，課題の難しさが対象の移動の距離ではなく，符号化可能性（codability）

第1章 傾いた形に対する子どもの知覚・イメージ研究と本研究の位置づけ 25

により決まってくるという仮説を検討した。刺激の構造を3つの構成要素を用いて捉えている。1）叙述（predicate）：刺激の構成要素間の関係を表す空間概念で，「上・下」や「前・後」といったタームで示される。2）リフェレント（referent）：関心のある対象ないしは特徴で，自然言語におけるセンテンスでの主語にあたる。3）リラトゥム（relatum）：関係づける為の準拠枠を示す。表記方法は，「叙述（リフェレント，リラトゥム）」のように記述する。例えば，3つの山問題の状況で緑色の山が人形の前にあるといった場合は，「前（緑色の山，人形）」となり，Shepard & Metzler（1971）のブロック状の刺激を用いたメンタルローテーションの場合，記述しやすくする為にその腕（アーム）を色分けしておくと，刺激の青のアーム部分が赤のアームの反対側に位置している構造関係は，「反対（青のアーム，赤のアーム）」と記述されることとなる。

　Bialystok は，もし課題の難易が構造記述に分解することに依拠しているならば，つまり空間ディスプレーが単純な記述であれば，解くのが簡単であると捉えた。しかし「単純」とは何か？　という問題が生じる。そこで展開したのが以下に示す3仮説であり，3つの構成要素それぞれで難易を決定するものを探っている。1）叙述仮説：叙述での単純さとは，対象の90度ずつを意味する四分の一回転（quarter turn）というカテゴリーに入る距離では，それ以外の途中の回転，つまり90度ずつのカテゴリーに入らない回転距離の場合に比べて表象しやすいという。2）リフェレント仮説：顕著な特徴であれば，それ自体が欠けていて不完全であっても，失われた部分がどの場所にくるかが想像可能である。3）リラトゥム仮説：ディスプレー空間の知覚軸と，抽象的な軸とが対応していれば表象されやすいだろうというもの。抽象的な軸とはディスプレーのフレームに内在する水平垂直の構造であり，視覚的に存在するものではないとしている。この構造はリラトゥムをディスプレーの符号化のために提供し，結果としてこの軸構造を持つディスプレーはそれを持たないものに比べて表象しやすくなり変換されやすいという。9歳，

11歳を対象に検討した結果は3仮説いずれをも支持した。メンタルローテーション課題を解く上で、どのように命題記述が用いられたのであろうか。Bialystok（1989）は2つのステップを通じて解決に至ったと解釈している。第1は、方向づけステップ（orienting step）というもので新しい位置での形の見えの計算である。ここでは更に2つの要因により難易の影響を受ける。ひとつは変換に関する叙述が四分の一回転により表現されれば単純化される。もう一方は、移動後の位置とディスプレーに内在する軸とが一致する場合に問題が単純化されるというものだ。変換に関する叙述と、最後の位置に関するリラトゥムが易しさを決定する。第2は構成ステップ（structuring step）で、形の内的構造を記述する作業である。この作業の難易は形の符号化可能性にかなり依存していて、形それ自体が対角線構造（orthogonal structures）である方が、非対角線構造であるよりは単純である。ディスプレーの変換と内部構造を、命題記述により分割することでアナロジカルな捉え方ではない視点を提供するものとなっている。

　Bialystok（1989）の符号化可能性は刺激の特徴を言語化できれば、構造理解の程度も高くなるという考えであり、Pylyshyn（1979）の部分の記述が全体より先行するという実験結果や考え方を支持していると思われる。

　部分の認知の重要性について多くの研究者の指摘するところであるが、刺激構造を全体として統合する前に諸特徴を記述することがあげられていた。以下の第7項と第8項においては、回すということやそれを意識化することについてスポットをあてた研究にふれておく。対象の回転に「気づく」かどうかというメタ認知的な側面と、Dean らが回っていく「系列」の論理的なつながりをつける前提として Estes（1998）が指摘した意識の問題と関係してくることを示しておく。

7）図的マッチングプロセスから Dean の系列仮説へ

　まず Piaget & Inhelder（1971）の仮説では、論理的操作と予期的イメージ

(anticipatory imagery) は非同期的であって，操作が改善されればイメージの改善が導かれるとしている。つまり操作的発達はイメージの発達にとって必要条件であるとしている。

Dean (1979) は5～11歳の幼児・児童でPiaget, Inhelder, & Szeminska (1948/1964) の幾何概念の研究で扱われている操作課題（長さの保存，棒の系列化，点の位置の測定）とイメージ課題（棒の回転に対する理解：図1-3-2）との成績を比較した。結果は，操作的な課題の成功は予期的イメージ課題に先行し，操作的思考と予期的イメージの獲得のずれは7～8歳にならなければ無くならないというものだった。

だが，論理操作だけで説明することの出来ない結果も生じてきた。回転す

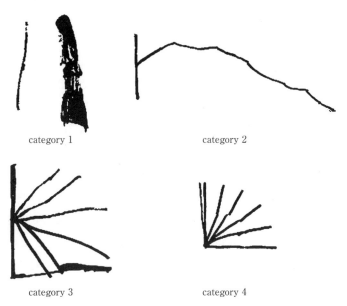

図1-3-2 棒の回転途中をイメージする課題での描画（Dean, 1979）
カテゴリー1は最初の垂直に立った棒のままの描画，カテゴリー2は検査用紙の端から端まで棒を移動させた描画，カテゴリー3は垂直から水平まで順次向きを変えていくように描くが，棒を留めてある場所が違う，カテゴリー4は回転運動の正しい描画。

る棒の最終状態を予想する際，状態に関する論理的に順序づけられた連続性の理解が必要である。つまり Piaget et al. の理論における可逆操作が前提となる。しかしその可逆操作が使用可能になる前の子どもは途中の状態には失敗するのだが，最終状態は成功するという事実が見出された（Piaget & Inhelder, 1971；Dean, 1976, 1979）。Dean & Deist（1980）はこの事実を操作獲得前の「早熟さ（precocious）」として注目している。

　また，Dean（1979）はその考察において，Piaget & Inhelder（1971）がイメージ研究では扱っていない3つの山課題も回転課題に含まれる空間的変換に関する予期的イメージが広く共通して働いていることを示唆している（De Lisi, Locker, & Youniss, 1976；Huttenlocher & Presson, 1973）。この見解は，その後の Dean の研究の流れからすると示唆にとどまるものだが，対象の回転の背景にある変換を予期的イメージで説明しようとする点で，このイメージの性質が重視されている。

　「イメージの心理学」が出された後に，Piaget 自身により理論上の修正が行われ（Piaget, 1977），予期イメージ課題に3種類の変更追加点が示された（Dean & Deist, 1980）。それは，1）対象の予期された運動の最終状態を初期状態と等しいかどうか比較する図的マッチングプロセス（figurative matching process）を用いる子どもがいるだろうということ，2）そういった子どもは，以前の運動をイメージすることで最終状態を予期できる子どもと，最終状態を予期出来ない子どもとの中間にあるということ，3）保存の出来ている子どもは，運動をイメージし，なおかつ図的マッチングプロセスで最終状態を理解する。しかし，非保存の場合は最終状態の予想が出来ない，というものであった。つまり，図的マッチングプロセスと操作的演繹の両方で最終状態を予期しているという考えをするようになった。

　ただし Dean & Scherzer（1982）は，予期的イメージの指標として描画にはいくつかの問題が含まれている点を指摘し，反応時間を測度として取り入れた研究を行っている。まず描画におけるエラーを説明する上で，Marmor

(1975)は運動協応仮説（motor coordination hypothesis）や，Kosslyn（1980）における慣習説（conventions）を引き合いに出している。前者は運動協応の貧しさに原因を求めるものである。十分な運動が出来ないために正確に表現できない，それ故，たとえわかっていても表現された結果からは誤反応と判断されてしまうというものだ。後者は表象することが難しい場合に，子どもの解決法としてとってしまう慣習的な描き方（例えば，山の側面の木を山の斜面と垂直に描くとか，家の屋根の煙突を屋根の面に垂直に立てるなど（Goodnow, 1977/1979；Piaget & Inhelder, 1948/1956））に陥ってしまうことが描画によるエラーの原因であるとしている。

そこで，Dean & Scherzer（1982）は5～13歳に，四角形による回転課題を用いて反応時間を測定し，描画も行わせた。メンタルローテーション訓練は最初，子どもに標準の四角形の対を見せ，矢印がドットを指すように赤い四角形のイメージの回転を求めた。つぎに比較対を隠しておいたドアが開かれ，赤い四角形が「正しく」ドットの方向に示される。自分の予想とマッチしたかどうかの判断が求められた。比較の赤い四角形の方向と対応しているかどうか判断するよう求められた（図1-3-3参照）。準備のために，定められた方向に四角形をイメージすればボタンを押すよう教示された。準備時間が

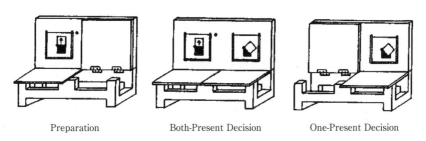

Preparation　　　　　　Both-Present Decision　　　　One-Present Decision

図1-3-3　反応時間課題の装置（Dean & Scherzer, 1982）
準備段階では左側に2つの正方形とドットが示されている。両方呈示条件では，矢印のある正方形をドットの方に回転させた場合をイメージさせ，呈示した回転正方形の位置が正しいかどうかを判断させた。片方呈示では，もとの矢印正方形やドットの位置は見えない状況で，回転した正方形の配置の正誤が求められた。

記録された。続いて右側のドアが開くと，第2のタイマーが開始された。子どもは，異同判断に到達したことを示すのに第2ボタンを押した。このボタンにより判断時間が記録された。描画課題は上側の赤い四角形の矢印がドットの方を向くように回転すると，2つの四角形はどのように見えるか描くように求められた。

　反応時間課題の結果であるが，準備時間が角度に従いリニアーに増加するグループAと，水平や垂直（0，90，180度）の角度では反応時間が短く，斜めの角度（45度と135度）では長くなってしまうグループB。そして，角度で有意差が見出されなかったグループCの3通りの反応に分かれた。グループAはメンタルローテーションを行っていることはわかるが，グループBでのメンタルローテーション者が水平垂直より斜めにおいてより長い時間の準備時間を要したり，斜めで回転率が緩慢となることがあった。これについては，ひとたび回転が完成した後，そのイメージをチェックしたり，強化したりする余分な時間に費やすことからきているのではないかと考えられた。つまり，認知処理の最中に再チェックが行われ，その結果リニアーなプロフィールが崩れた可能性が示唆された。

　描画課題の結果と対応したところ，グループAがBやCに比べてより多くの正しい描画を示し，他の誤反応分析からA，B，Cの順番で正確さが下がることがわかった。こうしたことから，Dean & Sherzer（1982）は，回転した四角形の描画で生じる子どものエラーは，状態をイメージする能力を反映しているのであって，描画の慣習や運動協応の欠如によるのではないと結論づけている。

　対象を所定の位置まで回転させる時間を測定するという課題が，Piagetの描画課題より易しかった理由について，Dean, Duhe, & Green（1983）は描画による表現上のバイアスではなく，背景にある認知プロセスであるカウンティングの研究から説明可能だとしている。実はDean et al.（1983）の考えにヒントを与えたのはFuson, Richards, & Briars（1982）の数詞系列の獲

得に関する研究である。Fuson et al.（1982）は，数を数えるという連続性に注目し「その後に続く」とか「間（between）」という関係に注目する能力が，概念の獲得で重要と考えている。最初は未分化なチェーンのようなひとつづきの連続性として運動系列が認識され，次に論理的な系列へ統合されると考えている。Dean et al.（1983）は，こうした数詞獲得におけるカウンティングの認知処理が，メンタルローテーションでの位置をトラッキングする行為と類似していると考えた。カウンティングとトラッキングとの共通性は，第3の系列での認知的な処理の類似性にあると考え（Dean et al., 1983），カウンティングでは，数系列への分化と数詞どうしの協応がなされるとしている。一方，メンタルローテーションでは，軌跡上に連なった異なる各位置への分化とイメージされた動きとの協応が求められ，ともに順序立てられた対象の系列において，分化と協応が求められているとしている。

　Piaget 型課題（Dean, 1979）は，対象となっている運動系列の別々の状態を，一枚の用紙に表現するよう求めており（図1-3-2），同時に各状態を協応しなければならないという負荷がかかっていた。つまり分化したイメージとそれぞれの協応との2通りの事柄が求められている。一方，Marmor 型の課題は2つの視覚刺激を結ぶ運動をイメージし，立ち止まるべきポイントが与えられていて，運動系列それ自体は未分化なままの状態である。

　Dean, Gros, & Kunen（1987）は上記で指摘した対象の系列化の問題，すなわち，1）運動それ自体を系列全体の中の中間状態へと分化すること，2）中間状態の空間的つながりや論理的関係を吟味すること，3）回転中の対象の各部分どうしの空間関係を保存すること，以上の3側面が Marmor 課題では要求されていないことを指摘し，Piaget & Inhelder（1971）から一部取り入れた状態構成課題（図1-3-4）とそれを記憶に基づいて再生させる課題を実施している。結果は小学1年生では状態の視覚的特徴に目を向けたが，小学4年生は変換や運動の状態を構成できていた。そして視覚的特徴ではなく変換や運動の状態を統合した子どもの方が記憶の成績も良かった。重

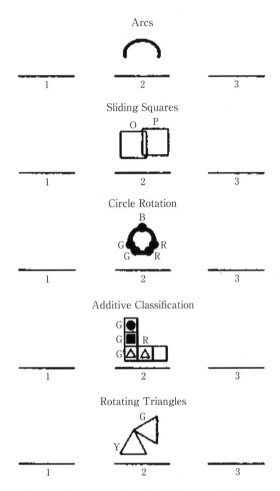

図 1-3-4　状態構成課題の例 (Dean et al., 1987)
番号 2 は実験者が作成したもので，1 と 3 に適切なものを配置するように求めている。論理的な系列関係を見いだせるかどうかを調べる課題である。O：オレンジ，P：紫，B：青，G：グリーン，R：赤，Y：黄色を示す。それぞれ求めているものは異なる。上から円弧 (Arcs)：パイプクリーナーの円弧から直線への変形，スライドする四角形 (Sliding square)：静止した四角形とスライドしていく四角形の関係の変化，円の回転 (Circle rotation)：外円に固定された小円の回転変形，付加的分類 (Additive classification)：分類マトリックスの完成，回転する三角形 (Rotating triangle)：静止した三角形と回転する三角形の関係の変化，を測定するために用いられた。

要なことは1年生であっても，連続する運動や変換の状態を理解しているということである。

このようにして Fuson et al.（1982）の未分化な状態から論理的な順序系列に再統合する発達過程にヒントを得た Dean et al.（1983, 1986, 1987）の結論は，対象の回転という変換を理解する上で論理的なつながりのある系列の認識が重要であるということであった。

刺激どうしの論理的な結びつきの理解が回転課題では求められるが，その論理的な順序性の理解がなされて，比較が行われることにより，対象の全体のイメージの回転が可能になるという考えでまだ扱われていないのは，系列化への契機といえる。特徴分析的な方略のレベルから順序性の理解が行われるためには，「気づき」が重要な側面を担うと思われる。

8）意識的なアクセス

5～6歳と成人のメンタルローテーション実験を行った Foulkes & Hollifield（1989）は，子どもがメンタルローテーションに失敗する理由として，1）「頭や心の中でまわす」という教示の意味がわからず，実際に頭で飛行機を回すのかと思った子どもがいたことや，2）子どもに教えようとしたメンタルローテーション方略は，意識的な操作であるので，それゆえ5歳や6歳では自発的に生まれにくく，また教えることも難しいということ，3）メンタルローテーションで求められる反射的なアクセスに欠けているということがあげられている。しかし Foulkes et al.（1989）は，他の種や乳児が適応する上で必要な，向きの違う図形を比較する微弱で無意識的なメカニズムがあるにちがいないと考えている。また，もしも意識的表象空間の処理への移行（Liben, 1988）が，5歳と8歳のあいだにあるとするならば，無意識的であったイメージを意識的に経験するという意味で，極めて興味深い年齢幅であると示唆している。

Estes（1998）は，子どもがメンタルローテーション実験で，対象を心の中

で回すという心的活動に気づいているかどうかが重要なことだと考えた。そこで教示なしに自然にメンタルローテーションを引き出すことについて検討が行われた。

対象は4歳，6歳，成人で，検査中は回転に関するコトバは一切使われず，また，「こころ」や「考える」「イメージする」といった心に関する用語は使用しないようにされた。

結果は，判断に関する説明を以下の3通りに分けている。①心的ではない説明：「わからない」も入る。②一般的な心的説明：「思った」とか「イメージした」，③メンタルローテーションによる説明：この心的プロセスについて触れている説明，である。メンタルローテーションが出来るとみなした者のうち6歳と成人は③のメンタルローテーションによる説明が最も多かった。一方，4歳児は①の心的ではない説明が多く現れたが（12名），②の心的説明や③のメンタルローテーションによる説明をする子どもも（8名）現れた。これらの結果から，就学前の最後の年齢までには，動的な視覚イメージを意識的にアクセス出来ると考えられた。

Estes は対象を心内で回転させるというメンタルローテーションを心的活動（mental activity）と捉え，メンタルローテーションの為にはメタ認知における視覚イメージを伴った心的活動への意識的なアクセスが必要だと考えた。Flavell のメタ認知的活動が Estes の心的活動にあたる。メンタルローテーションへの言及がなされた子どもは意識的なアクセスが出来ていると捉えられ，一般的な心的活動についてのレベルにあり，心的活動に触れていないレベルの子どもとは分けて考えられている。こうした意識的な回転へのアクセスが年少児では出来ないとする結果からは，メンタルローテーションのパラダイムには意識的に回すことへの気づきが含まれているといえるのではないだろうか。

第1章　傾いた形に対する子どもの知覚・イメージ研究と本研究の位置づけ　　35

第4節　全体と部分

　全体と部分については多くの研究がなされている。子どもが発達とともに刺激の部分間の結びつきをいかに統合していくかは本研究でも重要な領域となる。以下では部分間や全体と部分の関係を理解することが対象そのものの変換の基礎にあることを示しておく。

1）Bruner の実験

　空間布置の関係性の認識は，子どもの表象のレベルとも関係してくる。回転課題としての位置づけはされていないが，Bruner et al.（1967/1968）は多次元順序づけ課題を通じて，象徴的表象に代表される表象の論理的な性質の発達を説明しようとしている。表象は発達とともにシフトしていく動作的表象・映像的表象・象徴的表象の3つのシステムが想定されていて，それぞれ動作・イメージ・シンボルが認識への媒介的な役割を担っている。多次元順序づけ課題では，高さと直径が異なる透明のビーカー9個を3×3のマトリックス上に配列したものが用意された。最初，高さと直径の次元に従って順序良く並べたものを呈示し，以下の3段階の課題を行っている。再置課題：マトリックスから2個3個とビーカーを取り出し，もとの位置にもどさせる。再生課題：全てのビーカーを取り除き，再び元の位置にもどさせる。転換課題：被験児から見てマトリックスの上を北とした場合，南西の隅に置かれていたビーカー（高さは最も低く，直径は最も細い）を南東の隅に置き，これに基づいて残りのビーカーを転置させる。3〜7歳の子どもに実施したところ，再置，再生課題ともに年齢とともに成績が上昇するが，再置課題の方が良い成績であった。転換課題が最も難しく7歳になって再生課題と同じ成績に到達した。この結果に対して Bruner et al.（1967/1968）は，2つの次元の関係を体系化するようなイメージやシェマ（行動図式）を3〜4歳の子どもは持っていないが，5歳になると，映像としてのイメージを持つことはできるよ

うになる。しかし，イメージの変換ができず困難を示す。6〜7歳になってマトリックスに含まれる象徴的な関係を言語化できるようになって最終段階に到達する，と考えた。知覚イメージから論理的な性質の理解を経ることにより，構造化された対象の認識へと進むという捉え方であることがわかる。重要なことは転換課題でのローテーションの際に，対象把握の背景には対象の構造化された認識があるということである。

2）田中の図形認知研究

図形認知の研究を体系的に展開した田中（1991, 2002）の研究方法に類同視法がある。標準刺激と最も似ているものを比較刺激から選択させるという見本合わせによる方法である。比較刺激は図1-4-1に示すように3つの要素から成っていて，全体の輪郭線は描かれてはいない。幼児，児童，青年の発達的変化を捉え，まとめられた結果，3〜4歳の年少児は刺激となっている図形の部分（要素）の配置性や方向性に注目するのではなく，ただ類似しているという反応の仕方しかしない（aを標準刺激とすると，b，c，dを等しく選ぶ）。4〜6歳になると，図形全体の枠組みの類似から反応するようになり（aを標準刺激とするとcを選択し，bを標準とするとdを選択），8〜9歳頃からは成人と同じく，図形の持つ要素相互間の類似性により分析的に類似の図形を選択するようになる（bを標準とするとc，aを標準とするとdを選択する）としている。

背景にある認知機能として，4歳までは図形の特徴のどれかに比重を置いて判断してはいないが，4〜6歳の頃から刺激の持つ知覚的な枠組みから判断すると考えられている。田中（1991）は，図形全体の形の枠組みが認知に

図1-4-1　田中（1991, 2002）使用の図形

第1章　傾いた形に対する子どもの知覚・イメージ研究と本研究の位置づけ　37

強い影響をもたらす理由として，図形の主方向が同じであることをあげている。刺激それ自体の主方向が同じであれば，類似しているとみなす働きが4～6歳の頃から顕著になってくる。ただ，その刺激を構成している要素が異なっていても年少児と同じく気にしない。例えば△と▲とは同じといったことをあげている（田中，1991，p.75，p.142）。年齢が進むと，刺激の細部にまで至る分析的な認知機能が現れ，その認知機能により図形の内部的相互関係を識別し，回転すると重なる刺激を選択するようになるとしている。

　ここにおいて，Bruner と同様，刺激対象の内部の相互関係，つまり刺激の持つ構造を理解できるようになっていくプロセスに共通性が見出される。全体と部分で発達過程を捉えなおしておくと，幼児は，全体と部分との関係で，部分間の関係を無視した全体の把握を行うが（刺激図形の主方向の次元による図形全体の枠組みでの判断），その後，小学校2～3年生といった児童期中頃から，部分と部分との関係による把握（図柄の関係系としての判断）が可能になってくるとしている。

　全体と部分という刺激対象の構造化された認識や，内部構造の相互関係の理解が課題遂行にとり重要な事柄であることがわかってきた。発達的な観点からの構造理解については，本研究史の Bialystok の構造記述モデルでも述べたが，より詳しくは Olson や Bialystok の系統的な記述モデル（野田，2001）がある。

3）Elkind の研究

　Elkind, Koegler, & Go（1964）は，フルーツによる部分と全体からなる数種類の絵を4～9歳の子どもに提示し，何が見えるか尋ねる課題を行った。結果は，1）部分反応も全体反応も年齢とともに減少し，2）逆に意味のあるものとして部分と全体の両方を捉えた反応は，年齢が進むにつれ，特に就学後に急激に増大することがわかった。3）閉合の要因や良いかたちの要因があったりすると，部分が好まれて知覚され，また部分は全体より早い年齢

（4歳半）から捉えられることがわかった。4）小学校1年ぐらいになると全体を見て部分を無視したが，更に年齢が上がると全体と部分の両方を言語化するようになった。こうしたことから，知覚活動は年齢とともに速くなっていき，全体と部分の両方の認識が急速に行えるようになるために，全体と部分とが同時に認識されるのではないかと考えられている。部分から全体，そして全体と部分の統合という発達の経路を進むと考えられている。Elkind（Elkind, 1969, 1978）は，対象の輪郭と領域とを関連させた知覚的規則性や，全体でもあり部分でもあるといった多重論理的な捉え方，対象を知覚的に探索する上での知覚的規則性のゲシタルトの場の効果へ従うことなどをあげ，知覚が受け身のものではなく論理操作を必要としている点を主張している。

　上記の Elkind が示した論理操作は，旗型刺激による異同判断においても生じていることが予想され，輪郭情報が優先して扱われる場合は，輪郭刺激が図として図柄情報が地として扱われたからではないかと考えられる（野田，2011b）。それまでにも述べた刺激特徴の構造理解には多重論理的な認識が求められ，課題遂行に大きな役割を果たしていることが示された。複数の部分から全体を構成するという場合に，部分間のつなぎ方や準拠の仕方が問題となってくると思われる。

4）Aslin & Smith（1988）による全体と部分の発達

　80年代後半に Aslin & Smith（1988）によってなされた知覚発達の展望論文には，全体と部分に関する貴重な見解が示されている。そこでは，発達的変化を知るには以下の3側面があるとしている。第1は，対象の構成要素の特徴（feature）とか属性（attribute）といった感覚的原初性（sensory primitive）の分析，第2は，知覚表象を形成するそれらのつながり（binding）がどうであるか，第3は，より認知的レベルでの知覚表象の構成がどうであるかを検討すること，とされている。1と2で扱っている事柄は，乳児が，対象の構成要素をいかに束ねていくかということの実験事実に集約されている

が，そのなかで得られた事項のひとつに，対象の部分である構成要素から，単一の対象としての全体へと知覚の形式が移行することを指摘している。ところが，第3の視点から，幼児期から児童期にかけて異なる形式が出現するという。一般的に，6歳を過ぎると，対象を構成要素どうしで比較する能力が現れてくることを指摘している。彼らはいくつかの例を示しているが，幼児期では乳児期とは反対に全体から部分への移行があると捉えているようだ。乳児期では特徴や属性の処理の有無と統合を問題としていたのだが，幼児期では単一次元や構成要素の部分の比較ができるようになるという側面を捉えているわけである。

　つまり Aslin & Smith（1988）は，乳児期において部分から全体への統合を果たすことを示す一方で，幼児期からは全体から部分への知覚傾向が認められる点から，全体から分化していく（Wohlwill, 1962；Gibson, E. J., 1969/1983）という捉え方をしようとしている。興味深いことは，こうした部分から全体へそして再び部分へという変化が存在しているというだけでなく，Aslin & Smith（1988）は，成人において時間制限を与えると，部分から全体知覚へと戻ってしまうという事実を指摘している。全体としての対象を操作する場合は，属性や次元を直接扱う操作よりも単純な処理であるからだろうと解釈されている。

　では，幼児期から児童期にかけて，対象の構成要素である部分はどのように認識されてくるのだろうか。このことは本研究の刺激構造の理解と関連する事項である。E. J. Gibson は知覚が刺激属性に対応して分化していくという考えを展開している。以下では Gibson の捉え方と，分化の契機として選択的注意を示した Smith の考えを示しておくことにする。

5）E. J. Gibson の差異の分化から Smith の選択的注意

　知覚発達において分化説を唱えた E. J. Gibson（1969/1983）は，順次的に表象が形成されていくという発達的変化の考え方をとるのではなく，刺激内

に既に備わっている諸特徴を読み取る弁別が改善されていくと捉えている。知覚的分化には3つのプロセスが想定されており，まず刺激の不適切な次元が濾過（フィルターリング）され，刺激の差異を表す示差特徴（distinctive feature）の抽出が行われ，組織的な選択的注意が行われるという。つまり知覚の変化は知覚学習が行われた結果であるという意味で捉えている。知覚学習されるのは対象にある特徴的性質，不変的関係，およびその両者のより高次の構造としている。こうした刺激指向的な知覚学習の立場から，4歳から8歳を対象に形の弁別の発達に関する研究が行われた（Gibson, Gibson, Pick, & Osser, 1962）。図1-4-2に示すアルファベット様の刺激を用いて，標準刺激と全く同じものを比較刺激から選ばせるという方法をとった。いずれの図形も組織的に文字の特徴を抽出した示差特徴からなり，それら示差特徴は弁別する上での最小の差異となっている。結果は刺激の差異つまり示差特徴がかなり早期から識別されていることが示され，また刺激特徴の種類により識別される年齢が異なるという結果を示した。具体的には変形されたアルファベット様刺激を混同する誤りが年齢とともに減少したのだが，4種類の誤った選択のタイプが得られた。見本におけるトポロジー的変形（閉合・分離）を選択する誤りは4歳児であってもわずかな割合であり，年齢とともに減少した。

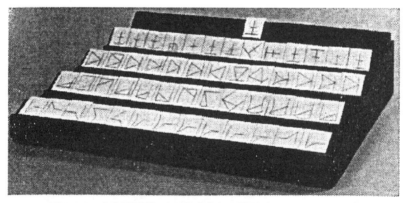

図1-4-2　文字用図形による見本合わせ課題（Gibson et al., 1962）

第 1 章　傾いた形に対する子どもの知覚・イメージ研究と本研究の位置づけ　　41

それに続く混同の誤りとして，直線－曲線変形や方位的変形があげられた。4つ目の遠近法的変形は4歳児ではかなり多く現れ，8歳児で減少こそしたがまだ6割近く出現した。ゲシュタルト心理学は知覚の生得性を主張するが，E. J. Gibson の場合は4歳から8歳までのあいだに経験を通じて図形の示差特徴を学習していくと捉えている。つまり，トポロジー的変形を選択してしまうような未分化な様式（undifferented fashion）での知覚が経験により学習が進み，示差特徴で捉えられるようになり，より分節的な属性や次元で分析できるようになっていくとした。

　しかし E. J. Gibson は，知覚された構造と選択的なフィルタリングの発達を明らかにしようと努めたが，特定の注意様式には言及しなかった。そこで，Shepp & Swartz（1976）は，成人の知覚研究の中で提唱された統合と非統合次元（integral and nonintegral dimension）の考え方を E. J. Gibson の捉え方にあてはめようと試みた。Shepp & Swartz（1976）は，年少児はあらゆる刺激に対して最初は単一で分析されていないものと捉え，統合的なもの（integral）として知覚すると考えている。その場合の子どもの注意は強制的で非選択的であるために，E. J. Gibson が言う知覚学習の量が増えると，統合次元とそうではない非統合次元とのあいだの知覚の差異が現れ，子どもは刺激入力から次元の抽出が出来るようになると考えた。Shepp & Swartz（1976）と同じく，Smith & Kemler（1977）も統合―分離（integral-separable）次元での発達変化を捉えている。彼らは，カード分類という方法を主に用いて，年少児では区別されない統合（integral）次元で捉えてしまうが，年長になるにしたがい分離（separable）次元で捉えるようになることを示した。そして彼らは特徴や次元を抽出し，なおかつ無関連な特徴を無視することで差異を抽象化すると考えた。

　いわば，E. J. Gibson が指摘したフィルタリング機能を Smith らは，関係のない次元を無視することで対象間の違いを明確にする機制であると指摘したといえる。

42

　そうした捉え方において，Evans & Smith (1988) は対象の属性における全体的類似性（overall similarity）から抽象度の高い部分的同一性（part identity）への移行が4歳から6歳児で見られることを示した。彼らは刺激対象を比較する仕方を4種類に分けている。対象が類似しているか同一であるかに基づく次元と，扱う属性が全て（全体）であるか単一（部分）であるかに基づく次元とにより4種類に分けている（図1-4-3a）。各次元で働く心的な働きについて3通りの刺激A，B，Cを例にして説明すると，次元XとYを形の大きさや明るさといった刺激の属性とみなし，それぞれのスケールでは程度を表している。最初に現れる分類の仕方は全体的類似性と呼ばれ，BとCを似ていると捉えAは別のものとするが（BC vs A），選択的注意（selective attention）が次第に増大することにより部分的類似性により分類が行われるようになり，AとBを似たものとしCを別のものと捉えることも出来るようになる（AB vs C）。その後に類似性ではなく同一性に基づき明確に分類できるようになるが，まだ一次元の属性でしか分類されない部分的同一性のレベルにとどまる（AB vs C）。最終段階では成人の分類になるが，A，B，Cがそれぞれ持つ属性の次元を正しく評価し個別に扱うことが出来るようになり（A vs B vs C），個々のカテゴリー化が可能になるという絶対的同一性のレベルへ至るとしている。類似性から同一性への移行において重要となる心的機能は，単一の刺激属性に対する選択的注意であるとしている。

　上記の類似性から同一性の認識への移行を，図1-4-3bを利用して矩形の傾きに置きかえてみると，0度（図1-4-3bのB）と180度（A）とは輪郭の次元（X）では同一であり，0度（B）と45度（C）とは傾きの次元（Y）で異なるが類似していることになる。Evansらの説から，輪郭次元への選択的注意が同一性への移行を促すと解釈されることになる。

6）グローバルとローカル処理

　子どもに馴染みのある Navon 図形（Navon, 1977）を用いて Poirel, Mellet,

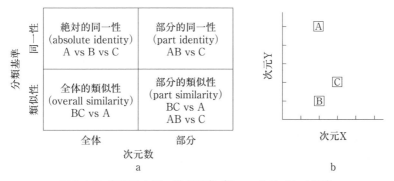

図1-4-3　類似性と同一性の認識（Evans & Smith, 1988）

Houdé, & Pineau（2008）は，全体－部分の関係を発達的に捉えた。Navon図形は階層構造になった刺激で全体を部分からなる図で形成されていて，大人の場合はグローバル情報の処理がローカル情報の処理よりも時間的に速いグローバル優位性が知られている（Navon, 1977）。Poirel et al.（2008）は，子どもにNavon図形対を提示し異同判断を行った。図1-4-4にはローカル，グローバルレベルとも同じ対，グローバルレベルで異なる対，ローカルレベルで異なる対を示した。もしもグローバルレベルで異なる対の試行で同じと答えたら，ローカルレベルに注意を向けた処理とされた。同様にしてローカルレベルで異なる対の試行で同じと答えたら，グローバルレベルに注意を向けた処理とされた。処理の分析から，4歳から9歳にかけてローカル処理からグローバル処理へと進むことが示され，6歳で成人の方略へと変化することがわかった。Poirel et al.（2008）によると，刺激の構造特徴の分析が行われ，2つの刺激があるレベルで同じであっても，別のレベルでは違うと答えられるようになるには，一方のレベルだけで同じと判断しないことだとしている。

つまり，先にも示した，知覚的分化（E. J. Gibson, 1969/1983）や刺激の無関連次元の特徴を無視することが差異を明確に認識させる（Smith & Kemler,

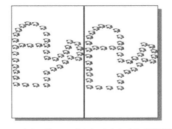 

ローカル・グローバルレベルともに同じ対　　　グローバルレベルで異なる対

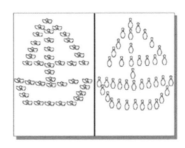

ローカルレベルで異なる対

図1-4-4　グローバルとローカルレベルの異同の図（Poirel et al., 2008より）

1977）という働きと共通していて，ローカルからグローバルへと進む上で複数の次元の統合が求められていることになる。刺激の部分間の結びつきだけでなく単一次元から複数の次元の統合が，年齢とともになされ，その区切りが6歳あたりにあることが示唆されている。

7）視線について

　最後に，全体と部分との関係に関する研究内容を示してきた中で，本研究で行った実験と関係する目という顔全体の中の要素部分が認識に大きな影響を持つと思われるので，視線の理解についても概観した。

　Fantz以来（Fantz, 1961），人の顔への敏感さは早期から備わっていることが確認されているが，顔内部の目の占める役割は，ある意味，対象内部の図

第1章　傾いた形に対する子どもの知覚・イメージ研究と本研究の位置づけ　　45

柄としての意味からも重要な役割を果たしていると思われる。視線理解（gaze understanding）が早期から始まっていることはよく知られている（山口,2003）。特にコミュニケーションの手段として日常的に用いられている。そうした視線の理解を限定して，実際の人間ではなく描かれた対象の目の向きを理解しているかどうかの研究がある。描かれた人物がどこを見ているかの理解は3歳となると可能になるという（Doherty & Anderson, 1999；Lee, Eskritt, Symons, & Muir, 1998）。更にMcGuigan & Doherty（2002）は，2歳半の子どもでも絵の中の人がどこを見ているか，またどこを指差しているか理解できることを示した。特に興味深い結果として，目の中の黒目の部分が他よりも明度が落ちるので，乳児の定位反応を引き起こしている可能性を示唆する研究がある（Farroni, Johnson, Menon, Zulian, Faraguna, & Csibra, 2005）。つまり目という特徴が対象にある場合は，他と同じ要素だとしても特別な意味が生じることが予想される。実験系列3では刺激内の目線の違いも特徴部分として検討した。

第5節　図形の体制化

　全体や部分を統合する働きをするものが何かは重要な問題となってくる。本研究では対象を能動的に変換するという文脈で統合という語を用いているので，あえて体制化とは別の表現にしたが，統合に関連する軸や輪郭線の働きを整理することにした。

1）向きと内的軸

　Köhler（1940/1951）は，股のぞきをしても対象が逆さまに見えないことから，網膜上に写された像ではなく，環境にある知覚空間で対象が正立していれば，正しく見えると主張した。そのことは対象となる図形を逆さまにすると，網膜像には股のぞきと同じく逆さまに映るのだが，知覚空間が逆になってしまう為に異なる印象を受けるとしている。図形の方向による印象の違い

は発達的な変化によると考えた園原は，図形の向きを規定する関係系について検討している（園原，1956）。関係系とは刺激内の要素と要素とを結び付けている形態性のことを指しており，点と点とが結ばれ三角形と認識されるのは，関係構造的に認知が成立したと捉えている。年齢の低い子どもでは点しか見えていなかった状態から，三角形が見えるようになるという発達変化で何が起きているか，捉えるべきであると指摘している（園原，1972）。そもそも幼児の方向に対する無頓着さは，Stern（1909）が観察したように，壁にかかっている絵画が逆さまになっていても気にしないし，持っている絵本が逆さまになっていても気にすることが無い。関係構造が充分に出来上がっていない為に，あるいは，Köhler の言うような知覚空間自体がまだ機能していないために無頓着さが生じているといえる。標準刺激と最もよく似た図形を比較図形から選ばせるという類同視法を用いた田中（1991）によれば，部分を参照していた子どもが5〜6歳から，図形の垂直・水平方向と比較刺激の軸が一致しない場合は選択しなくなり，垂直や水平と一致する方向への偏好がみられるとしているが，6〜8歳以降になると，水平垂直軸ではなく，図形の持つ形態の関係系に基づいて判断しようとする傾向が強まってくることを示している。図形の方向性は，刺激の中央部分に沿う中心線の「主方向」で捉えられている。図形内の方向については，先行する Gibson & Robinson（1935）の研究があり，彼らは一方向図形（mono-orientated）と多方向図形（poly-oriented）を用いて再生課題を行っている。Gibson & Robinson（1935）によると，前者は日常で常に同じ向きで見慣れているような対象のことを指し，座っているネコとか，うさぎ，日よけ帽等を実験刺激で用いている。後者は様々な位置で見られ，特定の向きで見られることはない対象で，鍵とか折りたたんだ傘，玩具のホルンやトランペット等を用いている。それぞれ4方向からタキストスコープを用いて0.3秒間呈示し，描画等により再生させると，認識には方向差が生じ，一方向図形の方が多方向図形より方向の影響を受けるという結果を得ている。

第1章　傾いた形に対する子どもの知覚・イメージ研究と本研究の位置づけ　　47

　方向の研究を組織的に進めた勝井（1971）は3～8歳の子どもにおいて，図形内の主方向についても検討している。勝井の研究では，標準刺激と8方向に提示される比較刺激の内で同一の方向のものを選択させ，その認知の正確度を測るという方法をとっている。そこで使用した3条件の内2条件はGibson & Robinson（1935）の一方向図形と多方向図形の考えから作成された具体的な図形が用いられた。それ以外の1条件では抽象的な幾何図形が用いられている。各年齢とも具体的図形の方が幾何図形より成績が良かったが，3条件とも7～8歳になると90％以上の正確度を示すようになった。ただGibson & Robinson（1935）が示したような一方向図形と多方向図形との違いは確認されず，むしろ図形の方向に対する認知が年齢とともに上昇することが示された。一方向と多方向の操作的な定義が今後は再検討されるべきといえる。また，勝井（1982）は，2次元空間における方向認知の発達について系統的に研究した。3歳から8歳に対して，標準刺激と「同じ向きの図形」はどれであるか，8方向を向いている比較図形から選択させるという課題を行っている。同じ方向に向いているものは上・下・左・右・左斜め上・右斜め上・左斜め下・右斜め下の内どれかを尋ねているので，同じ向きの理解の正確度を測ったものといえる。方向に特化した同一性を探求しているといえる。結果は標準刺激が上下，左右，斜め方向の空間配置の順に「正確さ」が発達的に上昇していくことを捉えている。このことから，2次元空間の対象方向に対する認知の発達において，垂直・水平軸などの基準線を手がかりに方向分化が規則的に存在していると考えている。

　またHoward & Templeton（1966）は，形のパターン自体には認識可能な軸があるとしている。彼らはそれを内在する軸（intrinsic axes）と呼んで，形の方向判断で用いられていると考えた。内在する軸は大きく3種類に区分して考えられており，まず第1に形にはシンメトリー軸がある場合をあげている。例えば，矢にはシンメトリー軸がひとつだが，正方形には4つあり，丸形では無数にある。たいていの対象物にはシンメトリーな側面があり左右

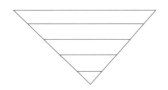

図 1-5-1　パターン内にある顕著な水平のラインが主線軸を規定している場合
(Howard & Templeton, 1966)

相称（bilaterally）であることを示している。第2にパターン内にある顕著な線の方向により規定される主線軸（main-line axes）をあげている。その線は図に対して非シンメトリーな状態の場合もあり，シンメトリー軸と平行な場合もある。例えば，図1-5-1（Howard & Templeton, 1966より）のシンメトリー軸は主線軸と直交することになる。またMach（1886/1971）のダイヤと正方形の印象の違いの所見であるが，シンメトリー軸が2つあり，正方形の場合は主線の水平—垂直方向により，垂直の印象が強められ正方形の印象を生んでいると，主線軸の効果を指摘している。第3として極軸（polar axes）をあげている。パターン内の意味のある特徴間の軸を指しており，例えば木なら根と樹冠，人の身体でいうなら頭と足，ナイフなら刃と取っ手を指すとしている。木や矢印などはひとつの極軸しかないが，人とか車は上—下や前—後という2つの極軸を持つことをあげている。正方形は極軸を持たないので，上下逆さに見えるのでなく傾いて見えると説明している。

　図形の構造からその向きを決めるのは，内在する軸（Howard & Templeton, 1966）あるいは主方向（勝井，1971；田中，1991）であるとされている。それぞれ名称は異なるが，本研究でも図形を刺激として用いるので内的軸という語を用いることとした。ただし，以下に記したMarrなどは主軸と訳されているように，定着した表現には従うようにした。

2）輪郭線の認知

　認識の側面から先の内的軸とも関係する知見を記しておく。Marr

（1982/1987）はシルエットだけを見て，それが何であるのか，なぜわかるのかというパラドックスを呈示している。シルエットと呼ぶ「遮蔽輪郭」は輪郭内が遮蔽されていて奥行き情報が無い，つまり境界となる輪郭からは図形の形状がわからないはずである。Marr の理論によると，刺激がシルエットや線画，実際の対象に関係なく，輪郭の閉じている形では，常にイメージで記述された主軸が抽出されると想定している。そして，その背景にある認知プロセスは，Marr によると，まずシルエットから対象の同定に必要な対象の主軸が算出され，対象中心参照枠（object-centered frame of reference）が提供されるという。前提には，シルエットが軸に基づく記述を行うだけの充分な情報を保持していることがあげられている。実際には，シルエットは線画などに比べて情報が充分ではないので，比較すると困難が伴うようだ。

　Riddoch & Humphreys（1987, ex2）は，対象物の意味を知覚的に理解しているかどうかについて視覚失認（visual agnosia）患者の H. J. A と統制群の成人健常者とを比較した。用いられた対象決定課題は，線画条件とシルエット条件からなる。一般的な対象が描かれたカードと，別の対象物が追加された意味の無い対象が半数ずつ描かれたカードを60枚（シルエット条件の場合は88枚）用意し，それらを現実のものかそうでないものか判断させた（図1-5-2）。線画条件では健常者の方が H. J. A より良い成績となった。しかしシルエット条件では健常者は線画条件より成績が落ち，H. J. A はその逆で線画条件よりシルエット条件での方が良い成績となった。このことについて Riddoch & Humphreys（1987）は通常，内的ディテール（internal detail）は対象の同定に関する情報を付け加え，対象の分節（segmentation）をその部分へと促すが，その逆が生じたとしている。つまり，H. J. A. の場合，線画条件では内的ディテールは正しくまとめられることはなく，むしろ輪郭情報の利用を妨げてしまうが，シルエット条件ではそうした混乱がない。それ故シルエット条件の成績の方が良くなったと考えられた。Humphreys & Riddoch（1987/1992）は，彼の障害が，形の個々の要素をコード化し群化する能力が

図1-5-2 現実にはあり得ない意味のないものの例（Riddoch & Humphreys, 1987）
カンガルーの尻尾に足を置き換えた絵と，ロウソクにドアのノブを付け加えた絵。

選択的に障害を受けているのだろうとした。

Lawson & Humphreys (1999) は，成人に対して奥行き回転での判断時間を検討する中で，線画による刺激よりもシルエットによる刺激の同定が難しいことを見出している。また，シルエットに不足している内的ディテール (internal detail) が，対象の主軸を抽出するための手がかりとなっていることを示唆する研究（Mitsumatsu & Yokosawa, 2002）では，シルエットより線画での再認が困難であることの理由として，1) 内的ディテールが主軸に貢献し，2) 内的ディテールが記憶内の対象と直接マッチする示差特徴を提供しているという考え (Yokosawa & Mitsumatsu, 2002) が示されている。

Marr (1982/1987) はシルエットから内的軸が形成され認識が成立すると考えている。また輪郭と内的ディテールとに分けた Humphreys & Riddoch (1987/1992) は，図柄が輪郭の認知を妨害するとしている。輪郭と図柄，内的軸が認識を成立させる重要な情報と考えられる。

第6節　空間関係・空間視覚化から空間理解へ

サイコメトリックな方法で測定される能力については，重複や誤解を招く名称もあり，整理する必要があると考えられた。スピードに重点が置かれたものから，刺激構造の理解に重点が置かれたものまである。第4節で記載したが，形知覚に基づく課題のほとんどが刺激構造の理解が求められていた。

第1章 傾いた形に対する子どもの知覚・イメージ研究と本研究の位置づけ 51

本節では測定される内容に焦点をあてることにした。

空間関係と空間視覚化

Thurstone（1938）以降，空間適性における因子分析的研究が多くなされてきたが（Lohman, 1979；McGee, 1979），研究により空間適性の名称も異なっていたので，整理する必要に迫られていた。Lohman（1979）は，空間要因の共通部分を取り出そうとする幾つかの研究から，データを再分析し3つの空間要因を導き出している。まず，空間定位（spatial orientation）という要因には，刺激や刺激配列が別の視点からいかに見えるかイメージする能力が含まれるとしている。飛行機や船を目標に向けるように，配列しなおす課題が典型的である。2番目に，空間関係（spatial relation）を要因としてあげている。空間関係には，刺激の同定判断に必要なメンタルローテーションを速く正確に行う能力が含まれていると考えられている。3番目の要因として想定された空間視覚化（spatial visualization）は，スピードでなく，より複雑な心的操作が要求され，心的折り紙や，部分を心的に構成し，もとのものをつくるといった内容を含む能力である。そして対象の特徴や属性等のビジュアル化についての言及であるとされている。また，Sternberg（1985/1992）は，空間視覚化が空間関係と比べて「難しさの因子」があるとしている。そして，その難しさは，心的過程や心的表象が，質的にではなく量的に異なる場合に生起すると考えている。

Pellegrino & Kail（1982）は，空間関係と空間視覚化との違いを，課題そのものではなく，課題遂行における2つの次元のかかわる度合いから説明している（図1-6-1）。一方はスピードとパワー（speed-power）の次元で，他方は刺激の複雑さ（complexity）の次元である。ここで使用されるパワーという言葉は，複雑な心的操作を遂行して行く上での，心的リソースだといえる。空間関係課題では，空間視覚化課題よりも時間的に速く解かれ，速さが強調されるが，空間視覚化課題では，スピードと正確さとの両方が求められる。

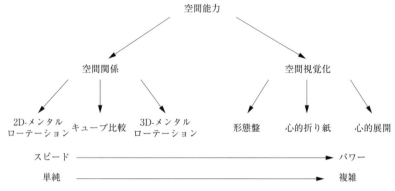

図1-6-1 空間適性要因，課題と遂行次元 (Pellegrino & Kail, 1982)

一方，刺激の複雑さの程度は，指標として，刺激要素の数や，処理しなければならない刺激の部分があげられている。彼らは，その論文で，課題遂行における認知プロセスが，速さや正確さ，刺激の複雑さの点で，どのようにかかわっていくのかを検討している。

Pellegrino & Kail (1982) は，MRTテストが空間関係を測定するものとしているが，Vandenberg & Kuse (1978) は空間視覚化 (spatial visualization) を測定しているとしている。対象の関係を見出すために操作するよりも，視覚的にイメージするという側面を強調して命名していると考えられる。だが，Pellegrino & Kail (1982) の図式では，第1はスピードが重視されるかパワーかという次元であった。第2の次元は複雑さの程度であった。空間関係と空間視覚化が両次元の延長線上にあることを示している。つまり，多くの空間課題に対して両次元上の程度の差はあれ，双方の空間処理が影響を及ぼしていることが示される。

整理しておくならば，定位は自己と対象との関係に言及した場合であり，後に議論する対象とのかかわりの中で生じる自己修正と対象修正の区分は，定位のあり方から発生してくるものである。一方，空間関係は観察者である自己の部分は除かれるか議論の外におかれ，比較し得る対象どうしの関係に

ついての言及が中心となると捉えられる。

第7節　処理モデル

　この節では，形の認識を考えていく上で，情報処理モデルを検討する。ま
ずメンタルローテーションにおける一般的モデル（Cooper & Shepard, 1973）
と子どもの検査場面に適用できうるデッドラインモデルとの比較を行い，デ
ッドラインモデルが課題遂行において，探索しようとする子どもの姿を反映
するのではないかという点で，特徴分析的な方略の考察でいかされる知見と
考えた。また，対象の内的軸を見出しその上で左右を符号化しているとする
Corballis の形の再認モデルでは，メンタルローテーションは意図的に行わ
れていて，形の符号化が中心であるとする考え方を示すものである。第3項
で示した2重システム理論では，180度という特別な方向で成績が改善され
ることから，そこで方略が変わるのではないかという考えを示している。ま
た，情報処理モデルとは異なるが Piaget の水平性課題を構造化し知覚的要
素を指摘した考え（Kalichman, 1988）も示した。

1) 処理モデル（デッドラインモデルと Cooper モデル）

　反応時間パラダイムで想定されたアルゴリズムでの表現は Cooper &
Shepard（1973）のモデルが代表的である。それは4つのコンポーネントか
らなる。刺激の同一性や向きを表象する「符号化」，傾いた刺激表象の垂直
への「回転」，2つの刺激表象が同じかどうかの「比較」，そして，異か同か
の判断に基づく比較「結果」の産出である（図1-7-1）。

　こうした中で，空間適性（Pellegrino & Kail, 1982）やアルゴリズム（Carter,
Pazak, & Kail, 1983）の面から，空間関係とくにメンタルローテーション課題
のプロセスに疑問が投じられた。Pellegrino & Kail（1982）は3つの理由を
あげている。第1理由は，Cooper & Shepard（1973）のモデルでは，反応時
間とエラーの確率は，標準と同一の比較刺激の場合も鏡映像の刺激の場合も

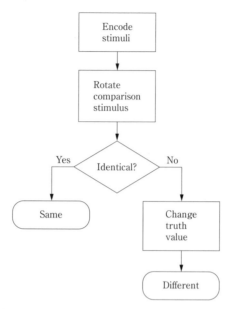

図1-7-1 Cooper & Shepard (1973) のフローチャート

同じ率でなければならない。しかし，同一刺激のRTの方が早い（Kail, Pellegrino, & Carter, 1980）ということ。第2は，Kail et al.(1980)の研究で鏡映像を回転しての判断の際，すぐさま「異なる」とは反応せず，むしろローテーションにより同じペアとなる他の方法があるかどうか探そうと試みようとする報告があること。第3は，彼らが立てたモデルの原型であるが，被験者が直ちに反応するこのような課題では，しばしば自らデッドライン（作業の締め切り時間）を課し，そのデッドラインに到達してはじめて反応する，ということが理由であった。

Pellegrino & Kail (1982) と Cooper & Shepard (1973) のモデルとの違いは図1-7-2に示したように，処理の流れとしてのアルゴリズムにおいて，刺激の比較の段階で異と判断しようとする場合，「時間はあるか？」というデッドライン段階が組み込まれている点である。引き続き，他のマッチング方

第1章 傾いた形に対する子どもの知覚・イメージ研究と本研究の位置づけ 55

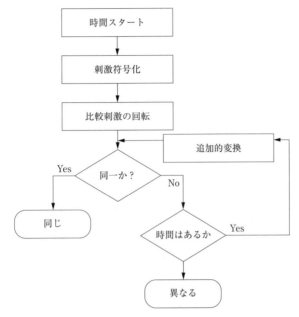

図1-7-2 デッドラインモデルのダイアグラム（Carter et al., 1983）

法を模索する段階である追加的変換（additional transformation）を経て，再び刺激の比較を行うようになっている。デッドラインモデルには若干の修正版もあるが，基本的に上記の形式をとる。モデルの評価は，反応潜時とエラーに対する各アルゴリズムの適合度の計算からおこなわれている。Carter, Pazak, & Kail（1983）のメンタルローテーションの実験では，9歳，13歳，成人を対象に文字様刺激や旗型刺激（Thurstone & Jeffrey, 1956）を用いて異同判断を行ってモデルの適合性を調べている。デッドラインモデルは同刺激が勾配の影響を受けるが，異刺激ではフローチャートにもあるように「同じではないのか？」という疑問から追加の変換（additional transformations）が生じ，勾配の影響を受けることがなくなるというものであった。Cooperモデルはそうした追加の変換を想定していないので異刺激と同刺激との違いが生じないとしている。結果は誤反応では同刺激は角度の影響を受け，異刺激

は受けなかった。また反応時間では同刺激よりも異刺激の方が反応時間が長くかかるという結果を得ている（速「同」効果）。モデルの妥当性の検討を行ったところ，Cooper モデルとデッドラインモデルの両方が用いられているという知見が得られた。ただし，彼らが用いた旗型の刺激では子どもが主にデッドラインモデルを用い，大人は Cooper モデルを用いるということがより明確に現れた。これらのこと等から，刺激が新奇なものになると，子どもでは従来の Cooper モデルでなくデッドラインモデルを用いる方が妥当であるとしている。

デッドラインモデルと Cooper モデルとの違いは，上記のデッドラインモデルにおいて，「時間はまだあるか？」と推考するワーキングメモリーとしてのコンポーネントの追加だけで，後は基本的に同じ直列処理モデルで説明しようとしている。メンタルローテーションの処理モデルの多くは，このデッドラインモデルの変形とされている。

こうした追加的変換では，回転という方法ではなく，繰り返し見比べるというマッチングによる方法が取られたと思われる。特徴分析的な方略は成人よりも子どもにあてはまりやすいという点で，それまでの知見とも一致するものといえる。ただし，異刺激においてのみ角度差が無くなる点や，速「同」効果は，対象を意図的に回転するという方略を適用せざるをえないために生じていた可能性は高いのではないだろうか。

2) Corballis のモデル

Corballis（1988）は基本的には Marr（1982/1987）の考えを踏襲しているが，Kosslyn（1980）の視覚バッファーの枠組みや Rock（1973）の上下軸の考えなどを積極的に利用したモデルである。理論は系列的かつ階層的に情報が処理される形式で表現されている。

まず標準と同じであるか鏡映像であるかという異同判断を求める場合，標準と同じ正しい像の方が鏡影像より早く反応するという研究報告がある

(Corballis & Nagourney, 1978, Corballis, Zbrodoff, Shetzer, & Butler, 1978)。これは成人だけでなく11～13歳の児童でも認められた（Corballis & Beale, 1976/1978；Corballis, Macadie, Crotty, & Beale, 1985）。こうした速「同」効果は，Cooper & Shepard（1973）では，対象の内的表象を正立するまでメンタルローテーションを行わないと正像か鏡映像か判断できないと指摘しているので，矛盾しているように思われる。さらに Corballis（1982）は，Cooper & Shepard（1973）の被験者がメンタルローテーションを行う前に対象の同一性と方位について既にわかった上で対象の回転を行っていたのではないかと推測している。Corballis et al.（Corballis, 1982；Corballis, et al., 1978）は，形の認識だけでは不十分で，方位の情報の重要性を指摘し，被験者は最初に対象を同定して方位を決定し，正立するまで意図的なメンタルローテーションを行って正像か鏡映像かの判断を行っていると結論している。

　Corballis（1988）は，形を認識する上で，左右を区別するエゴセントリックな座標システムを想定した。それは自分の身体がある空間座標から左右の感覚を獲得し，次に形の座標と一致させるよう働きかけるものだという。次に図1-7-3に示すように，入力された形に関する情報は短期視覚バッファー内で，Marr の理論でいう2-1/2D スケッチのレベルで捉えられる。つまりまだ充分な奥行き情報が形成されていないレベルにある。視覚バッファーにあるそのような状況からその形に関する参照枠から独立した記述（frame-independent description）が，長期記憶内で見いだされるという。それは形中心の参照枠あるいは内的参照枠というものを意味しており，その参照枠において内的な軸の位置が見出されること（location of internal axes）となる。この段階ではまだ鏡映像を識別していない。形の上にある点と点のあいだの距離は，その形の鏡映像でも同じ距離となり一致している。つまり全ての線，角，曲線に対応する鏡像としての線，角，曲線が存在すると考えられている。こうして形に関する言語的記述は，正像に対しても鏡映像に対しても等しく適用され，参照枠への参照は行われていない。こうして長期視覚記憶において内

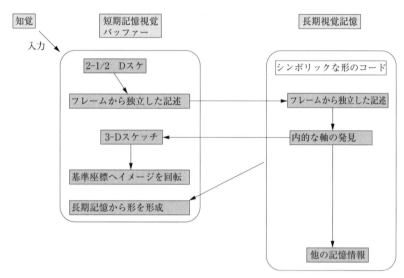

図 1-7-3　Corballis（1988）の傾いた形の再認モデル

的な軸の発見と方位の符号化がなされた後に，短期視覚バッファーにおいて，対象は3Dスケッチのレベルで表現され，基準座標（canonical coordination）へイメージが回転される。ここではじめて，正像と鏡映像との判断ができると考えた。Corballis はメンタルローテーション以前に左右性が得られていると考えている。その意味で Cooper & Shepard（1973）とは異なり，正像か鏡像かがわかった上で，確認的なメンタルローテーションが行われるのであって，対象の回転よりは対象の構造理解を優先した考え方といえるだろう。

　Corballis は Rock（1973）が指摘するようなメンタルローテーションが含まれていることに疑問を投げかけている。私信[1]（2011）によると，「Olson & Bialystok（1983）の構造記述は方向に左右されず，対象がいかに認識されるかを説明してくれるが，この構造記述は方向を決める上で充分な情報を提供

1）Corballis, M. C. との私信（2011-2012）。　コーバリスの理論の理解のためにメールを複数回やり取りした内容。

第1章　傾いた形に対する子どもの知覚・イメージ研究と本研究の位置づけ　59

してくれるもので，正立（upright）へ回転し得るアナログ表象を生成するものと思われる。メンタルローテーションは同定には必ずしも必要でなく，確認のために使うこともあるだろう」と述べている。

　デッドラインモデルが追加的変換というマッチングが許された方法であったが，Corballis も同様に左右といった対象の構造を認識する作業を行った上で，教示に従った確認的なメンタルローテーションが行われていると考えている。つまり構造記述的な立場であり，実際にメンタルローテーションは不要という考え方といえる。

3）二重システム理論

　一方でメンタルローテーションと構造記述との折衷的立場もある。以下に示す Jolicoeur（1990）の二重システム論である。

　自己の移動による視点変換ではなく，対象の側が回転する等の変換が行われ，同一平面あるいは同一軌道上の連続的な運動から，一挙に別の軌道面にジャンプしてマッチングが行われる現象を扱ったものとして Koriat, Norman, & Kimchi（1991）の心的転回（mental flipping）や野田（1987, 2001）のRe 反応，Jolicoeur（1990）のM型プロフィールが報告されている。それらの内，Jolicoeur（1990）の二重システム理論では，反応時間において180度の際に反応時間が急激に早くなるというM型（M-shaped）のプロフィールを描く現象（Jolicoeur, 1985；Murray, 1995, 1997）を説明するためにメンタルローテーションで働くプロセスを2つの機能から説明しようとしている。

　2つの機能として，メンタルローテーションシステム（mental rotation system）と，特徴基盤システム（featured-based system）という異なるシステムが考えられた。メンタルローテーションシステムは，網膜の上方に合わせるために，傾いたパターンをメンタルローテーションにより変換するものである。回転と照合が主たる操作である。特定の向きを持って記憶されている表象を用いて，回転させる対象内の基準となる向きを，観察者の網膜の上方に

合わせている。一方，特徴基盤システムは，形の属性や，対象の表面的な属性に基づき，マッチングが実行されている。これら2つのシステムは並行して機能していて，どちらかの方法で記憶表象との一致がなされると仮定している。メンタルローテーションシステムでは，例えば，刺激が動物の場合，動物はその足を空ではなく大地側に向けている，といった知識からヒューリスティックに解決することもある。つまり，「足」の存在に気づけば，網膜像の参照枠の底側に向けて足を仮定するよう回転しなければならないと考えるからである。一方，特徴基盤システムの場合，対象の属性や属性間のカテゴリカルな関係を，やや弱い向きの制約の中で，表象にマッチングさせるという方法がとられる。つまり，Jolicoeur（1990）によると，メンタルローテーションシステムでは，向き特定の表象（orientation-specific representation）が使用されるが，特徴基盤システムでは向き不変の表象（orientation-free representation）が使用されると考えられている。

　彼の理論では，対象が180度あるいはその近くを示している際，特徴基盤システムがメンタルローテーションシステムに比べて有利に働くと想定されている。つまり，向き不変であるが故に，対象内の軸に従って，カテゴリカルな関係や個々の属性は180度の回転による影響を受けない，と考えられているからだ。こうして，M型プロフィールでは，180度近辺以外では，メンタルローテーションシステムが働き，180度近辺では，特徴基盤システムにチェンジするというかたちで，両方のシステムが混在していたことが示唆されている。

4）Kalichman のコンポーネントスキル分析モデル

　メンタルローテーションか構造や特徴記述かという研究を検討してきたが，それは認識に至るプロセスで最初に何が行われるかに焦点をあてた議論であった。以下に示す Kalichman の考えは Bialystok（1983）の構造記述に近い立場と考えられる。課題遂行における各スキルに分解し，課題で何が機能し

第1章 傾いた形に対する子どもの知覚・イメージ研究と本研究の位置づけ　61

ているのかを示している。本研究で併せて用いた水平性課題（WLT: Water Level Test）の構造的な側面について検討しておくことにした。

　Kalichman は Piaget が認知発達の規範的な側面をみているが，個人差について扱っていないことから，水平性課題での個人差を見い出すために認知スキルのコンポーネントを分析することを提案している（Kalichman, 1988, pp. 273-274）。それ故，個人差を検討する方策として用いた考えと言え，発達は各認知スキルが完成してくる姿として捉えようとしている。

　水平性課題（Piaget & Inhelder, 1948/1956）での認知的処理に関するモデルを検討した Kalichman（1988）は，課題から子どもに求められている情報処理の側面の重要性を指摘している。Kalichman（1988）のコンポーネントスキル分析（component-skill analysis）は課題遂行で要される処理を考える上で，図 1-7-4 に示すような 6 つのセクションに分けてモデル化されている。まず第 1 のスキルとして，写真あるいは実際の容器提示への子どもの注意「検査刺激の視覚的知覚（visual perception of test stimuli）」をあげ，第 2 は容器と水位の「イメージの生成（image generation）」が続く。イメージの生成に対しては図 1-7-4 にあるように，傾いた容器の位置を知覚的文脈と関連させ，イメージの生成を助ける「埋め込み発見（disembedding）」スキルを想定している。第 4 番目に「メンタルローテーション（mental rotation）」スキルがあり，容器の向きと水位とがあうように容器イメージを回転することに役立てられているとしている。このローテーションスキルについては，カードローテーション課題（French et. al., 1963）を扱った Signorella & Jamison（1978）の実験結果に基づいている。第 5 の「空間協応（spatial coordinating）」スキルにより，周囲の空間に存在する準拠対象と容器内の水のイメージとが関係付けられる。このスキルは丸い容器と四角い容器の相違（Beilin, Kagan & Rabinowitz, 1966；Robertson & Youniss, 1969；Noda, 1994）といった容器それ自体の内的準拠と，容器とその周辺の外在物（テーブルの端他）との外的準拠システムとの両方に関連してくる。これらのスキルを遂行していく上で基になるイ

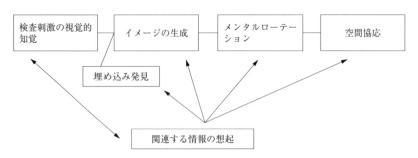

図 1-7-4 Kalichman のコンポーネントスキル分析による水平性課題
（Kalichman, 1988；野田, 2000より）

メージのパターンは，長期記憶から「関連する情報の想起（recall of relevant information）」を行うことで生成されるものとしている。視覚的知覚と長期記憶との間にある相互の矢印は，システム間のフィードバックが想定されている。

　Kalichman（1988）はこの分析手法を用いる上で，反省点ともなる利点を2つあげている。第1はそれまでの研究が課題の性質を吟味することなしに，個人差の議論が進められてきたこと。第2は課題の遂行が個人差を生じているのではなく，いずれかのスキルでの遂行が個人差を生み出しているのだと捉えることの重要性である。その意味から Kalichman（1988）は，メンタルローテーションスキル（Signorella & Jamison, 1978）や，周囲のフレームワークから線を抽出する能力（Thomas & Jamison, 1975）を通じて個人差が現れるだろうことを示唆している。

　しかし彼のモデルでは，静止したままの傾いた状況では，その提示刺激に備わる知覚的な複雑さの問題がかかわってくる。水平性課題は EFT という埋め込み図形検査（Myer & Hensley, 1984；Liben, 1978；Signorella & Janison, 1978）やロッドアンドフレーム検査等と関連する能力を要することは実験結果（Abravanel & Gingold, 1977；De Lisi, 1983）からも明白である。野田（2000）によると，その知覚的な複雑さから容器という手がかりと水平の手がかりと

第1章　傾いた形に対する子どもの知覚・イメージ研究と本研究の位置づけ　　63

を抜き出すように認知的な働きが始動するのか，それとも最初の容器の視覚的な状態から順次，容器を回転させていき，課題で求められている傾いた容器の状況にそのイメージをあてはめる（マッチングさせる）のか，二通りの解決方法が導かれるという問題が残ることが指摘されている。さらに，こうした課題解決に異なる認知プロセスが働いていると想定した場合，水平性課題の解決プロセスには知覚的に準拠して解こうとするプロセスと，対象のイメージを回して解こうとするプロセスとの別々の処理プロセスが考えられると指摘している。Kalichman は埋め込み発見のコンポーネントを想定することで，知覚的な複雑な事態から容器を抜き出すことを考えている。そして，同時に水のイメージの生成を行い，刺激の視覚化（visualization）とメンタルローテーションとがなされると想定している。しかしながら，Shepard & Metzler（1971）と同じ意味でのイメージによる回転がなされているかというと疑問である。

　こうした要素に分解した考え方の他に，視点からの解釈がある。Cox（1991）は良い眺め（good-view）仮説をかかげ，底と平行に描く水位は典型（stereotype）としての表現であると主張している。対象のアップライトの状態を典型としてイメージが形成され，傾いていても容器の内の水を底と平行に表そうとすると考えている。この仮説をそのまま適用すると，初期の運動イメージを獲得しはじめた子どもの場合は典型表現として底と平行に描いてしまう可能性が出てくることが予想される。

5）水平性課題（WLT）の物理的性質について

　McGillicuddy-De Lisi, De Lisi, & Youniss（1978）は Piaget の水平性課題で「動きのある要素（mobile element）」が呈示され，水平性の物理的な要因を解釈できずにエラーを示すのではないかと考えた。そこで，小学校1，3，5年生と大学生に対して，水位という特別な課題だけではなく，棒を用いて水平性を求めるクロスバー課題を平行して行っている。クロスバー課題で用

いられた検査道具では，台座に装着され直立した棒を右に傾けることができるが，その棒の先端には別の常に水平となる短い棒が備えられている。プリテストでは，長い棒が30，60，90度と傾けられた際に，短い棒にはカバーをかけ棒がどうなるか描画で予想させた。その後でカバーを取り傾けた際の状態を観察させ，子どもの描画と比較させてから，再びカバーをかけて各傾きでの短い棒の状態を描かせている。水平性課題でも同じく水位を見せないで容器の傾きを見せるようカバーをかけ，プリ－ポストテストを行っている。結果は学年，課題，プリポスト間の交互作用が有意であった。小学校1年と3年では両課題で差が無かったが，小学校5年と大学生でクロスバーの方が水平性課題より高い成績となった。また小学生の3群はポストテストで成績が上がったが，大学生は変わらなかった。また角度に対する成績では90度が最も困難であることが示された。こうしたことから両課題は共通したものを測定しているだろうと推測された。しかし水平性課題での観察後の成績上昇より，クロスバー課題での成績上昇の方が大きかったことから，水位の知識が困難の原因になっていると考えられた。

　こうした水平性課題はその後に性差が生じることが指摘され，容器を用いた水平性課題の場合は，幼児や児童だけでなく大人，特に女子学生において水平性課題を通過しないことが問題となった（Liben, 1978；Thomas & Jamison, 1975）。そこで，大学生を対象とした研究において（Liben & Golbeck, 1984），事前に水に関するルールを教示しておいた学生と教示されなかった学生を比較したところ，教示された学生の成績は良くなり性差も無くなったが，教示されないと成績は相対的に低くなるだけでなく，女子学生の方が男子学生より更に低くなるということがわかった。水の物理的な性質を理解しているかどうかが重要な側面を担っていることが指摘された。

　加藤（1979）も水平性課題に含まれている知覚的要因の研究を推し進める上で，刺激の線分がどのように処理されているかということを問題にしている。いわゆる傾斜効果（oblique effect）との関連性を指摘している。確かに，

Liben（1978）も水平性課題では水位を抜き取る（disembed）能力が求められると言及しており，実際に埋もれ図形を発見する知覚的な抽出力をみるEFT課題（Embedded Figure Task: Witkin & Goodenough, 1981/1985）と水平性課題とを比較検討し，両者が関連していることを見出している。

　水平性課題（WLT）はKalichman（1988）が指摘するように，複数のスキルが揃わないとエラーが生じるといえるが，それは知覚的要因によるものであり，容器と水平線といった課題構造の理解が前提にあり，その上で物理的知識が生かされるかどうかという性質を有しているといえる。メンタルローテーションという語を用いているが，むしろ空間関係の理解が求められていると考えられる。

第8節　身体のかかわり

　身体的なかかわりは子どもが課題を解く際に自らの体を傾けるとか，手を用いてイメージの補助的な仕草をおこなう等，それまで観察はされるが充分に扱われてはいない領域であるが，傾いた形を認識する上で重要な役割を果たすと考えている。身体的かかわりの点において野田（2010）で詳しく議論したが，対象と身体との関係を発達心理学でどのように捉えられてきたか，Wernerら（Werner & Kaplan, 1963/1974）の考えを整理しておく。また本研究での形認識に必要な身体的なかかわりに関する知見を示すこととした。

1）距離化

　Werner & Kaplan（1963/1974）はまず，子どもと母親と対象とが分化していない状態を想定している。それは対象を母親と一緒に眺める，つまり眺める対象を母親と共有するといった原初的な共有状態が最初に現れる。Wernerは行動物（things of action）という用語を用いているが，この時期子どもと対象との距離は小さく（いわば融合しており），対象は子どもの対象物として外在するのではなく，子どもの活動と一体化している。行動物は子どもの

一定の活動を引き出すために信号化されたものと考えられている（柿崎・鯨岡・浜田，シンボルの形成訳注，1974）。自分と対象とが緊密に結びついた状態から，発達とともに子どもと対象とは分化していく，そのあり方を距離化（distancing）が進んでいくと捉えている。Werner & Kaplan（1963/1974, p. 44）は「自我に縛られた行動物（ego-bound things-of-action）から自我を離れた静観対象（ego-distant objects-of-contemplation）へと移行する」という表現を用いており，自分と一体となった対象として行動物という言い方をしている。

　発達的な行動変化として Werner らは，対象をつかむ把握運動とは異なり，手を伸ばす（reaching）や手で触れる（touching），指さし（pointing）などは言語発達における対象指示を表す行為につながることを指摘しているが，その後に現れる模倣という行為ではっきりと距離化が特徴づけられると記している。身振りによる模倣は，演じている子どもと表そうとする対象とは同一であるのだが，描出表現と描出内容つまり身振りと対象とがある程度分化していることを距離化として特徴づけている。表すために用いる媒体となる身体や物を「表示媒体」と Werner らは呼ぶが，その表示媒体が自律化し，伝えることに特化したシンボルとしての役割が強まっていくという考えをとっている。言語へとつながっていく発達の姿を捉えようとしているが，自分と対象との距離化という概念が，きわめて重要であることがわかる。

　Werner らの考えは，本研究で観察された対象を身体で捉えようとする行為と関連すると考えられる。特に対象と身体とが一体化した発達レベルから，次第に対象が分離していくレベルへと進むという距離化（distancing）仮説は，いわば身体が媒体となり行為することで，対象把握が行われることを示している。そして後述する「ひきうつし」と名前をつけた現象をよく説明するものと考えられる。

2）対象化について

　Werner & Kaplan（1963/1974）はシンボル形成への過程として身体と対象

第1章　傾いた形に対する子どもの知覚・イメージ研究と本研究の位置づけ　67

との関係を論じているが，本研究では対象がいかに身体から分離していくか
に焦点を絞っている。

　距離化（distancing）と似た概念として山本（1993, 1995）が用いた対象化と
いう言葉がある。自らの身体周辺を囲い込む空間から発達とともに歩行など
による空間の移動が広がっていくが，自らの実際の日常空間の大きさと対応
する原寸大の環境認知を行うために，すぐには行けない遠方の空間を地図や
表象上で対象化することで大規模空間までも認識できるようになるとする考
えがある。この考え方は，視覚の届かない広大な空間を自らが扱える尺度に
縮小していく認知のあり方を指すものである。本論文で用いる「対象化」と
いう用語は Werner らの距離化（distancing）仮説に基づくものであり，最初
は対象と身体とはほぼ融合した関係にあるが，対象を心内で扱えるようにな
るに従って身体から離脱し対象そのものとして扱われるようになることを指
している。それはまた，対象を扱う上で自らの身体をどの程度利用するかと
いうことを指している。本研究では対象の認識が正しく行われているか調べ
るために，対象そのものを変換させる課題を与えた。対象化とはその課題で
対象認識のために自らの身体を利用して変換しようとするのか（自己修正），
対象そのものを動かそうとするのか（対象修正）との2極のあいだで発達が
どのように変化していくのか捉えるために用いた用語である。

3）Piaget が示した対象への身体のかかわり

　対象への身体的かかわりを示した研究として Piaget, Inhelder, & Szemins-
ka（1948/1960）の，身体を用いた測定がある。自発的測定（spontaneous mea-
surements）として，対象の模倣がどのように行われるかを観察したもので
ある。視覚的な移送（visual transfer）から，対象を身体でなぞらえる身体的
移送（body transfer），いわば対象の模倣（object imitation）へと進み，最終的
には単位の理解へと進むものである。実際に Piaget らは高さの異なる机に
積木の塔を設けて，一方の机から他方へ同じ高さの塔を移させる課題を行っ

ている。第1段階（3～4歳）では，異なる高さの机の上にある塔を見比べるだけであったり，記憶だけでなんとかしようとする。第2段階（4～7歳）で手や腕を用いて棟の高さを計るという身体的移送（body transfer）が現れ，長さが足りないときは手を繰り返して用いて測定しようとする。また物差しとしての役割を果たす，いわば中間項（intermediary term）として身体以外の道具で測定しようとする。第3段階（7～9歳）になると，測定しようとした積木が用いた物差しよりも短い場合には，長さを身体等を用いて再分割して，より正確に測定しようとする。そこには単位を操作することで長さを正確に測定しようとする行為が示されていると指摘している。ちなみに位置の変化（change in position）における長さの保存では，もしA＝BでB＝CならA＝Cであるという論理が用いられる。次に単位による下位分割（subdivision）ということをA＋A＝2A，2A＋A＝3Aといった繰り返される単位の関係から理解して測定するようになるとしている。

　自発的測定も先のWernerらの距離化（distancing）と同じく，身体を利用した対象の把握であるといえ，本研究で扱う「ひきうつし」を説明する有力な考えといえる。

4）対象への身体的かかわり

　こうした対象への身体的なかかわりは，認識を形成するための行為であると考えられるが，対象の輪郭に特化して特殊な運動が生じることを示した研究がある。

　Zaporozhets（1967/1973）は対象の輪郭や軸に沿う眼球運動や輪郭をなぞる触認知的行為に注目している。3歳児では図形の軸線に沿った眼の運動がみられるが，運動の回数自体は少なく，輪郭を辿る運動はまだ見られない。しかし6歳児になると対象を凝視する時間も長くなり，輪郭を辿る眼の動きが明確に現れてくることを報告している（図1-8-1）。図形を触って認識する課題と再認課題において，3歳児は図形の輪郭に触れるが，図形の境界の外

に出てしまうことが多く，輪郭を吟味している様子ではなかったとしている。一方，5〜6歳児は認識課題で図形の輪郭に沿う傾向が見出されている。対象に触れ輪郭を辿ることで，手が目を先導するが，図形に対する目の定位が安定すると目が手の定位を予測しガイドするという。

　国内では渡邊（1974）が形を知覚する上で1〜6歳の子どもと大学生を対象に，図形をはめ板に入れる手の活動を分析している。何もしない段階，手の活動による活動的探索から視覚的探索，そして即時解決へ至るという4つの発達段階を見出している。山崎（1975）は，図形の触認知について3〜5歳を対象に検討している。輪郭の追跡をこの研究では触知行動が生じたものとして捉えているが，同一視に失敗する4〜5歳の子どもに，わざと輪郭を辿らせる運動を誘発させると，同一視が出来るようになったと報告している。また，この輪郭を辿らせる運動は「回り道」反応として鹿取（1968）は指摘している。鹿取（1968）の研究は，探索活動における「仮説」形成とそれに基づくプランの働きを，輪郭図形に対する目の動きから検討したものである。小穴からのぞいた図形がどういう形であるかを問う課題を行った。5〜6歳の年長児や成人は図形の輪郭に沿う運動が現れるかパターンに対する仮説に基づき判断するといった反応を占めるが，4〜5歳の年少児では，マッチン

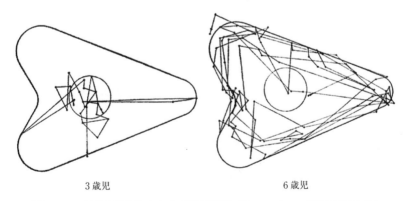

　　　　　3歳児　　　　　　　　　　6歳児
　図1-8-1　対象を熟視したときの眼の運動（Zaporozhets, 1967/1973より）

グのための辿りを自ら起こそうとしない。辿るように指示され「辿り運動」を行うと断片が関係づけられ，図形に対する認知が成立するという結果を得ている。

Zaporozhets（1967/1973）の図形に対する眼球運動や手の動きについての研究は，輪郭情報の重要性を明確にするものであった。しかし，対象への身体的かかわりは子どもの側の身体の変化をも考慮しておく必要があるだろう。プリシェイピングという対象をつかむ前に手を対象にあわせるように変化させていく行動が観察されている（Jeannerod, 1986）。また，Ellis & Tucker（2000）は道具の握り方やつかみ方は対象の性質に基づくとしながらも，つかむ側の表象が関与しているのではないかとしている。対象に対する身体の調整を指していることに間違いはない。コーヒーを入れる課題を通じて鈴木・三島・佐々木（1997）は微妙な行為の修正を観察している。行為のずれと微妙な行為の修正をマイクロスリップあるいは小さな淀みとして捉えている。その一連の修正行為の中で，躊躇，軌道の変化，行為のたどたどしい動き，手の形の変化（hand-shape change）という行動を区分しているが，軌道の変化は Ellis & Tucker（2000）の対象をつかもうとする仕方の再調整であり，手の形の変化はプリシェイピングと対応するといえるだろう。

対象へのかかわりの程度は，対象そのものになるというレベルから対象とは離れているものの対象に身体を合わせようとするレベルまでが想定される（野田，2010）。道具を扱ううちに，それを自分の身体の一部として認識するようになることについて，マイケル・ポランニーが「暗黙知の次元」（Polanyi, 1966/2003）で盲人の探り棒を引き合いに出して説明しているが，神経心理学的データとしても報告されている。Iriki, Tanaka, & Iwamura（1996）は手の届かない遠くのエサに対して道具を用いて取る場合に，視覚受容野の拡大が認められ，道具の利用を行う前と比べて腕のイメージが広がったものと解釈している。

このように，身体的かかわりには輪郭を辿る・なぞるやプリシェイピング

のように身体を対象にあわせていく行為と，対象を身体の一部として取り込み行為するという2種類の側面があるようだ。

5）イメージの回転を促進する身体的かかわり

以下では実際にメンタルローテーション課題で身体的かかわりが生じている研究例を示し，身体の重要性を示しておくことにする。

成人において，身体特に手の回転のしやすさと手の向きが関係することを指摘する研究がある（Parsons, 1987；Sekiyama, 1982, 2006）。また成人において，心内で対象を回転させるプロセスと手で対象を回転させる（manual object rotation）プロセスとが異なるのかどうかを検討する研究がなされている（Wexler et al., 1998；Wohlschläger & Wohlschläger, 1998）。Wohlschläger & Wohlschläger（1998）はジョイスティックを用いてアーム状の積み木をディスプレー上で回転させて標準と同じ向きに調整するという課題を，通常のメンタルローテーション課題と併用して検討した。手での対象の回転は確かにメンタルローテーションと同じRT関数を示した。また手による反対方向への対象の回転がメンタルローテーションに干渉効果を生じたことからも，メンタルローテーションと手での対象の回転とが，特定のプロセスを共有するものと考えられた。一方，Wexler, Kosslyn, & Berthoz（1998）はイメージ変換が運動プロセスによりガイドされるという仮説を検討している。彼らは参加者に対して回転後の刺激が鏡映像かどうかを判断させるメンタルローテーション課題と，一定のスピードで対象をジョイスティックで回転させるという運動課題とを実施している。回転運動の方向や運動速度に関する先行効果が確認された。運動速度を変えるとメンタルローテーションの速度も変化し，回す方向を変えると反応時間のピークとなる方位も回す方向へとずれた。これらのことから，メンタルローテーションが運動プロセスに依拠していると推測されている。Wexlerらは補足運動野（SMA）や運動前野（premotor cortex）が行為とイメージとのあいだで観察されたインタラクションの原因

であると考えている。

　そうした中で，子どもでのメンタルローテーションと運動プロセスとの関係を検討した研究では，運動要因がメンタルローテーションをガイドしているという結果を得ている（Funk, Brugger, & Wilkening, 2005；Wiedenbauer & Jansen-Osman, 2008）。まず Funk et al.（2005）は手の姿勢（posture）に注目した。彼らは5〜6歳の子どもに手のひらか甲の写真を呈示し，呈示されている手が左右のどちらであるかを判断させる課題を行わせたが，反応の際に子どもの手の姿勢条件を変えている。子どもの手のひらを下にした通常の姿勢での反応と，手のひらを上にした逆姿勢の場合の反応とを検討したところ，呈示した写真の手の向き（手のひらと甲）と反応姿勢とのあいだには相互作用が認められた。通常の手の姿勢では手の甲の方が手のひらより早く反応された。しかし，反対の姿勢で反応した場合はそういかなかった。そして，こうした姿勢効果は子どもの方が成人より顕著に生じるという結果を得ている。

　また，Wiedenbauer & Jansen-Osman（2008）は10歳，11歳児に手を用いた回転訓練を受けた群と受けていない群におけるプリ―ポストテストでのメンタルローテーション成績の変化を比較して調べている。手を用いた回転訓練の内容はディスプレー上の動物の比較刺激を標準刺激と一致する向きまでジョイスティックを用いて回転させるというものであった（図1-8-2）。訓練の結果は，子どものメンタルローテーション能力が上がるものというものだった。Wiedenbauer & Jansen-Osman（2008）は視覚的な回転プロセスが運動反応と結びついているので，手操作回転訓練により対象の回転という運動表象（kinetic representation）が改善されたと考えている。

　Frick, Daum, Walser, & Mast（2009）は，こうした運動回転とメンタルローテーションとの適合性（compatibility）について発達的に検討した。5歳や8歳児では手の回転とメンタルローテーションの回転方向の一致不一致で成績の差異が確認されたが，11歳や成人では見られなくなることを報告している。年齢が進むにつれて運動プロセスと視覚的な心的活動（visual mental ac-

図 1-8-2　ボックスに埋め込んだジョイスティックでクマを回転させる
（Wiedenbauer & Jansen-Osman, 2008）

tivity）が分離するのではないかと考えている。それゆえ，課題解決の際に年少の子どもでは，自分の手で対象を明らかに回転させようとする運動方略が現れるのではないかとしている。その意味で子どもは大人より心的イメージを思い浮かべる際にはジェスチャーをするなどして利得（profit）を得ようとする可能性を考えている。こうしたことから，幼児期や児童期初期において，行為の面と知覚の面とに分かれる以前の未分化な状態があるのではないかという考えが導き出されている。

　Frick et al.（2009）の考えからすると，回すという行為が未分化な回転する運動イメージと視覚イメージとを同時に活性化させる働きがあると予想される。手を回すという運動だけではなく（Wiedenbauer et al., 2008），身体全体の姿勢も関係していることから（Funk et al., 2005），対象を回転させるという手を中心とした身体的全体的かかわりが，対象変換には大きな影響を持つのではないかと考えられる。

第9節　本研究の問題と目的

　先行研究において，第2節でもふれたが子どもを対象とした多くのメンタルローテーション研究で勾配とともに反応時間が増加するだけでなく，正確

さが勾配に従って減少することが示されている（Estes, 1998；Kail et al., 1980；Kosslyn et al., 1990；Marmor, 1975；Roberts & Aman, 1993）。果たしてメンタルローテーション方略により，それらを解釈してよいだろうか。

　それまでの知見を整理すると，Pylyshyn（1979）により刺激の各部分の記述が別々になされるとする命題説が唱えられ，全体よりも部分比較が行われているとする研究（Just & Carpenter, 1976；Steiger & Yulle, 1983；Yuille & Steiger, 1982）が現れた。そして，Marmor（1975, 1977）が幼児でもメンタルローテーションを行っていると主張するものの，マッチングという特徴分析的な知覚レベルでの解決法を用いているのではないかという知見が集積していった（Courbois et al., 2007；Kerr et al., 1980；Platt & Cohen, 1981；Rosser, et al., 1989）。マッチングという用語は対象図形どうしを比較する際に，イメージによる空間的な変換ではなく知覚的な対応づけを行うことを指して用いている。さらにElkind（1978）は刺激の部分間の論理的なつながりを同時に把握する能力が重要であるという指摘を行っている。田中（1991, 2002）は刺激内部の相互関係を理解することを発達的に捉えており，また，Navon図形を用いたPoirel et al.（2008）は関連の無い次元に捉われないことが刺激の構造特徴を分析する上で必要で，6歳頃から適切に行われるようになるとしている。特にBialystok（1989）は符号化可能性（codability）の考え方に基づき刺激の構造の認識が成績を左右するという理論を展開し，Bruner et al.（1967/1968）も対象の知覚イメージから論理的な性質の理解を経ることにより，構造化された対象認識へと進むという考え方をとっている。Gibson, E. J.（Gibson, 1969/1983；Gibson, Gibson, Pick, & Osser, 1962）によると，知覚の働きが発達するに従い，以前では認識されていなかった刺激パターンや刺激特徴を見出すようになり，経験を繰り返すことで知覚はより分化し正確なものになっていくとされている。

　本研究では，勾配に従う正反応の減少傾向が必ずしもメンタルローテーションで示されるような全体的な回転によるものではなく，刺激特徴のマッチ

第1章　傾いた形に対する子どもの知覚・イメージ研究と本研究の位置づけ　75

ングによる方略の結果から生じていることを確認する上で，刺激の構造的な特徴として刺激の輪郭情報と図柄情報に限定し，それらの刺激属性が独立して扱われることを立証し，幼児期（3〜6歳），児童期（7〜10歳）を通じて発達的にどのように統合されていくかを明らかにすること，そして連続的に変化する回転運動への気づきが，発達の契機となり，形の認識が単に受動的なものではなく，能動的に対象にかかわることで形成されるものと考え，対象への身体的かかわりが，どのように認識の発達に関与しているのか明らかにすることを目的とした。

　上記の問題を実験系列ごとに整理すると，実験系列1では児童（6〜10歳）に対して，傾いた図形の旗型課題（異同判断）を用いて角度変数を中心に検討することで，従来から扱われにくかった発達とともに変化する図形認識における認知プロセスの一端を明らかにすることを目的とした。

　実験系列2では，幼児（3〜6歳）に対し，傾いた刺激の欠所をうまく補完できるかという構成課題を用いた。実験系列1は異同判断を求める課題で，刺激は常にすべて見えている状態であった。それ故，比較の際はイメージにより補うこともあるが視覚的なマッチングが可能であった。しかし実験系列1でひきうつしという手操作による探索的な方略が現れ，見えない対象を動かすイメージと深く関係する行為と考えられた。そこで欠所を補完する課題において，逆にプレートを配置・構成させる行為を要請することにより，対象自体を動かせるようにした。誤反応の生起を分析することで，全体と部分の捉え方の発達変化と輪郭情報や図柄情報とがどのように結びつくのかを検討することを目的とした。

　実験系列3では，幼児（3〜6歳）に対して，従来からの反応時間（RT）によるメンタルローテーション実験と，実験系列2で行った構成課題とを比較をすることで，それぞれの方略の違いを明確にすることを目的とした。次に，刺激条件をなす輪郭情報と図柄情報のうち，図柄が無いシルエットだけの条件と図柄のある条件で反応に相違があるかを検討することを目的とした。

輪郭情報と図柄情報の両方を利用できないレベルの子どもであると，むしろ輪郭情報だけの方が高い成績につながると予想された。

実験系列4の実験で明らかにしようと考えたのは，身体の対象への投影の関係がどう形の知覚と結びつくかという側面である。日常生活の中では身体を通じて対象へのかかわりを行っている。この対象へかかわるという側面は運動要因も含めて重要な検討内容が含まれている。まず，識別の際の手操作の分析を試みることで，対象の輪郭や図柄がどのように手操作され処理されていくのか明らかにすることを目的とした。次に，対象にかかわる仕方には，手操作だけではなく，身体を傾けるといった方法により，身体の延長としての対象の符号化が想定された。旗型課題で用いられた方略を分析することで，身体利用と対象の身体化との関係を明らかにすることを目的とした。

本研究の意義は，幼児期から児童期にかけての図形認知において，従来のイメージ全体を回転させて解くという一般的なメンタルローテーション方略とは異なり，刺激が持つ特徴をマッチングするという分析的方略が用いられていることを明確にするだけでなく，刺激の構造を輪郭情報と図柄情報とに分けた新たな分析視点を示している。そして，身体的かかわりを通じて対象を認識しようとする，子ども特有の認識のあり方を自己と対象との関係性から捉え直し，対象化という側面から明らかにすることができる点にあるといえる。

第2章　実験系列1
旗型を用いた児童の形態知覚

第1節　実験1-1　旗型課題とWLTとの比較検討

目的

　本実験では，回転の要素が含まれたサイコメトリックな課題でどのように解決しているか検討することを目的とした。その際，練習効果について検討を行った。回転練習をすることにより対象が連続的に回転していくというイメージを得やすくなり，「回転して解く」という方略への気づきが増大すると予想される。もし回転することへの気づき，すなわち意識的な注意が練習により出現するなら，その練習材料や方法が潜在的なイメージ利用能力（Flavell, 1971）を引き出す上で重要な働きをするといえ，学習や教育面においても意義のあることとなる。

　研究史において示したように水平性課題（WLT: Water Level Test）は水平表象を検討する以前に水の物理的性質の理解が要求される課題である。WLTを空間認識のレベルの確定に用いるだけでなく，両者とも空間的回転操作を必要とするので，課題間の関係を検討する上でWLTを施行した。

方法

被験児：東京都内の小学校1年から4年までの各学年2クラス抽出し，練習を行う実験群と行わない統制群に振り分け，全部で8群に対して集団で実施した。Group1Cは他のグループに比べて3ヶ月遅くサンプリングが行われた。その為，以下のGroup1Cと2Cの年齢幅が2か月重なっている。

実験群

Group1E：小学校 1 年，30名（男児15名，女児15名）

平均年齢　6 歳 9 ヶ月（6 歳 3 ヶ月～7 歳 2 ヶ月）

Group2E：小学校 2 年，31名（男児16名，女児15名）

平均年齢　7 歳 9 ヶ月（7 歳 3 ヶ月～8 歳 3 ヶ月）

Group3E：小学校 3 年，31名（男児17名，女児14名）

平均年齢　8 歳 9 ヶ月（8 歳 4 ヶ月～9 歳 0 ヶ月）

Group4E：小学校 4 年，42名（男児22名，女児20名）

平均年齢　9 歳 8 ヶ月（9 歳 3 ヶ月～10歳 3 ヶ月）

全体：134名（男児70名，女児64名）

平均年齢　8 歳 3 ヶ月（6 歳 3 ヶ月～10歳 3 ヶ月）

統制群

Group1C：小学校 1 年，29名（男児15名，女児14名）

平均年齢　7 歳 0 ヶ月（6 歳 6 ヶ月～7 歳 5 ヶ月）

Group2C：小学校 2 年，32名（男児18名，女児14名）

平均年齢　7 歳 8 ヶ月（7 歳 3 ヶ月～8 歳 1 ヶ月）

Group3C：小学校 3 年，31名（男児18名，女児13名）

平均年齢　8 歳 9 ヶ月（8 歳 4 ヶ月～9 歳 2 ヶ月）

Group4C：小学校 4 年，38名（男児19名，女児19名）

平均年齢　9 歳 9 ヶ月（9 歳 3 ヶ月～10歳 3 ヶ月）

全体：130名（男児70名，女児60名）

平均年齢　8 歳 5 ヶ月（6 歳 6 ヶ月～10歳 3 ヶ月）

材料

　1）旗型課題　Thurstone（Thurstone & Jeffrey, 1956）の PMA 空間検査の中にある Flags から 7 種類の旗型の刺激図（図 2-1-1）を選択した。これら

を標準刺激とし，比較刺激は標準刺激を45，90，135，180度右側に傾けたものを用いた。比較刺激の各角度における図は，標準刺激と同じものと異なるものとを用意した。異なるものは鏡映像となるもの（項目1，2，4，5，7）と上下が逆になった関係のもの（項目3，6）を用意した。1種類の旗型に対して4角度×正・誤の8通りの刺激が用意されたことになる。B4判の用紙を横にし，中央に標準刺激を配し，上に4通り下に残り4通りをランダムに配した。検査用紙のつくりは，角度変数を系統化した点でPMAと異なる。8枚から成る検査用紙の最初は練習用ページで，残りの7ページは各7種類の旗型の検査用紙である。導入用ページには氏名を書く箇所が設けられており，残りは検査の仕方を説明するための導入用として用いた刺激が描かれている。それらの刺激には，標準刺激と角度の異なる比較刺激（正誤を含む）3通りが示されていた。

集団教示で用いる導入用ページをA0判に拡大した導入用ポスターと，そのポスター内にある刺激と同じ大きさで同じ図である説明用ボードを用意した。

また，練習用の標準刺激と同形で図柄も同じ切り抜きチップ（30×50×7mm）を人数分用意した。発砲スチロール製である。大きさは図の周辺に余白も入れたので，検査用紙内の刺激よりも数ミリ程大きい。

2）WLT（Water Level Task）　Piaget & Inhelder（1956）の課題を簡便化したもの（野田，1985）を使用した。それは，蓋のある容器とテーブルを示す線をB5用紙に印刷したもので，1枚の検査用紙ごとに45，90，135，180

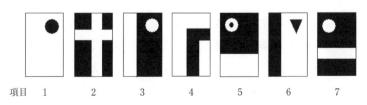

図2-1-1　標準刺激として使用した7種類の旗型の図形

度傾いた容器が描かれており，４枚の用紙はランダムに綴じてある。水平性課題の最初にくるページも導入用なので，容器の傾きは０度のものを用いた。

手続き

①導入における説明：実験群，統制群とも集団で実施したが，検査者は導入用ポスターを教室の黒板の上に掲げ，１）氏名の記入と２）図を指しながら標準刺激と比較刺激の対応づけを行った。３）さらに実験群では，教示者が全員の前で説明用ボードを回して同じか異なるかを調べる実演を行った。３番目のステップは統制群では行っていない。

②実験群：上記での導入用ポスターを用いた全体への教示だけでなく，個別に標準刺激と練習用チップが同じであることを子どもに確認させた後，子ども自身の手で実際にチップを回転させ，比較刺激と同じか異なるかを調べるよう求めた。本検査では，チップは用いず「さっきのようにくるっと回して同じか違うか調べてみましょう」と求めた。

③統制群：上記，導入ポスターによる刺激の比較を例示した後，チップによる回転の練習はせず，導入用の標準刺激と比較刺激とが同じか異なるかを答えさせた後で，本検査を実施した。両群とも検査用紙内の所定の欄内に○×を記入することで答えさせた。また，教示者は実験群，統制群とも３名ずつで，集団で実施したが個別に巡回する形式をとった。途中で答え方等がわからなくなっている子どもがいる場合は，励ましや，実際に与えた情報を繰り返し与えることも行った。

④WLT：両群ともWLT用紙に容器と机のラインが印刷されていることを確認させ，練習では容器内に水が半分入っている場合に水位がどこにくるか検査用紙内に鉛筆で描かせた。本検査では容器の上下に注意をした後，容器が傾いた際に，容器内の水位がどうなるか「水の線」を鉛筆で用紙内に描くよう求めた。

実験群と統制群の違い

　方略の違いから情報の扱いが異なることを明らかにする為に実験群と統制群を設けた。「回して解く」という方略を求めた実験群と，回して解くことを示さず，自然に解かせた統制群に分けることで，認識の違いが生じると予想された。

　実験群では事前に標準刺激と同じ図柄と大きさのチップを用意し，チップを練習用の刺激の上で回して解くという回転練習を行った。一方，統制群ではチップは用いず，また回転練習も行わず，標準刺激と比較刺激とが同じか異なるかを尋ねる練習を行った。もしも実験群で練習した「回して解く」という方法を全ての角度で適切に行えば，いずれの角度も同程度の正解となると考えられる。しかし，同程度の正解とならなければ，回転方略か，他の方略が用いられたものと推測できる。一方，統制群では回転練習を行わなかった。そのために標準刺激と比較刺激とが「同じかどうか」という直接的な比較が中心となり，刺激を回すこと無く解こうとする子どもが出てくることが予想される。刺激の部分的な特徴だけを比較して答えを出そうとした場合，刺激の角度よりも特徴の影響を受ける可能性が高い。しかし角度に対する成績結果に違いがあれば，自発的に回転方略を用いたか，あるいは他の方法を用いたことになる。

　実験群は回転教示を行っているので，検査用紙に印字されている刺激を移動させ重ねて，同じかどうか判断しようとする方略をとろうとする。そして移動や変換の必要性からイメージを働かせ角度の影響を大きく受けると予想される。一方で，統制群では回転教示を行わず直接的な比較照合が中心となっているので，刺激特徴に成績が左右されると予想される。しかし幾つもの部分的な刺激特徴が統合されて同時に処理されるようになれば，統一された全体としての性質から，角度の影響も受ける可能性が生じてくると予想できる。

　こうしてみると，実験群と統制群とでは「同じ」ということに対する理解

の仕方が異なると推測される。同じという意味を刺激にどう見出すかの問題とも言える。実験群では，刺激と同じチップを渡して回転練習しているので，刺激の持つ様々な属性を最初から同時に処理することが求められている。一方，統制群では刺激それ自体を回転するよう教示せず，同じかどうかを尋ねているのであるから，同じと認識する特徴を別々に処理することが許されており，参加する子どもの年齢で最も敏感に反応する特徴を抽出することになる。刺激は複数の情報から構成されているという前提から考えると，実験群のように同時に扱わなければならない事態では，処理能力の充分ではない子どもの場合では，適切に扱えずに欠落する情報も出てくるであろう。また統制群のように敏感に感受する特徴だけを抽出するという場合では，年齢に従い敏感になる特徴も変わるだけでなく（Gibson, E. J. et al., 1962），年齢に従い諸特徴をより統合して扱えるようになると予想される。

　言い換えれば，実験群での正反応は扱える情報の欠落の程度，統制群では情報の統合の程度が反映されることになる。しかし情報の欠落と情報の統合とはコインの裏表のような関係にあり，ともに結果として子どもの扱える情報を示すのだがプロセスに違いがある。実験群では，対象の情報の同時処理や比較する仕方に関して，子どもが既に持つ準備された状態をチップによる回転練習が引き出すという側面を重視するならば，教示と練習により Flavell（1971）がいう方略の喚起（evocability）が起きることが予想される。一方，外的な教示により準備された状態を引き出すということがない統制群は，教示を工夫すれば内的に準備されている方略に気づくこともあろうが，複数の特徴を統合して同時に比較するという方略を喚起することなく，単に単一の特徴だけを比較するという方略を自発的に用いてしまうことが予想される。もちろん，回転練習をしない場合でも年齢とともに特徴比較から複数の特徴を関係づけ統合した全体比較へと移行することが予想される。また，当然のことながら，実験群は統制群に比べれば成績は良くなると予想される。

第2章 実験系列1 旗型を用いた児童の形態知覚 83

反応	表記	基準	例	
正反応	C	比較刺激の同・異の組をともに正しく解答した場合	 標準刺激	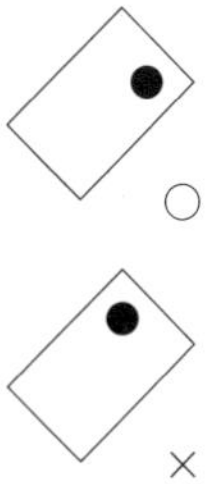 比較刺激
Re 反応	R	比較刺激の同・異の組を，逆さに解答した場合	 標準刺激	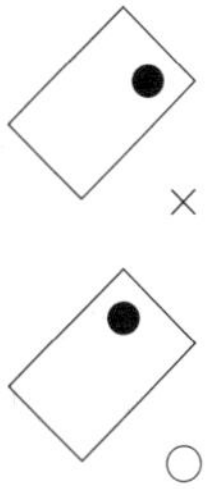 比較刺激

図 2-1-2　正反応と Re 反応における異同対の関係

正反応の場合は標準刺激と傾いた比較刺激とが同じであり，なおかつ誤刺激（図に示したのは左右反転関係で45度傾いている）に対して異なる，と答えた場合に正解と見なした。Re 反応の場合は正反応と異・同の刺激に対する解答の仕方が逆さまになったものを指す。

結果

　反応は同一の角度において，同刺激に対して○，異刺激に×をつけていれば正反応とした。その逆に同刺激に対して×，異刺激に○をつけている場合は平面上ではなくフリップ（Murray, 1995, 1997）や左右の逆（Roberts & Aman, 1993）を行った可能性が考えられるので，Re 反応（Reverse response）として整理した（図 2-1-2）。

1）各群の正反応の角度別変化（練習効果とローテーション効果の統計的分析）

　正反応について学年別に練習×角度の2要因分散分析を試行した。1年生では，交互作用は無く，練習の主効果は有意であった（$F_{(1, 51)} = 126.871$, $p < .01$）。また角度の主効果も有意であった（$F_{(3, 51)} = 12.670$, $p < .01$）。Fisher の最小有意差法を用いて角度について多重比較を行った結果，135度と180度との間以外の全ての角度間に有意差が認められた。2年生でも練習の主効果は有意であった（$F_{(1, 51)} = 173.052$, $p < .001$）。角度の主効果も有意であった（$F_{(3, 51)} = 8.479$, $p < .001$）。角度について同様に多重比較したところ，45度と90度，135度と180度を除いた全ての角度間で有意差が認められた。3年生では，練習の主効果（$F_{(1, 51)} = 31.449$, $p < .001$），角度の主効果（$F_{(3, 51)} = 7.280$, $p < .001$）が認められた。角度間の多重比較の結果，45度と180度，90度と180度，135度と180度との間で有意差が認められた。4年生でも練習の主効果は有意差が認められ（$F_{(1, 51)} = 56.438$, $p < .001$），角度の主効果が認められた（$F_{(3, 51)} = 16.746$, $p < .001$）。角度間の多重比較の結果45度と90度，135度180度を除いた全ての角度の間で有意差が認められた。

　すべての学年で実験群が統制群よりも成績が良く練習効果が認められ，角度間に違いが認められたことになる。図2-1-3a，bを見ると同一学年において実験群が統制群より高い成績を示し，角度が増大するとともに成績が下降していることがわかる。

　一方，Re 反応については，学年別に練習×角度の2要因分散分析を試行した。1年生では主効果，交互作用ともに認められず，2年生で角度の主効果が有意であったが（$F_{(3, 48)} = 4.419$, $p < .01$），練習の主効果は認められなかった。3年生でも同じく角度の主効果は認められたが（$F_{(3, 48)} = 3.127$, $p < .05$），練習の効果は認められなかった。4年生でも角度の主効果はあったが（$F_{(3, 48)} = 7.893$, $p < .001$），練習の効果は認められなかった。いずれの学年でも Re 反応は角度とともに増加した。

第 2 章 実験系列 1 旗型を用いた児童の形態知覚　85

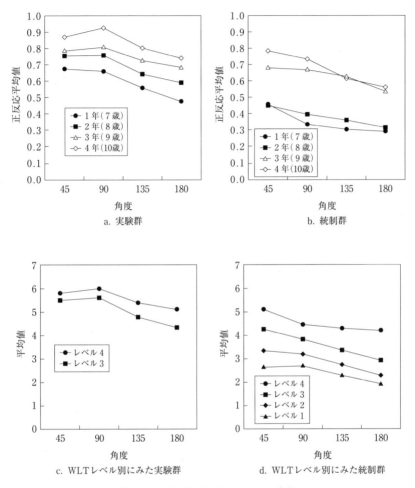

図 2-1-3　正反応の角度における変化

上段の a と b が学年（年齢），下段の c と d は WLT レベルの違いを表す。また上段は項目数で除したが，下段は得点平均になっている。

2）年齢比較

　正反応について角度の成績を込みにして，学年に差があるかどうか傾向検

定を行った。実験群は有意（$F_{(3, 24)} = 16.875$, $p < .001$）であった。Bartlett の等分散の検定では差はなかったので（$\chi^2_{(3, N=28)} = 1.1601$, $p > .05$），Tukey の多重比較を行った。実験群の 2 年と 3 年，3 年と 4 年とのあいだの成績には差は認められなかった。しかし，1 年と 2 年の間で有意傾向（$t = 2.683$, $p < .059$），1 年と 3 年との間（$t = 4.531$, $p < .01$），1 年と 4 年の間（$t = 6.867$, $p < .001$），2 年と 4 年の間（$t = 4.183$, $p < .001$）に有意差が認められた。

　一方，統制群での傾向検定の結果，角度変数は有意であった（$F_{(3, 24)} = 96.415$, $p < .001$）。Bartlett の等分散の検定では差がなかったので（$\chi^2_{(3, N=28)} = .121$, $p > .05$），Tukey の多重比較を行った。統制群の 1 年と 2 年，3 年と 4 年との間では有意差は認められなかった。しかし，1 年と 3 年との間（$t = 11.686$, $p < .01$），1 年と 4 年との間（$t = 13.531$, $p < .01$），2 年と 3 年との間（$t = 10.298$, $p < .01$），2 年と 4 年との間（$t = 12.143$, $p < .01$）に有意差が認められた。図 2-1-3a，b をみると，実験群では学年とともに成績は上っていくが，4 学年ともほぼ同じ割合で上昇した。統制群は 1 年と 2 年で同じ成績レベルにある状態から，3 年で一度に上昇し 3，4 年とも同じレベルにあることがわかる。

3）WLT との比較

　WLT 尺度は以下の分類（野田，1985，1987）に従った。容器の傾きに関らず水位を水平に描く場合を A，容器の底と水平に描く場合を C とし，容器内に水位が描かれていないものを D，それ以外の水位の場合を B とした。カテゴリー B には斜めや垂直に描かれる水位が多く見られた。カテゴリー A に 4 点，B に 3 点，C に 2 点，D には 1 点を与え 4 角度（45，90，135，180度）の合計点を求めた。合計得点の幅は 4 〜16点となった。次に WLT レベルを確定した。4 角度のカテゴリーの組み合わせが，全て AAAA となる場合を WLT レベル 4，CCCC となる場合をレベル 2，そして残りの混在するタイ

第2章　実験系列1　旗型を用いた児童の形態知覚　87

プの内，レベル4と2の間に合計点が入る組み合わせの場合をレベル3とし，レベル2未満の合計点の場合をレベル1とした。この分類による発達変化は，WLT レベル1からレベル2，そしてレベル3，4へと進むことが分かっている（野田，1985）。WLT レベル2は Piaget ら（1956）がいう静的イメージの段階つまり StageⅡAと対応し，レベル3は移行期，レベル4が動的イメージを扱える時期となる。前操作期はレベル4以前，具体的操作期は WLT レベル4に対応している。

　実験群では，WLT レベル1を示した子どもは1名，レベル2が2名，レベル3が97名，レベル4が34名であった。WLT レベル3および4において，角度を要因とした傾向検定を実施したところ，WLT レベル3では有意であった（$F_{(3, 384)} = 9.096$, $p < .001$）。Bartlett の方法により等分散が仮定されたので（$\chi^2_{(3, N=97)} = 2.872$, $p > .05$），多重比較を行ったところ45度と180度，90度と135度，90度と180度との間で有意差が認められた。しかし WLT レベル4では有意差は認められなかった。

　統制群では，WLT レベル1を示した子どもは19名，レベル2が13名，レベル3が88名，レベル4が23名であった。各々のレベルについて，角度を要因とした傾向検定を実施した。WLT レベル1，2，4で有意差が認められなかった。WLT レベル3のみ有意差が認められた（$F_{(3, 348)} = 4.099$, $p < .005$）。多重比較で45度と180度に差が認められた（$t = 3.298$, $p < .01$）。図2-1-3c を見ると，実験群では移行段階の WLT レベル3は角度とともに成績が下降していることがわかるが，完成されたレベル4ではフラットになっていることがわかる。また統制群では実験群と同じく，レベル3でのみ，角度に従っての成績下降を示すローテーション効果が認められるが，他のレベルはフラットを示した。

考察

1）練習効果とローテーション効果

　サイコメトリックな課題で対象の回転も方法の一つとして含まれる場合に，実験群と統制群に分けて子どもがどのように解いているのか検討することが目的であった。

　まず実験群が統制群に比べて成績が高かったことから，「回転して解く」ということへの気づきが促進されたと考えられる。回転して解くという教示や練習が与えられていない統制群では，2年と3年とのあいだに大きな成績格差を生じてしまうことがわかった。このことから，1，2年と3，4年とでは，回転による事前練習に対する感受性に違いがあるものと推測される。統制群での導入の仕方が，Flavell（1971）のいうイメージの喚起能力（evocability）にとどまり，実験群での練習を含めた導入が，喚起能力（evocability）と利用能力（utilizability）の両者を引き出す働きをしていたと考えると，1，2年つまり年齢にして6歳から7歳の子どもはイメージを自ら喚起すれども充分に利用出来ておらず，8歳〜9歳に至り利用可能となってくることが推測される。

　また重要なことは，勾配に従い成績が低下するという方向の効果があったことである。このことは比較刺激の傾きが大きくなるにつれて，同定しにくくなり，それが成績に反映したと推測される。クロノメトリックな手法の場合は，正確さの指標として誤反応を扱っているが，成人だけでなく子どもを対象とした諸研究でも誤反応率が勾配に従い高くなることが指摘されている（Estes, 1998；Marmor, 1975, 1977；Platt & Cohen, 1981；Roberts & Aman, 1993；Kail, Pellegrino, & Carter, 1980；Grimshaw, Sitarenios, & Finegan, 1995）。勾配とともに，正と誤が逆の Re 反応が増加してくるということは，同定困難になればなるほど，標準刺激全体を平面上で回転させ比較する，という方法ではない方略が取られた可能性が推測される。例えば，刺激内の特徴の空間位置を左右の基準で判断するという方略をとったとすると，Re 反応が生じてくる。

第2章　実験系列1　旗型を用いた児童の形態知覚　　89

7種類の標準刺激のうち項目1を取り上げるならば（図2-1-1），矩形の内側の黒い小円が右にあるが，ちょうど180度の正の比較刺激であると，小円は左の位置となり，誤の比較刺激だと右の位置にくる。それ故，鏡映像となった方を同じと判断し，正しい刺激の方を異なると判断することになる。しかし，比較をする際に，平面回転ではなく，奥行き回転としてのフリップ（flip）が行われたとするならば，裏表が逆さまになるために正誤が逆になった，ともいえる。

　Re反応が生じた理由はこの分析では判明しないが，勾配に従って得られた正反応の角度に関する効果は，困難の程度として解釈される。Shepard & Metzler（1971）のメンタルローテーションとは同義ではないが「ローテーション効果」と命名することにした。

2）WLTとローテーション効果

　WLTには，対象のイメージを回転するスキル成分が課題に含まれているとKalichman（1988）は主張しているが，明らかに角度に従って成績が減少するというローテーション効果が認められたのは，WLTレベル3においてであって，容器の底と平行に描かれる水位から，水平概念獲得へ進行していく過程にある子どものレベルで確認された。それまでのWLTレベル2が静的イメージの段階であったが，このレベル以降は動的イメージのレベルと対応する（Piaget & Inhelder, 1956）。しかしすべての角度で水平には表現されていないという点からWLTレベル3では水平概念は完成しておらず，具体的操作期以前にあるといえる。そしてそのWLTレベル3の子どもが，旗型課題において，勾配に従って刺激への感受性を規則的に変化させたということは，具体的操作期以前で既に方向に対する認識の違いが現れているといえる。概ねWLTのレベルが上昇すると成績も上昇する。だがWLTレベル4において，図2-1-3から実験群と統制群とを比較すると，実験群では天井効果の影響を受けていると予測できる。しかし統制群のWLTレベル4では，実験

群よりもやや成績の低いところで，角度に対してフラットになっている。角度の影響を受けず均等に高得点を示していると推測できる。この点に関連するが，年長児と年少児とを比較すると，年長児では高い成績でフラットに近づくという結果は，イメージ操作が上達したからだと思われる。一方で，統制群のWLTレベル1や2では角度要因での差が無くフラットであった。WLTで区分される中間段階（WLTレベル3）でのみローテーション効果がみられ，WLTの成績つまりレベルが上であっても（WLTレベル4），下でも（WLTレベル1や2に対応），効果がみられないということは，ある特定のレベルでしかローテーション効果が得られないことを示している。おそらく，レベルが上がってしまうと，予期的運動イメージが十分に働くようになることで，傾いた対象の識別も充分にできるために，勾配に従っての反応の変化も得ることが無かったのだと思われる。そして逆にレベルが低いと，傾きへの識別力が十分に発達していないために，規則的な反応の変化は得られなかったと推測される。

　また実験群では容器の底と平行に水位を描くWLTレベル2の反応数が，統制群に比べて少ない。「回転して解く」という練習が，WLTにおいても対象の回転という側面に注意を向けさせ，参照枠の空間関係への理解を促した可能性がある。つまり練習が輪郭と内容（水位）とを分離させて考えるきっかけを作り出したのではないだろうか。Kalichman（1988）が主張するような，対象の知覚的枠組みを抜き取るスキルが働いているとするならば，容器の輪郭とその内容物である水位との関係を捉える上で，容器は回転するが水位は変わらないという知識への気づきが重要と思われる。

　また容器が傾いても容器の底と平行に水位を描く理由として，良い眺め（good-view）仮説では典型としての記憶が働いているからであるとしている（Cox, 1991）。典型を記憶からアクセスする段階で，まず対象の容器の枠組みの部分がローテーションされ，次にその枠組みと水位とを更に協応する段階があると思われる。つまりこの2番目の段階がうまくできるかどうかが，

WLT 課題でのイメージ変換のポイントとみなされる。その意味からしても Kalichman（1988）と同じく，対象の枠組みと対象内の認識という 2 重の認識システムが働いているのではないかと考えられる。

第 2 節　実験 1-2　全角度を使用した場合の分析

目的

　実験 1-1 でみられたように旗型課題で勾配に従い困難度が増加することがわかった。その困難度をもたらす要因がイメージ上での変換なのか，知覚レベルでの比較であるのかは判明していない。しかし使用した図形は矩形で囲まれた輪郭と内部の図柄から成っており，直線線分が多く含まれている。それ故に取られた解決方法が知覚的なマッチングであれば，斜線効果（Appelle, 1972；橋本・加藤，1988；近藤・山崎，1989）が現れてもおかしくはないが，実験 1-1 では勾配とともに成績は下降した。おそらく直線的な線分だけを比較するのではなく，その線分を基準にして求められた内的軸（Corballis & Roldan, 1974；Howard & Templeton, 1966；勝井，1971；園原，1967；田中，1991）と関係づけられた図柄とに従い，広がりのある図形を回転させて解こうとした可能性が高いと思われる。

　デッドラインモデルでの「速『同』効果」は同刺激と異刺激に対する反応時間によるものだが，本実験でのような正誤の測度において，実験群のように回転させたところ同じでない場合に，追加的な変換が行われ，それが誤反応を生じてしまう可能性もある。

　実験群では輪郭と図柄との関係など全ての情報を保持しながら比較しているのだが，統制群では各部分を別々に比較するのではないだろうか。その結果，実験群では標準刺激全体を回転させて負荷がかかり「同じでない場合」は追加的変換による誤りを生じる可能性はあるが，統制群では回転して解くという方略を用いずに，比較照合する方法を取ることが予想されるので，輪郭の向きの違いや，図柄の違い等の一部分だけを見てすぐさま「異なる」と

反応し，同刺激に対しても異刺激に対しても「異なる」という反応が出やすくなることが推測される。結果として統制群では，実験群とは逆に異刺激の方が同刺激よりも成績が良くなるという結果を導くと予想される。

　こうしたことから実験群では回転の仕方を知っているので，異刺激の場合，同刺激に比べて追加的変換等の余分な探索が行われ，結果として同刺激より異刺激のエラーの割合が高くなるだろうことが予想された。反対に，統制群では回転教示されていないので，同刺激や異刺激でさまざまな変換が試みられるだろうと予想された。

　本研究では，前実験で検討し得なかった180度以上の角度についても，回転する練習をした場合（実験群）と，練習を課さない単に刺激どうしの知覚的マッチングを行う解決だけを教示した場合（統制群）との違いを比較検討することで，ローテーション効果がどのように現れるかを目的とした。次に6～9歳の子どもが刺激の異同を判断する際に使用する方略の発達的変化を明らかにすることを目的とした。つまり，同刺激と異刺激との組み合わせから成る誤反応の種類が，発達的にどのように生起するのか明らかにすることを目的とした。

方法

被験児：東京都内の小学校1年から4年までの各学年2クラス抽出し，練習を行う実験群と行わない統制群に振り分け，全部で8群に対して集団で実施した。

実験群

Group1E：小学校1年，30名（男児16名，女児14名）
平均年齢　6歳9ヶ月（6歳4ヶ月～7歳2ヶ月）
Group2E：小学校2年，30名（男児18名，女児12名）
平均年齢　7歳9ヶ月（7歳3ヶ月～8歳3ヶ月）

Group3E：小学校 3 年，31名（男児18名，女児13名）

平均年齢　8 歳 8 ヶ月（8 歳 4 ヶ月～9 歳 3 ヶ月）

Group4E：小学校 4 年，27名（男児13名，女児14名）

平均年齢　9 歳10ヶ月（9 歳 4 ヶ月～10歳 4 ヶ月）

全体：118名（男児65名，女児53名）

平均年齢　8 歳 3 ヶ月（6 歳 4 ヶ月～10歳 4 ヶ月）

統制群

Group1C：小学校 1 年，29名（男児14名，女児15名）

平均年齢　6 歳 8 ヶ月（6 歳 3 ヶ月～7 歳 2 ヶ月）

Group2C：小学校 2 年，28名（男児17名，女児11名）

平均年齢　7 歳 9 ヶ月（7 歳 4 ヶ月～8 歳 3 ヶ月）

Group3C：小学校 3 年，30名（男児16名，女児14名）

平均年齢　8 歳11ヶ月（8 歳 5 ヶ月～9 歳 4 ヶ月）

Group4C：小学校 4 年，29名（男児14名，女児15名）

平均年齢　9 歳10ヶ月（9 歳 4 ヶ月～10歳 3 ヶ月）

全体：116名（男児61名，女児55名）

平均年齢　8 歳 0 ヶ月（6 歳 3 ヶ月～10歳 3 ヶ月）

材料

　実験 1-1 と同じく刺激用紙内の配置の仕方は中央に標準刺激，その上列と下列に比較刺激を配するかたちをとった。用いた刺激の種類は実験 1-1 の旗型課題と同じだが，刺激の角度変数には 0，45，90，135，180，225，270，315度の 8 方向を用いた。また，刺激項目は 1，2，3，4，6，7 を使用し，刺激項目 5 を除いた（図2-1-1 参照）。除去理由は項目 5 で鯉のぼりや魚のイメージを報告する子どもが多く，抽象性を保てないという項目として省いた。計 6 種類の刺激項目を使用した。比較刺激には同刺激と異刺激の 2 種

類あり，同刺激は標準刺激を平面回転すると重なるが，異刺激は重ならず鏡映像関係となる。尚，刺激の配置について実験1-1とは異なり180度〜315度までの4角度を新たに追加している。図2-2-1に示すように，項目1，2，6では同刺激，異刺激ともに0度〜135度までを1枚の検査用紙に，また180度〜315度までを別の用紙にランダムに配置したが，項目3，4，7では0度〜135度までの同刺激と180度〜315度までの異刺激とを1枚の検査用紙に配する場合と，その逆の180度〜315度までの異刺激と0度〜135度までの同刺激とを1枚の検査用紙に配する場合の2通りを設けた。前者を左右反転配置，後者を上下反転配置とした。それぞれの配置条件は角度変数を入れ替え

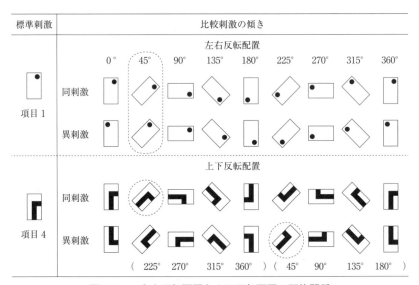

図2-2-1　左右反転配置と上下反転配置の互換関係

左右反転配置と上下反転配置とは，同刺激，異刺激とを比較すると互換可能な構造から成り立っていることが示される。項目1の左上に示した角度は標準刺激からの角度を表している。前提として異同判断の際に鏡映的な関係で識別していると考えると，左右反転配置の場合，同刺激と異刺激の対が同一角度にあるので，判断までの距離は同じになる。しかし上下反転配置では，同刺激と異刺激の対は上下の関係で鏡映像となるように配置されているので，左右での鏡映関係となるのは，破線で囲んだ同刺激の45度と異刺激の225度の位置の対が該当することとなる。つまり上下反転配置では，同刺激と異刺激とでは標準刺激から180度の距離の違いがある構造を有する。よって，上下反転配置の45〜180度を225〜360度と入れ替えると左右反転配置と同一構造になる。

ると同じ配置となるものである。

　図 2-2-1 には左右反転配置の例として項目 1 の刺激を示したが，図ではわかりのよいように順に 0 度から45度ずつ同刺激と異刺激とを対応させて整理してある。上下反転配置の例として項目 4 を整理した。左右反転配置は標準刺激の垂直軸で左右が反転した鏡映像関係をとっている。一方，上下反転配置は水平軸で上と下とを逆さに対応させたものである。そのため両配置は入れ替えを試みると反転の結果は同じ配置になることがわかる。具体的に示すと，上下反転配置の破線部分である同刺激の45度と異刺激の225度との関係は，左右反転配置を破線で囲んだ45度での同刺激と異刺激の関係と同一の鏡映像関係ということになり，結果の整理の段階で等しい配置として扱えることが示されている。この互換関係は他の角度や刺激項目においても同様である。

手続き

　導入の仕方や練習については実験群と統制群とも実験 1-1 と同じである。

結果

1）反応の整理（2 種類の評価方式ペア得点法とシングル得点法の導入）

　反応の区分けの仕方は実験 1-1 と同じ方式を用いた。実験 1-1 で用いた方式をペア得点法と改めて命名し，同刺激に対して○，異刺激に×をつけている場合を正反応とし角度ごとに 1 点を与えた。また正反応と○×が逆の関係となっているものを Re 反応として，別々に 1 点を与え整理した。子どもが対象内部の図柄特徴を無視し輪郭のみに注目すると，同刺激も異刺激も同じと反応してしまうことが予想された。また輪郭の傾きに注目すると，図柄の鏡映像関係とは関係なく，同刺激も異刺激に対しても傾きの違いから，全て異なると反応することが予想される。また対象の変換の仕方か，対象と子どもの身体との位置関係が原因するのかはわからないが，同刺激に対して異な

ると反応し，異刺激に対して同じと反応する可能性があった。異同を対にした反応を扱うことで，輪郭と図柄の両方を捉えているかどうかを知ることができると考えた。そうした異刺激と同刺激からなる違いは発達水準を反映すると思われ，操作的に特定の誤反応を扱うこととした。

実験1-1で示した正反応（C）とRe反応（R）に付け加えて，本実験結果では同同反応（Y）と異異反応（N）の4種類のカテゴリーに分けて整理することとした（図2-2-2）。同刺激に同じと答え，異刺激に異なると同時に答えれば正反応（C）となり，同刺激を異なると答え，異刺激で同じと答えればRe反応（R）としてきた。新たに同刺激も異刺激も同じと答えれば同同反応（Y），両試行とも異なると答えれば異異反応（N）とした。

また第2の方式として，刺激に対して反応したのか，自己身体との関係で反応したのか調べるために，同刺激と異刺激とを別々に得点化するシングル

ペア得点法による反応カテゴリー	表記	基準	例示（左が標準刺激，右が比較刺激のペア）	反応	シングル得点法		
					刺激	正誤	得点
正反応	C	比較刺激の組が同刺激・異刺激ともに正しく答えた場合	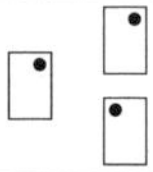	○	同刺激	正	1
				×	異刺激	正	1
Re反応	R	比較刺激の組が同刺激・異刺激で逆さに答えた場合	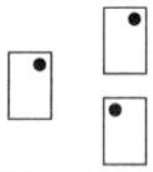	×	同刺激	誤	0
				○	異刺激	誤	0
同同反応	Y	比較刺激の組がともに同刺激と異刺激で同じと答えた場合	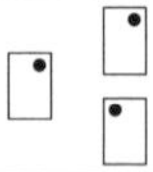	○	同刺激	正	1
				○	異刺激	誤	0
異異反応	N	比較刺激の組がともに同刺激と異刺激で異なると答えた場合	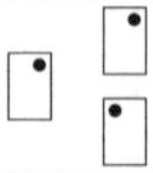	×	同刺激	誤	0
				×	異刺激	正	1

図2-2-2　正反応と誤反応の操作的定義

ペア得点法では，同同反応（Y）は同刺激も異刺激もともに同じと答えた場合であって，異異反応（N）は両試行とも異なると答えた場合である。シングル得点法では，ペア得点法における各反応カテゴリーの異・同刺激ごとに，得られる解答並びに得点を示した。尚，図は模式的に示したものであり，実際の検査用紙では標準刺激は中央に配され，比較刺激は上下に配列されている。

得点法を用いることとした。もしも識別が刺激内の図柄の左右や上下の位置に基づいて行われているとしたら，対象に準拠して行われているのか，自己の身体を対象に投影して自己身体に準拠して行われているのかが判明すると想定された。つまり，対象の傾きが±90度を超えると身体の左右と対象の左右とが逆転していく。しかし自己の空間位置とは関係なく対象に準拠した見方をするならば，対象と身体との不一致によるバイアスが反応に反映されないと予想された。

　同刺激で正解の場合（○をつけた場合）であれば1点，またそれとは別に異刺激で正解をした場合（×をつけた場合）にも異刺激の得点として1点を与えた。

2）ペア得点による正反応

　異刺激と同刺激とがともに同一角度において正しい異同判断が行われた場合を正反応として，各角度に1点を与えた。刺激項目が6項目あるので0～6点の得点幅となった。練習の有無（実験群・統制群）×学年（1，2，3，4年）×方向（0，45，90，135，180，225，270，315，360度）の3要因混合計画に基づく分散分析を行った。2次の交互作用である練習の有無，学年，方向の3者間に交互作用が認められたので（$F_{(21, 1582)} = 1.94$，$p < .01$），単純・単純主効果を検討した。1年では135，180，360度以外の角度において実験群の方が統制群より有意に高い成績を示したが（$p < .05$），2年では両群間での差は認められず，3年では270，360度で実験群の方が統制群より高い値を示した（$p < .05$）。4年になると270度でのみ実験群が統制群より高い成績を示した（$p < .05$）。また実験群，統制群とも8角度とも年齢間の差は認められ（$p < .01$），年齢とともに成績は上昇した。更に両群の4学年とも8角度間に有意差（$p < .01$）が認められ図2-2-3a，図2-2-3cに示すように180度をピークとしたV字型のプロフィールを示した。

　そこで方向についてRyanの多重比較を実施したところ，実験群，統制群

ともに似た年齢間の成績変化パターンを示した。実験群では1年から2年にかけて135，180，315度において成績が上昇し（$p<.05$），1年から3年にかけても180度を除き，成績の上昇が認められた（$p<.05$）。1年から4年にかけては全ての角度で成績上昇が認められた（$p<.05$）。また2年から4年にかけて225度で成績が上昇した。統制群では，1年から2，3，4年にかけて全ての角度で成績が上昇したが，7歳から8，9歳，8歳から9歳にかけて差は認められなかった（図2-2-3a，図2-2-3c）。まとめると，両群ともに1年から2年にかけて成績が上昇し，それ以降の年齢による際立った変化は認められなかった。また実験群では1年で成績上昇を示したのは勾配の大きな角度（135，180，315度）に限定されていた。

3）Re反応

　Re反応とは，同刺激に対して異なると反応し，なおかつ異刺激に対して同じと反応した場合に，特別な誤反応として区分したものである。練習の有無により誤反応の現れ方が複雑に異なっていたので，Re反応以下の誤反応では実験群と統制群とを別々に検討した。

　まず実験群であるが，Re反応に対して1点を与え（得点幅は0～6点），学年×方向の2要因計画に基づく分散分析を行ったところ，年齢の主効果は有意傾向（$F(3, 114)=2.38$，$p=.07$），年齢とともにRe反応は減少傾向を示した。年齢の主効果は有意であった（$F(7, 798)=4.97$，$p<.01$）。交互作用はなかった。225度をピークに45，90，270，315，360度との間に有意差が認められた（$MSe=.27$，$df=798$，$p<.05$）。

　次に統制群であるが，同様にして学年×方向の2要因分散分析を行ったところ，交互作用がみられたので（$F(21, 784)=1.77$，$p<.05$），学年についての単純主効果を方向ごとに検討したところ，有意差は認められなかった。方向について学年ごとに検討したところ，2年と4年で有意差（$p<.01$）が認められた。Ryanの多重比較の結果，2年では90度が135度や225度より有意に

第2章　実験系列1　旗型を用いた児童の形態知覚　　99

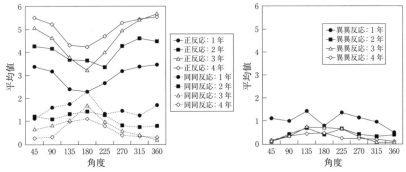

a. 実験群における正反応(C)と同同反応(Y)　　　b. 実験群における異異反応(N)

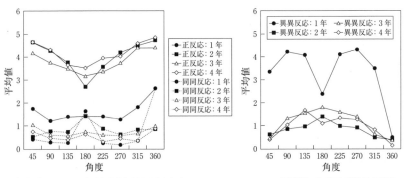

c. 統制群における正反応(C)と同同反応(Y)　　　d. 統制群における異異反応(N)

図 2-2-3　正反応と誤反応カテゴリーの角度変化

ペア得点で示した学年ごとの正反応（C）と同同反応（Y），異異反応（N）得点は 0〜6 点の幅を
もつが，Re 反応（R）はわずかであったので，このグラフには示さなかった。a の実線部分は実験
群の正反応（C），破線は同同反応（Y）を示す。b は実験群の異異反応（N），c の実線部分は統制
群の正反応（C），破線は同同反応（Y）を示す。d は統制群の異異反応（N）を示す。

低い値を示し（$MSe = .26$, $df = 784$, $p < .05$），4 年では180度と45，90，135，
270，315，360度との間で差が生じた（$MSe = .26$, $df = 784$, $p < .05$）。180度を
ピークとする山形プロフィールを描いた。

4）同同反応（Y反応）

同同反応（Y反応）は同一角度での同刺激・異刺激に対し，ともに同じと反応した場合に1点を与えた。実験群について学年×方向の2要因分散分析を行ったところ，学年の主効果が認められ（$F_{(3, 114)} = 7.409$, $p < .01$），Ryan法による多重比較の結果，1年と3年，4年との間に差が認められ（$MSe = 5.85$, $df = 114$, $p < .05$），学年とともに減少を示した。また方向の主効果も認められ（$F_{(7, 798)} = 12.995$, $p < .01$），多重比較の結果，180度と他の全ての角度との間，135度と45，270，315，360度との間，225度と315度との間で有意差が認められた（$MSe = .92$, $df = 798$, $p < .05$）。180度をピークとする逆Ｖ字型プロフィールが描かれた（図2-2-3a）。

統制群でも同様にして学年×方向の2要因分散分析を行ったところ，交互作用がみられた（$F_{(21, 784)} = 5.226$, $p < .01$）。学年の単純主効果をみると180度と360度で有意差（$p < .01$）が認められたので，Ryanの多重比較を行った結果，180度では1年と3，4年との間で有意差が見られ（$MSe = 1.49$, $df = 896$, $p < .05$），360度では1年と2，3，4年との間で有意差（$MSe = 1.49$, $df = 896$, $p < .05$）が認められた。図2-2-3cに示す通り，同同反応（Y反応）は180度や360度といった標準刺激と輪郭の向きが一致する角度においては，1年から上の学年にかけて急激に減少することが示された。また方向の単純主効果は1年と2年で有意差（$p < .01$）が認められた。多重比較の結果，1年では180度と360度における同同反応（Y反応）の値が他の全ての角度に比べて有意に高い値を示し（$MSe = .95$, $df = 784$, $p < .05$），360度は180度より高い値を示した（$p < .05$）。2年も1年と似た傾向が示されたが，1年ほどではなく，180度が45，270度より高い値であるにとどまった（$MSe = .95$, $df = 784$, $p < .05$）。180度や360度に対して1，2年の反応の仕方は3，4年とは明確に異なることが示された。

第2章　実験系列1　旗型を用いた児童の形態知覚　101

5）異異反応（N反応）

異異反応（N反応）は同一角度において，同刺激・異刺激に対しともに異なると反応した場合に1点を与えた。

実験群では学年と方向との交互作用が認められた（$F_{(21, 798)} = 1.61$, $p < .05$）。学年の単純主効果は180度と360度を除いた他の6角度で有意差（$p < .01$）が認められた。Ryanの多重比較の結果，45，135，225，270，315度で1年から2，3，4年にかけて有意に減少したこと（$MSe = 1.079$, $p < .05$）が示された（図2-2-3b）。方向の単純主効果を検討したところ，1，2，3年で角度差が認められ（$p < .05$），多重比較を行ったところ，1年の180度が135，225度に比べて低い値を示し，360度が45，135，225，270度に比べて低い値を示す（$MSe = .51$, $df = 798$, $p < .05$），M字型プロフィールを描いた（図2-2-3b）。2年では45度が135度に比べ低い値を示した。3年では360度が135，180，225度に比べて低い値を示し，180度が45，225，315度に比べて高い値を示し，315度が135，225度に比べて低い値を示した（$MSe = .515$, $df = 798$, $p < .05$）。

統制群について学年×方向の2要因分散分析を行ったところ，学年と方向の交互作用が認められた（$F_{(21, 784)} = 6.740$, $p < .01$）。学年の単純主効果は180度と360度を除いた他の6角度で有意差（$p < .01$）が認められた。Ryanの多重比較の結果，1年から2，3，4年にかけて有意に減少したこと（$MSe = 3.282$, $df = 896$, $p < .05$）が示された（図2-2-3d）。

角度の単純主効果を検討したところ，4学年とも角度差が認められ（$p < .05$），多重比較を行ったところ，1年の180度が360度を除く他の全ての角度に比べて低い値を示し，360度が他の全ての角度に比べて低い値を示した（$MSe = 1.453$, $df = 784$, $p < .05$）。また45度は270度より低い値を取った（$MSe = 1.453$, $df = 784$, $p < .05$）。2年では180度が360度より有意に高い値を示した（$MSe = 1.45$, $df = 784$, $p < .054$）。3年では360度が90，135，180，225，270度に比べて低い値を示し，180度が45，315度に比べて高い値を示す

($MSe = .52$, $p < .05$), 逆U字型プロフィールを示すようになった。尚，45度と225，270度，315度と135，225度との間にも差があった（$MSe = .52$, $p < .05$）。4年では360度と135，225，270度との間および45度と135度の間で差が得られた（$MSe = 1.45$, $df = 784$, $p < .05$）。

6）シングル得点による同刺激と異刺激の分析

同同反応（Y）や異異反応（N）は同刺激と異刺激の対からなる誤反応であった。シングル得点は，対にするのではなく同刺激と異刺激とを別々に点数化したものである。よって同刺激には正反応（C）と同同反応（Y）の成分，異刺激には正反応（C）と異異反応（N）の成分が入る。重ねると同じになることを識別できるか，重ねても同じにならないことを正確に識別できるかという側面を測っている。既に述べたように，追加的変換のループを想定したデッドラインモデルでは，異刺激が同刺激よりも多くの時間を要した。それゆえ，シングル得点による場合も同じ効果が得られるかどうかを検討することにした。

同反応刺激項目は6種類あるので得点幅は0～6点となる。実験群と統制群とに分けて，学年（被験者間：1，2，3，4年）×同刺激・異刺激×方向（45，90，135，180，225，270，315，360度）の3要因の分散分析を行った。表2-2-1は学年別の同刺激・異刺激の平均と標準偏差を示している。

実験群では学年要因に主効果がみられた（$F(3, 114) = 8.696$, $p < .01$）。

表2-2-1　同刺激・異刺激での平均と標準偏差

群	試行	1年 M	1年 SD	2年 M	2年 SD	3年 M	3年 SD	4年 M	4年 SD	全体 M	全体 SD
実験群	同刺激	4.56	1.83	5.15	1.37	5.4	1.06	5.58	0.87	5.16	1.39
	異刺激	4.03	1.82	4.49	1.71	4.97	1.27	5.29	1.04	4.68	1.57
統制群	同刺激	2.41	2.54	4.89	1.6	4.55	1.51	4.73	1.85	4.14	2.26
	異刺激	4.92	1.75	4.86	1.6	4.95	1.51	5.16	1.22	4.97	1.53

Ryan法による多重比較の結果，学年要因に関して，1年（$M=4.29$）と3年（$M=5.18$），1年と4年（$M=5.44$）および2年（$M=4.82$）と4年にかけて有意に（$MSe=13.285$, $p<.05$）成績が上昇した。また異・同刺激×方向の交互作用があったので（$F(7, 798)=3.348$, $p<.01$），単純主効果を見ると刺激要因では270度，315度を除く他の6角度で同刺激が異刺激よりも有意に成績が高

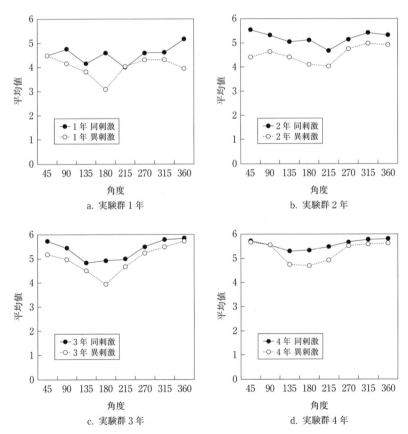

図 2-2-4 実験群における同刺激と異刺激の成績
実験群はいずれの学年も同刺激の方が異刺激より成績が高く，1年生から4年生までほぼ同じプロフィールを示した。

く（$p<.05$），270度，315度においても有意傾向(.05<$p<.10$) が示された（図2-2-4）。方向要因では両試行とも角度間に差が認められたが（$p<.05$），1年から4年全体では同刺激で225度，異刺激では180度をピークとしたV字型のプロフィールが形成された。

統制群では2次の交互作用が認められたので（$F(21, 784)=7.391$，$p<.01$），単純・単純主効果を分析した。学年間の差において同刺激での成績は180度，360度を除く他の全ての角度で1年（$M=2.41$）と2年（$M=4.89$），3年（$M=4.55$），4年（$M=4.73$）とのあいだで有意差が認められ（$MSe=14.19$，$p<.01$），異刺激での成績は逆に180度と360度でのみ学年差が得られた（$p<.01$）。Ryan法による多重比較を行ったところ，180度では1年と3年で差が有り，360度では1年（$M=3.07$）と2年（$M=4.96$），3年（$M=4.73$），4年（$M=5.00$）との間で有意差が示され（$p<.05$），年齢とともに成績は上昇した。

統制群の異刺激と同刺激の間の成績については，1年で180度を除く他の全ての角度で差が認められ（$p<.01$），図2-2-5に示すとおり360度では同刺激（$M=5.27$）が異刺激（$M=3.07$）より成績がいいが，他の角度は異刺激の方が同刺激より成績が良い。2年では差は無く，3年では135，180，225度で異刺激が同刺激より成績が良く，4年では135，225度で異刺激が同刺激より成績が良かった。

統制群の方向については，3年と4年の異刺激を除き，同刺激と異刺激にわたってすべての学年で有意差が認められた（$p<.01$）。また，1年の同刺激，異刺激はともに45，90，135度で差が無く，また225，270，315度でも差が無かった。図2-2-5a〜d に示すように，1年は他の学年と異なり，180度および360度において，他の角度と異なるパターンを示していることがわかる。2年の異刺激ならびに2年以降の同刺激ではV字を形成しているが，3年と4年の異刺激はフラットとなっている。

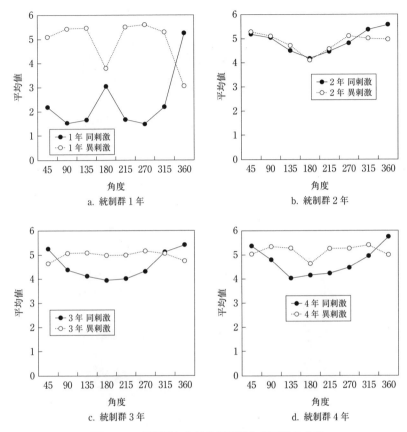

図 2-2-5　統制群における同刺激と異刺激の成績

統制群では実験群と比べると異刺激と同刺激の成績が逆転し，1年では特にV字とは異なる変形したプロフィールを示した。

7）「ひきうつし」行為

　検査中に子どもの特徴的な行動が観察された。標準刺激を手で持ち上げ比較刺激まで運び，そこで傾き等を手で調整するような素振りを示すというものであった。実際には刺激は検査用紙に印刷されているので，持ち上げることはできないのだが，手ですくい取るあるいは手でつまみあげ，移動させよ

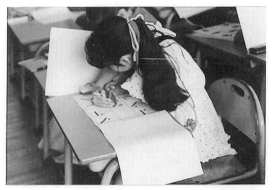

1

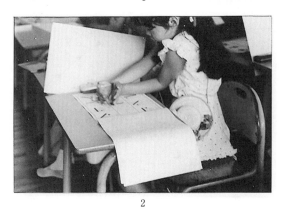

2

図 2-2-6　ひきうつし行為

旗型の標準刺激を両手で囲み，両手をそのかたちのまま，すべらせるように比較刺激の上に持っていこうとするのがわかる。女児の両手での囲み方が対象の傾きによって調整されていることも見て取れる。

うとする行為が出現した。この行為には片手だけ使う者，両手を使う者と様々であった。図 2-2-6 に示された女児の場合は刺激項目 6（図 2-1-1）の中央に配した標準刺激の輪郭に沿って，両手を用いて刺激図を囲み込む，実際に立体的な物体を持ち上げるような動作をしながら，慎重さを感じさせるようなゆっくりとした動きで，検査用紙の上側にある比較刺激へと手で囲み

第2章 実験系列1 旗型を用いた児童の形態知覚　107

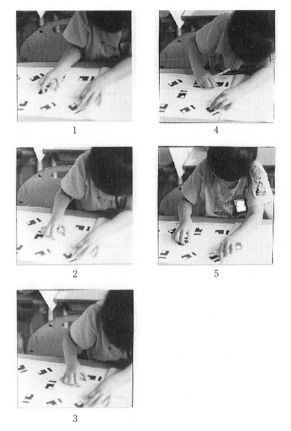

図 2-2-7　ひきうつし行為

ひきうつし行為を番号の順番に連続して撮影した写真である。1から4は，中央に配した標準刺激を右手で掴み取るようにして，左下の比較刺激へと紙面上を移動させていることがわかる。5番目の写真で再び確認しようとしているのか，右手を中央にある標準刺激へと持ってきている。姿勢は変化していないが，空をつかむ指の握り幅が異なっており，比較刺激の○模様に合わせるようになったことがわかる。

込んだ空白の部分を回転移動させようとしている状況を撮影したものである。両手で囲い込んだ状態で傾いた比較刺激の上へと回転移動させるために，自分の姿勢までねじるように変えている様子が示されている。また，図2-2-7は刺激項目7に対する男児の連続的な動きを捉えた写真であるが，1，2，

3の組み写真から右手の親指と人差し指との間隔や形状が維持されていることが見て取れる。最初に中央に配した標準刺激を両方の指でとらえ，平行移動に近いかたちで下側に配した比較刺激へと移動させている様を示している。4番目の写真では比較刺激の近い所に右手が映っているが，指の開きが先の1，2，3の写真とは異なり，むしろ刺激内の白抜きの○模様の幅に近い。その際，鉛筆を手にしたことがわかる。しかし鉛筆を置いて指の幅を維持したまま再び中央にある標準刺激へと指を移動させ戻していくことが認められた。標準刺激と比較刺激とが空間的な距離のある状況で，刺激の輪郭だけではなく内部の特徴に対しても，刺激の全体あるいは一部を手や指を用いてひきうつすような行為がみられた。こうした対象の視覚的な情報をひきうつすような行為においては，手や指をあてがう対象の位置にも幾通りかの種類が見られたが，あてがう身体部位は自分の手や指を中心とするものであった。しかし，ひきうつす際には身体全体も傾ける場合等が多く見られた。概ね緩やかな動きを示すことが多かったが，中にはコマを回すようなすばやい回転を伴う指の動きを示す子どももいた。また数は少なかったが刺激対象に対して自分の身体ではなく，物をあてがおうとする子どももいた。実際に消しゴムや鉛筆の直線部分を用いて道具として用いようとする場合があった。こうしたひきうつような行為は実験群及び統制群の両方で観察された（図2-2-6，7参照）。以下，ひきうつしと命名し，特別な行動様式として記述することにした。

考察

180度以上の角度でローテーション効果が実験群・統制群でどのように生じるか，正反応に至るまでの誤反応がいかに現れるか明らかにすることを目的とした。

1）正反応について

　実験1-1では検討していなかった180度以上の角度も含めて，実験群，統制群ともに180度をピークとしたV字型のプロフィールを得て，ローテーション効果が確認された。刺激の勾配とともに成績が順次的に変化していくことが示された。この傾向は全ての年齢で確認された。刺激自体は実質的に45度から360度まで傾けて示したのであるが，勾配に従い困難度が増大して，180度で最も困難の度合いが強くなったといえる。

　知覚における斜めの難しさ（Appelle, 1972；Bryant, 1974/1977；Rudel & Teuber, 1963）からすると，45度や135度あるいは225度や315度で成績が悪くなることが予想されるが，本研究では確認されなかった。むしろ，Marmor（1975, 1977）が幼児に対して反応時間を指標としたメンタルローテーション実験で示したような，勾配に従って正反応が減少するプロフィールが得られた。通常，誤反応の指標はメンタルローテーション実験において反応時間とあわせて一般的に用いられることが多い。誤反応は困難度あるいは正確さを表す指標として扱われるが，成人よりも誤反応を示しやすい子どもの場合，成人とは異なる処理を勾配に従いとるようになることを示していると考えられる。

　対象の変換を行うような操作では，記憶負荷よりも対象の空間視覚化とイメージの操作が中心となった認知的な処理が重視されるといえる。実際，実験群ではプレートを用いた事前の練習が対象の回転という心内の操作を喚起したとしても（Flavell, 1971），統制群ではそうした事前練習をせず，単に比較対象を確認するにとどめたので，マッチングに比重がかかる処理が行われたと予想される。それ故，練習に基づく回転操作により実験群でローテーション効果が生じるのはわかるが，同様の効果が生じると期待されなかった統制群では，1年でフラット，2年以降ではV字型のプロフィールをとり，ローテーション効果がみられた。おそらくマッチングは行われたのであろうが，回転操作も取られたと推測される。それが実験群と統制群の成績差となり現

れたものと考えられる。統制群では1年ではマッチングを中心に処理され，2年以降になると回転操作も加わった方略へと発達的に移行したものと推定される。何が2年以降で自然に勾配に従って成績変化させたのであろうか？もしもなんらかの記憶負荷を要する課題や矩形でなく線分であれば斜線効果（橋本・加藤，1988；近藤，1993）が確認された可能性はある。

　斜め効果を明らかにしてきたそれまでの研究は線分の弁別（Bryant,1974/1977；Rudel & Teuber, 1963）や構成（Olson, 1970；近藤，1993）を中心としているが，本研究で使用したFlag刺激は，単一線分ではなく，矩形としての平面的な広がりと内部に図柄を持つ刺激であった。おそらく線分の場合は方向性のみが強く感受され，その結果として斜めの困難さが生じるのだろうが（勝井，1971），面がありなおかつ内部に特徴がある場合は，認識の際に内的軸（Howard & Templeton, 1966；園原，1967；田中，1991）を見出して方向を割り出すのと同時に特徴の識別が要請され，対象自体を回転移動した結果，ローテーション効果を生みだしたのではないかと考えられる。課題で用いた刺激の輪郭や図柄が大きく関与している可能性がある。

　実験群と統制群とも年齢に従い成績が上昇するのだが，1年における成績と，その後に続く2，3，4年との成績差は質的に異なるのではないかと推察される。おそらく1年と2年との間に発達的な境が存在していて，急激な変化が現れたものと考えられる。また1年と2年との差は統制群では全ての角度で生じたが，実験群では135，180，270，315度でのみ確認されたことから（図2-2-3a），角度により練習の効果の違いが存在したことが推測される。つまり練習によるレベルの引き上げが，特に1年から2年にかけて生じ，その際に対象の方向により練習の影響の違いがあったものと推測される。1年では多くの方向で回転練習の効果が認められたが，2，3，4年では急激に有意差が認められる方向が減少した。おそらく練習することで，Flavell（1971）が指摘するイメージの喚起能力（evocability）やイメージの利用能力（utilizability）が働き成績を引き上げたのだろうが，方向がその影響を受けた

第2章　実験系列1　旗型を用いた児童の形態知覚　111

可能性は高い。2年以降になると実験群と統制群との方向による成績差が限定され，イメージに関連する上記のイメージ能力の影響を受けたであろう方向が減少し，自発的なイメージ利用が可能になったと考えられる。

2）Re 反応について（フリップか身体との対応か）

　Re 反応は同刺激に対して異なる，異刺激に同じと判断した誤反応である。Re 反応は実験群と統制群ともに確認され年齢とともに減少した。この誤反応の生起理由のひとつとして，比較する際に前額平面上での平面的な回転移動を行ったのでなく，立体的あるいは奥行き的に変換するという操作を行うことで，同じかどうか調べようとした可能性が考えられる。幼児は比較する際に重ね合わせるという行為はするのだが，一方の刺激を他方の刺激の上にそのまま重ねるという比較はせずに，それぞれの刺激の表面どうしを向かい合わせにして一致させるように重ねることで，同じかどうかを判断しようとすることがある。つまり標準刺激の表面か比較刺激の表面のどちらかを切り出して，他方の面に合わせようとする比較方法をとることがある。その為に左右が逆転してしまったのではないだろうか。成人のメンタルローテーション方略においても，文字様刺激の場合は平面をひっくり返して判断しようとするメンタルフリップ（mental flipping）という現象が報告されている（Koriat et al., 1991）。Re 反応が勾配に伴い増加し，山形プロフィールを描いたということは，勾配に従い識別の困難度が増加する為に，前額平面での回転とは異なる方略が取られるようになった可能性が考えられる。

　一方，フリップのような奥行回転ではなく，身体の左右を刺激対象にマッチングすることで生じた誤りの可能性もあるといえる。図柄情報の処理には，先に検討したように図形の軸から生じる左右の問題が大きくかかわるのだが（Corballis & Beale, 1976/1978；Howard & Templeton, 1966；Rock, 1973），図柄の左右を定めるには，子どもと対象との空間関係が重要になってくる（Corballis & Beale, 1976/1978；Rigal, 1994）。つまり，刺激内の左右と子どもの身体に

おける左右との一致不一致が成績に影響すると考えられる。

3）輪郭に特化した同同反応（Y反応）

　同同反応（Y反応）は同刺激，異刺激とも「同じ」と反応した場合である。つまり同刺激での正解と異刺激でのエラーから成る。

　実験群では１年生を除きいずれの学年でも同同反応（Y反応）は180度をピークとした山型のプロフィールを描いた（図2-2-3a）。既に述べたように事前練習により，実験群では対象の回転操作を試みようとするが，勾配とともに困難度が上がるにつれ，誤反応が生み出されるプロセスが予想された。Re反応の場合はフリップのような奥行き変換によるか，身体の左右を刺激に投影し左右が逆転することで生じたと想定されたが，Y反応の場合Re反応とは別の方略をとったものと推測される。つまり，実験群特に６歳児におけるY反応の現れ方からすると，図柄の違いにもかかわらず同反応を示したのは，図柄よりも輪郭に注目して判断したからではないかと考えられる。実験1-1（Noda, 2008）で指摘したように，WLTにおいて，検査用紙に示された容器の輪郭と輪郭内の図柄（水位）とは別々に処理されていると捉えた。別々に処理されなければ，傾けられた容器内のダイナミックな水位の変化は予測できなかったはずである。対象の属性として（輪郭と図柄のように）ともに同じ状態を保持し続けなければならない場合と，水平性課題のように意図的に分離しなければならない場合とがある。本研究での旗型刺激の場合は，２つの属性を保持し続けなければ同一性が崩壊してしまう。崩壊を防ぐために識別が困難になるに従い，対象が持つ図柄と輪郭に関する情報とを結びつけて認識することが難しくなり，輪郭の処理が優先された可能性が考えられる。年齢とともに，２つの属性を同時に認識し保持出来るようになると，輪郭情報と図柄情報とが統合され，図柄情報に対する輪郭情報の優先という一次元的傾向が減少したことが推測される。

　一方，統制群では１年において180度と360度で同同反応（Y）は顕著に多

く現れたが，2年にわずかにその傾向が残るものの，3年以上になると180度や360度での突出した出現は確認されなくなった。練習を行っていないので，実験群とは異なるプロセスが予想され，実験群よりも強く対象の輪郭に基づく知覚的判断が生じたと考えられる。上下の方向とは関係なく鉛直方向さえ一致していれば同一という判断が生じ，180度や360度でY反応が増加したものと考えられる。しかし2年以降になると反応自体は減少し，明確な鉛直方向への偏りが見られなくなっていた。その中でも静止したかたちでの誤った判断から鉛直方向に依拠した180度と360度での同同反応（Y反応）の出現というかたちになり，山型プロフィールは形成されたと推測される。おそらく1年という年齢の低い時期において，回転による解釈ではなく輪郭を優先的に扱おうとする知覚的働きが強く現れたものと考えられる。

4）傾きに注目した異異反応（N反応）

異異反応（N反応）は同刺激，異刺激とも「異なる」と反応した場合であり，同刺激のエラーと異刺激での正解から成る。プロフィールは1年と2，3，4年とで明確に異なっていた。実験群・統制群ともに，1年では180度や360度でN反応の出現が低くM字型を描くが，2，3，4年になると180度近辺をピークとした緩やかな逆U字型カーブを描いたプロフィールが得られた。特に統制群でその年齢変化が顕著に現れており，練習の有無が影響していると推測される。Y反応とN反応とは，1年の180度と360度において反応の増減が逆さまの関係であった。Y反応では増えていたが，N反応では減少してしまった。1年ではN反応とY反応とは異なる方略が用いられたようだ。N反応を示した1年は対象図形の図柄を輪郭に結び付けて判断できなかっただけでなく，輪郭の向きに対して敏感に反応し鉛直方向に固執した傾向が推測される。比較刺激が傾いていれば異なるとした可能性は高い。もしも図柄よりも輪郭の向きが優先的に処理されたとするならば，傾きという次元に基づき標準刺激と一致している場合は，「同じ」と判断してY反応となり，一

致しない場合は「違う」としてN反応になったと考えられる。

　実験群より統制群でより明確にM字型が形成された理由として，実験群では回転教示を行ったので，傾けても同じものであり続けるという認識が与えられ，向きが違うことで生じる同一性の崩壊が軽減されたのであろう。一方で統制群では傾いていく運動（チップによる回転練習）は経験されずに，異なる向きの刺激が直接提示された状況にあったといえる。そのために統制群では，実験群でのように傾いた刺激を0度正立からの連続と捉えるのではなく，鉛直方向にある刺激とそれ以外の傾きにある刺激と認識し，運動による繋がりのない非連続の別々の対象と捉えたのではないだろうか。しかし1年から2年にかけて180度をピークにして勾配に従い増減を示す反応プロフィールへと大きく変化し，正反応やRe反応，Y反応と同じ原理が働くようになったと推測される。つまり，勾配に従い識別が困難になり，それ以前の誤った方略に戻ってしまったと考えられる。

5）追加的変換以外の方法

　「シングル得点」で同刺激と異刺激を比べてみると，実験群では，異刺激に比べて，同刺激での正反応の方が良い成績になった。しかし統制群では異刺激での正反応の成績が同刺激より良かった。これらのことから，実験群と統制群では，それぞれ別々の処理がなされていることが推測される。

　まず，追加的変換（Carter et al., 1983；Pellegrino & Kail, 1982）が，異同の成績の違いとして反映した可能性が考えられる。教示に従って平面回転による比較をした際に，追加的変換が行われたとすると，実験群では標準刺激と比較刺激とが一致しない場合は，すぐさま「異なる」とは判断せず平面回転だけでなく他の様々な変換を試み，同じであることの可能性を見出そうとしたことが推測される。その結果，異刺激では誤った変換がなされて正しい解答に辿りつけなかった可能性が高い。つまり，異なる刺激を同じと誤って判断するエラーを出したのだろう。同刺激では教示された平面回転により，容易

第2章　実験系列1　旗型を用いた児童の形態知覚　　115

く「同じ」であることを見出し，同刺激の方が異刺激より高い成績になったと思われる。

　一方，統制群の異反応と同反応はペア得点と同じく，ともに1年と2年以降とでは全く異なる反応プロフィールを示した（図2-2-5）。1年では同刺激での正解が180度と360度で高くなり，逆に異刺激での正解が低くなり，他の角度はフラットという結果であった。既に述べたように，同刺激では輪郭の傾きに注目し，傾きの無い180度や360度では同じと反応したが，それ以外の角度は傾いているから異なると反応したと予想される。つまり同刺激では180度と360度で正解，異刺激ではエラーとなるが，180度や360度以外の角度では同刺激はエラー，異刺激では正解となったものと思われる。これは傾きに対して反応していると考えられるのだが，傾いている角度は8方向中6方向であったので，傾き次元だけに注目した場合での異刺激の成績は，同刺激に比べて相対的に高くなったものと推測される。一方，2，3，4年となると実験群とは対照的に，統制群では異刺激が同刺激より成績が高くなったものと考えられる。

第3節　実験1-3　標準刺激を斜めにした場合の検討

目的

　実験1-2では垂直からの距離に従って反応が変化することがわかった。しかしその垂直は標準刺激を基準としたもので，標準刺激に割り付けられた上下軸（Rock, 1973）なのか，たまたま標準刺激が呈示された方向が重力方向の軸（Howard & Templeton, 1966）と一致してしまったのかわからない。基準方向（canonical orientation）に関する研究は，傾いた対象を認知する上で人が何に準拠して判断しているかが問題となる（Corballis, 1988）。また準拠対象は年齢によって異なる。その点から発達とともに準拠対象が変化していくことが解明されるならば，意義のあるものと考えられる。そこで，本実験では標準刺激そのものの軸（intrinsic axes）と，重力方向の垂直軸のどちらに準

拠するか明らかにすることを目的とした。

　また，実験1-1や実験1-2において異異反応（N）が低い年齢の子どもで多数見られ，子どもの言葉から「傾きが違うから同じじゃない」という内容が得られた。つまり，図柄よりも傾きに注目していたことが推測された。

　刺激の輪郭に注目すると，矩形であるので比較刺激は標準刺激と同じ方向の場合と正反対の方向の場合において，標準刺激の輪郭の方向と等しくなる。つまり標準刺激が45度傾いていれば比較刺激が45度あるいは225度の場合に，輪郭の傾きは標準刺激と一致することになる。もし輪郭内の図柄よりも輪郭情報に注目して解いているならば，輪郭情報と図柄情報とが発達的にどのように利用されるか，反応パターンを明らかにすることを第2の目的とした。

方法

被験児：東京都内の小学校1年から4年までの各学年3クラスを抽出し，練習を行う実験群と行わない統制群に振り分け，全部で12群に対して集団で実施した。尚，実験群への刺激呈示は45度であるが，統制群は各学年とも2群に分け，刺激呈示が45度の場合と135度の場合とを設けた。

45度実験群

Group1E：小学校1年，35名（男児16名，女児19名）
平均年齢　6歳9ヶ月（6歳4ヶ月〜7歳3ヶ月）
Group2E：小学校2年，29名（男児13名，女児16名）
平均年齢　7歳9ヶ月（7歳4ヶ月〜8歳3ヶ月）
Group3E：小学校3年，35名（男児15名，女児20名）
平均年齢　8歳9ヶ月（8歳4ヶ月〜9歳3ヶ月）
Group4E：小学校4年，30名（男児15名，女児15名）
平均年齢　9歳9ヶ月（9歳4ヶ月〜10歳3ヶ月）
全体：129名（男児59名，女児70名）

平均年齢　8歳3ヶ月（6歳4ヶ月〜10歳3ヶ月）

45度統制群

Group1C：小学校1年，29名（男児14名，女児15名）

平均年齢　6歳8ヶ月（6歳3ヶ月〜7歳2ヶ月）

Group2C：小学校2年，32名（男児16名，女児16名）

平均年齢　7歳9ヶ月（7歳4ヶ月〜8歳3ヶ月）

Group3C：小学校3年，35名（男児15名，女児20名）

平均年齢　8歳10ヶ月（8歳4ヶ月〜9歳4ヶ月）

Group4C：小学校4年，31名（男児15名，女児16名）

平均年齢　9歳10ヶ月（9歳5ヶ月〜10歳3ヶ月）

全体：127名（男児60名，女児67名）

平均年齢　8歳3ヶ月（6歳3ヶ月〜10歳3ヶ月）

135度統制群

Group1C：小学校1年，33名（男児16名，女児17名）

平均年齢　6歳8ヶ月（6歳3ヶ月〜7歳2ヶ月）

Group2C：小学校2年，31名（男児13名，女児18名）

平均年齢　7歳9ヶ月（7歳4ヶ月〜8歳3ヶ月）

Group3C：小学校3年，35名（男児16名，女児19名）

平均年齢　8歳9ヶ月（8歳5ヶ月〜9歳3ヶ月）

Group4C：小学校4年，31名（男児15名，女児16名）

平均年齢　9歳9ヶ月（9歳4ヶ月〜10歳3ヶ月）

全体：130名（男児60名，女児70名）

平均年齢　8歳3ヶ月（6歳3ヶ月〜10歳3ヶ月）

118

材料

旗型課題：実験1-2で使用したと同じ刺激項目を用いた。ただし，検査用紙は2種類作成した。まず45度実験群用と45度統制群用には，0度で示していた標準刺激を45度右に傾け，135度統制群では，標準刺激を右に135度傾けたものを標準刺激として使用した。それぞれ実験1-1，実験1-2と同じく検査用紙の中央に配した。刺激内の図柄は実験1-2で用いた6項目と同じであり，比較刺激は45，90，135，180，225，270，315，360度全ての方向において正刺激と鏡映像を用意した。

手続き

導入の仕方や練習については実験群，統制群とも実験1-1，実験1-2と同じである。

結果

反応の整理の仕方は実験1-2と同じである。

1）各群でのローテーション効果

最初に，1年から4年までを込みにした全体の傾向を検討した。ペア得点法での正反応を用いて，練習の有無（45度実験群と45度統制群）×学年（1～4年）×方向（45，90，135，180，225，270，315，360度）の3要因分散分析を行ったところ，練習の有無の主効果に有意差が認められ（$F(1, 248) = 9.450$，$p < .01$），図2-3-1a，bから，45度実験群の方が45度統制群より成績が高いことが示された。学年と方向とのあいだには交互作用が認められ（$F(21, 1736) = 1.709$，$p < .05$），練習の有無，学年，方向のあいだには交互作用はなかった。単純主効果の結果，学年，方向とも有意差が認められ（$p < .01$），学年間の成績についてRyanの多重比較を行ったところ，1，2年の間では45，135，225，315度を除く方向で差があり，2，3年では全ての方向で差が認

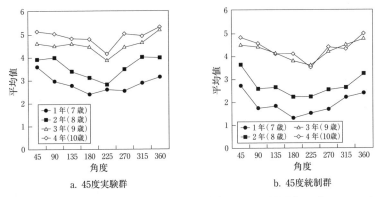

a. 45度実験群　　　　　　　　　　b. 45度統制群

図2-3-1　標準刺激の傾きを45度に変えた場合における正反応のプロフィール
左側のaは標準刺激の傾きを45度にして練習を行った実験群，bは標準刺激は45度傾けて呈示したが練習を行わなかった45度統制群である。45度実験群の1年は180度で最低値を取ったが，2，3，4年は225度で最低値をとりV字型プロフィールを示した。1，2年と3，4年とのあいだで成績格差が認められた。

められた（$MSe=3.67$, $df=1984$, $p<.05$），学年とともに成績の上昇が示されたが，3，4年の間には有意差はなかった。

　方向についての多重比較の結果は，図2-3-1a, bから，1年生では45度が360度を除いた他の全ての方向より有意に高い値を示し，360度が180，225，270度に比べ有意に高い値を示した。315度も180度より高い値を示した（$MSe=.977$, $df=1736$, $p<.05$）。2年生になると，45度が135, 180, 270度より高い値を示し，45度からすると全方向の正反対の位置にある180度離れた225度が45, 90, 315, 360度に比べて高い値を示した。一方で360度が135, 180, 270度よりも高い値となり，180度が90, 315度に比べて低い値を示した（$MSe=.977$, $df=1736$, $p<.05$）。3年生になると，45度から正反対の180度の位置にあたる225度が180度を除いた他の全ての方向に比べて有意に低い値を示し，360度が90, 135, 180度に比べて有意に高い値を示した（$MSe=.978$, $df=1736$, $p<.05$）。この傾向は4年生でも示され，225度は他の全ての方向に比べて有意に低い値を示し，360度が135, 180度に比べて高い値を示した

($MSe = .977$, $df = 1736$, $p < .05$)。

　まとめると，成績は45度実験群が45度統制群より高かったが，学年や方向要因は両群とも同じ傾向を示した。45度実験群，45度統制群とも1，2年と3，4年との間で明確な成績差があり，学年とともに成績は上昇傾向を示した。方向については1年では180度で最低値をとりV字型のプロフィールを示したが，2，3，4年になると最低値は225度へと移りV字型プロフィールを示した。

　135度統制群について，45度の統制群と一緒に分析すると煩雑な統計結果を得てしまうために，135度統制群だけ別に学年×方向の2要因分散分析を行った。学年と方向の交互作用が認められたので（$F_{(21, 882)} = 1.603$, $p < .05$)，単純主効果を求めたところ，学年，方向ともに有意差（$p < .01$）が認められた。Ryanの多重比較を行ったところ，図2-3-2に示されるように

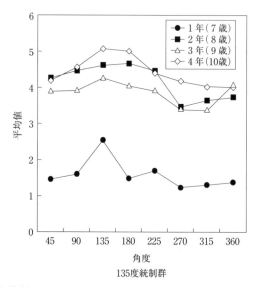

135度統制群

図2-3-2　標準刺激の傾きを135度に変えた場合における正反応プロフィール
1年時で135度にピークが現れ，その後に続く学年でも135度近辺に最大値を取る傾向がみられた。1年と2，3，4年で格差が大きく開いた。

8方向とも2，3，4年は1年に比べて有意に高い値を示し，成績の格差が明確に存在することが示された（$MSe = 3.375$, $df = 1008$, $p < .05$）。方向について多重比較したところ，1年では標準刺激と同じ傾きの135度が他の全ての方向より有意に高い値を示した（$MSe = 1.028$, $df = 882$, $p < .05$）。2年では1年ほどピークが明確ではなかったが，135度は270，315，360度に比べて有意に高く，180度は270，315，360度に比べて有意に高い値を示し，225度は270，315，360度に比べて有意に高い値を示した（$MSe = 1.027$, $df = 882$, $p < .05$）。図2-3-2に示されるように，45度実験群や，45度統制群が225度を最低値とするV字型プロフィールを示したのとは反対に，135度統制群では135度近辺を最大値とするプロフィールが表示された。3年では135度が270，315度に比べて有意に高い値を示した（$MSe = 1.027$, $df = 882$, $p < .05$）。4年では135度が45，270，315，360度に比べて高い値を示し，180度が45，270，315，360度に比べ高い値を示した（$MSe = 1.027$, $df = 882$, $p < .05$）。

　まとめると1年と2，3，4年の間に大きな発達的格差が生じていたが，いずれの学年でも135度での正解が最も高く，2年以降では180度での正解も135度に続いて高く現れた。

2）反応パターンによる輪郭と図柄の分離

　旗型課題で用いる刺激は矩形をしていて，その中に模様が描かれている。しかし，図2-3-3を見てもわかるように，比較刺激が45度や225度の場合は上下は別として標準刺激と同じ方向の輪郭を持つ。また，ひきうつし行為が輪郭をフレームのように用いて行われていた（実験1-2）。これらのことからしても輪郭は参照の手がかりとして大きな役割を担っているといえる。標準刺激の輪郭の傾きに注目して解いているならば，輪郭の方向が同じ場合とそうでない方向の場合とで異なる反応パターンが得られるはずである。

　そこで，45度と225度を除いて現れる一定のパターンを探したところ，正反応（C）と異異反応（N）が90，135，180度と270，315，360度に連続して

比較刺激の輪郭	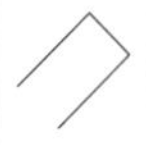	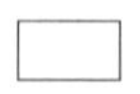			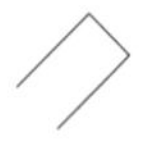	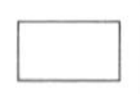		
角度	45	90	135	180	225	270	315	360
傾き	45	90	135	180(0)	45	90	135	180(0)
標準刺激からの傾き	0	45	90	135	180	45	90	135
系列パターン　N系列	□	N	N	N	N	N	N	N
系列パターン　N系列	Y	N	N	N	Y	N	N	N
系列パターン　C系列	C	C	C	C	□	C	C	C

図 2-3-3　系列パターンと輪郭の向き

図の上段に，比較刺激の角度に対応した輪郭情報とその傾きを表記した。系列パターンとして得られた反応にはN系列とC系列の2種類が認められた。N系列パターンでは，ほとんどの角度で異異反応（N）であったが，輪郭が標準刺激と同じ傾きにある場合は，同同反応（Y）や正反応（N）を示すことがあった。本実験では45度や225度の場合である。□の中に反応カテゴリーが入ってくるが，ここではN系列パターンにYが入った例を示した。一方，C系列パターンでは，ほぼ全ての角度で正反応（C）が得られるのだが，残っている角度は225度で最も距離的に離れた位置にある。

現れる傾向が示された。つまり45度から順に並べると，CCCC□CCCという正反応を中心としたC系列パターンと，□NNN□NNNという異異反応を中心としたN系列パターンが得られた。□と表記した場所にはその系列パターン以外の反応カテゴリーが入ることを示す。C系列パターンではYが頻繁に現れた。方略等のバイアスを除くために，練習をしていない45度統制群に絞って年齢変化を調べることにしたが，N系列パターンは45度から180度と225度から360度までのいずれかの系列で上記の組み合わせに該当すれば，該当する系列パターンであるとみなした。また，6種類の刺激項目をひとりの子どもが解いているが，その中のひとつの刺激項目でも系列パターンを示せば該当の反応があったものとみなした。

　学年別に整理した。C系列パターンは1年で4名（13.8%），2年で6名（18.8%），3年（%）で13名（37.1%），4年で12名（38.7%），N系列パターンは1年で14名（48.3%），2年で14名（43.8%），3年で4名（11.4%），4年

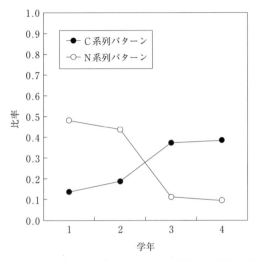

図 2-3-4　C系列とN系列パターンの学年（年齢）変化

N系列パターンは図2-3-3で説明したように，最初は45度や225度に別のカテゴリーが入ってきて年齢とともに減少していく。一方でC系列パターンは225度を残し全ての方向で正反応になる直前のパターンであるが，年齢とともに増加していった。

で3名（9.7%）現れた（図2-3-4）。度数について独立性の検定を行ったところ，C系列パターンでは学年とともに増加する傾向にあり（$\chi^2(3, N=127) = 7.537, p=.057$），N系列パターンでは有意差が得られ学年とともに減少する傾向が確かめられた（$\chi^2(3, N=127) = 19.963, p<.001$）。

パターンの特定で重要なカテゴリーである，同同反応（Y）の傾向についても調べておく必要があった。同同反応（Y）について方向×学年の2要因分散分析を行ったところ，方向要因で主効果に有意差が生じたが（$F(7, 160) = 15.258, p<.001$），学年要因には違いは無かった。交互作用は認められた（$F(21, 160) = 2.393, p<.01$）。45度と225度での値が高くなっている。交互作用は学年間でわずかにパターンが異なる為に生じたものといえる。

考察

本実験では標準刺激を斜めに呈示した場合，刺激に準拠するか重力準拠となるか明らかにし，輪郭と図柄による反応パターンの発達的変化を明らかにすることが目的であった。

1）準拠について

45度実験群や45度統制群では正反応の増減の境となる方向が180度ではなく45度ずれた225度となり，最大値が0（360）度と45度において見出された。135度統制群では増減変化の境が135度となり，135度で最大値を得た。つまり，準拠対象となったのは重力方向ではなく，傾けた標準刺激の方向を基準としたものと推測され，標準刺激の位置からの比較刺激の距離に比例して判断の困難さや正確さが表れたものと考えられた。45度実験群では1年生で，45度統制群では1，2年生で180度において最低値が示されたが，学年が上がると最低値が示された方位は225度へと移行した。このことは低学年で用いられた反応の仕方が標準刺激の空間位置からのバイアスによるものではなく，むしろ鉛直方向からのバイアスに支配されていたことが予想される。更に学年が上がると，傾けられた標準刺激の位置からのバイアスに切り替わり，反応の仕方が変わったことが推測される。低学年ではまだ明確に何に準拠して異同を判断すれば良いかわからず，鉛直方向に準拠した可能性もあるかもしれないが，重要なことは何か外在的な対象に準拠するのではなく自己の身体を基準にした結果が重力方向準拠となったことと思われる。実際に検査用紙内には，傾けられた標準刺激に対して，180度や360度の方向の比較刺激もあったことから，回答の際には自分の身体と一致する鉛直方向の比較刺激に準拠して，傾いた標準刺激の異同を見ようとした行為の可能性も推測される。興味深いのは，練習を行っていない45度統制群において，3年生以上では標準刺激から最も距離のある225度で最低値を示し，角度に対してリニアーな成績変化を示した点である。回転練習をせずとも連続的な変換を自発的に行

うようになってきたことが推察される。実験群と統制群との1年のズレであるが，実験群では練習をしているので傾けられた標準刺激の位置からの変換に2年生で明確に気づくが，練習をしなくても3年になれば気づくことが示されていると考えられる。ただし，2年生と3年生との間の大きな発達格差は，そうした変換の基準に対する気づきも含めて刺激情報の処理の仕方に違いが反映したものと思われる。同様のことが135度統制群でも生じていたと推測される。ただし発達格差は1年と2年との間で生じていて，標準刺激の傾き呈示の違いが課題の難易に影響した可能性が高い。

　傾いた標準刺激を基準にしただろうと推測したが，対象の符号化が充分になされ常にイメージ化が可能であれば傾いた標準からのバイアスは確認されなかったかもしれない。Corballis（1988）によれば，傾いた刺激の鏡映像弁別を行う前に，対象となる形の認識が形成される必要があり，長期記憶を探って刺激対象の内軸の発見を行わなければならない。左右等の対象へのマッピングが充分に出来た上で変換がなされるのなら，目の前の傾いた刺激を用いるのでなく，形成された表象を用いるべきであろう。おそらく言語的なラベル化がなされ対象の構造をある程度把握したとしても（Olson & Bialystok, 1983），そしてある程度のイメージ形成がなされたとしても，回転する連続的なイメージを保持するだけの表象が充分に形成されなかったことから（Dean, 1979；Dean & Deist, 1980），変換中のトラッキングが困難となり（Dean, Duhe, & Green, 1983），常に呈示されている標準刺激を準拠し直すことで解決しようとしたのだろうと思われる。それでもなお比較に困難を覚える場合，自らの身体を用いて，実験1-2で示した「ひきうつし」行為や身体を傾ける行為等も補助的に出現したのだろうと思われる。

　見慣れない幾何学的模様を図柄として用いたので，記憶の中にマッチするデータは無かったはずである。また，Rock（1973）が言うような図形の本来的性質（intrinsic property）に基づいて判断しようにも，矩形はシンメトリックな構造なので左右や上下がどちらであるかは分からない。刺激対象の比較

において，部分的な照合ではなく刺激の輪郭と刺激内の特徴とを結びつけたかたちで処理していたことが予想される。その意味で，相対的な基準を与える必要があり，実験1-2でも指摘したが，異同判断全体のプロセスでは，子どもの身体を基準にしている可能性が高い。しかし2年生以上での標準刺激の傾きを基準とした反応結果からすると，輪郭情報を処理する要因については，6歳近辺の1年生において子ども自身の身体方向を基準にし，それ以降の年齢では刺激対象を基準にするよう変化したと考えるのが妥当と思われる。

2）系列パターンの変化

　輪郭から得られる情報は，輪郭内部にあるいくつかの要素つまり図柄情報と，発達的にはどういった関係にあるのだろうか。目的でも触れたように，本実験においても標準刺激が既に傾いているのに，比較刺激が「傾いているから違う」，「同じではない」と言う子どもがいた。おそらく，傾きの度合いが違うから異なると言おうとしたのだろう。図柄特徴は扱わず輪郭だけに反応して発した言葉であると思われる。

　さて，輪郭と図柄を分離した分析結果からは2種類の反応パターンが得られた（図2-3-3）。第1はC系列パターンと名づけたもので，課題が完全に出来るレベルに到達する直前に出現するだろうパターンである。225度といった標準刺激の輪郭方向と同じ箇所で正反応（C）以外の反応が入ったわけだが，225度は8方向の中で最も成績の悪かった方向であり，実際にV字型のプロフィールの先端部にあたる。クロノメトリックな研究でも，基準から最も物理的な距離の生じる方向（刺激から180度の距離）で反応時間が長くなっていた。本実験においても，C系列パターンをプロフィールで捉えると，V字の先端には同同反応（Y）と異異反応（N）が現れたことから，実験1-2で検討したように標準刺激からの勾配に従い困難度が増大するのか，身体を基準にした符号化が難しくなるためなのか，180度の空間位置では輪郭と図柄との結びつきが弱まり，輪郭のみへの注目という低次の方略あるいはシステ

ムにもどってしまい，正しく識別できないまま誤反応を示したのかもしれない。

　第2はN系列パターンと名づけたもので，年齢の低い子どもに現れた。45度と225度に異異反応（N）以外の反応カテゴリーが入った。45度と225度の2方向を除いて，同刺激であっても全て違うとした反応は，明らかに「傾きが違うから異なる」という判断を行っていたことを示している。傾きを形成しているのは輪郭である。つまり与えられた輪郭情報の傾きを読み取り，異なれば異異反応（N），輪郭の傾きが同じであれば同同反応（Y）かあるいは正反応（C）と判断したと推測される。実際，N系列パターンの□に入った反応カテゴリーは同同反応（Y）と正反応（C）であった。

　C系列パターンは年齢とともに増加の傾向にあり，全方位で正解を示す段階の直前で最も頻繁に生じていた。またN系列パターンは初期段階で頻繁に生じ徐々に減少していくパターンであった。図2-3-4にみるように，2年と3年とのあいだでN系列パターンからC系列パターンへと移行していくことがわかった。傾きに対する感受性が強いのだが，重力の方向（子どもの身体方向）とは違い，標準刺激からの傾き180（360）度で正反応が現れ（図2-3-3の2段目のN系列パターン），それ以外の方位では異異反応（N）を示す点からすると，1年では図柄ではなく輪郭の傾きに対する感受性に支配され，その後に2年から3年にかけて傾きへの過剰な反応から解かれていくと推察できる。つまり初期段階では輪郭情報の傾きへの固執があり，図柄まで目が届いていないが，年齢が進むに従って輪郭情報と図柄情報とを緊密に結びつけていく構造化が進行していき，最終的には輪郭情報と図柄情報とが一体になった表象を形成していくと思われる。しかし最も標準刺激から距離的に離れた方向（180度）では，異同判断を行う処理で複数の情報を統合的に扱うことに困難をきたし，輪郭情報に偏った認識をしてしまった結果，誤反応が生じたと考えられる。

まとめると，1年生では身体軸から判断していた可能性が高いが，それ以降の学年になると刺激に準拠したかたちへと発達移行していくものと考えられた。傾いた対象の認識のされ方には，刺激の輪郭と図柄との構造化が進行するプロセスが存在し，より一貫した方略への発達が生じていくものと考えられた。

第4節　実験1-4　円形と正方形輪郭との比較検討

目的

　実験1-2，実験1-3より，輪郭情報が傾いた対象を認識する上で重要な役割を担っていることがわかった。輪郭情報は対象の方向に関する情報をもたらし，内的軸の割り出し（Howard & Templeton, 1966；勝井，1971；Marr, 1982/1987；園原，1967；田中，1991）にも何らかの役割を担っていることが推測された。しかし輪郭情報には傾きだけでなく輪郭の形状も説明する必要がある。そこで着目したのは，内的軸が無限に出来てしまう円形枠である。円は方向規定が出来ないために内的軸が定まりにくい。つまり傾きを導き出す輪郭情報が利用できないため，異同判断するには図柄情報を必ず利用しなければならなくなる。しかし，刺激の情報だけが成績を左右するのだろうか？そこで刺激の輪郭に関して方向規定の無い円形輪郭と，傾きに関して円形ほどではないが，多義的な解釈が可能なシンメトリックな構造を持つ正方形輪郭を比べることで，輪郭が対象の認知プロセスで果たす役割を明らかにすることを目的とした。

方法

被験児：東京都内の小学校1年から4年までの各学年2クラスを抽出し，正方形輪郭刺激を行う群と円形輪郭刺激を行う群とに分け，全部で8群に対して集団で実施した。

正方形輪郭群

Group1R：小学校 1 年，28名（男児17名，女児11名）

平均年齢　6 歳 8 ヶ月（6 歳 3 ヶ月～7 歳 2 ヶ月）

Group2R：小学校 2 年，23名（男児13名，女児10名）

平均年齢　7 歳 9 ヶ月（7 歳 4 ヶ月～8 歳 3 ヶ月）

Group3R：小学校 3 年，29名（男児15名，女児14名）

平均年齢　8 歳11ヶ月（8 歳 5 ヶ月～9 歳 4 ヶ月）

Group4R：小学校 4 年，24名（男児15名，女児 9 名）

平均年齢　9 歳10ヶ月（9 歳 5 ヶ月～10歳 3 ヶ月）

全体：104名（男児60名，女児44名）

平均年齢　8 歳 0 ヶ月（6 歳 3 ヶ月～10歳 3 ヶ月）

円形輪郭群

Group1S：小学校 1 年，27名（男児18名，女児 9 名）

平均年齢　6 歳10ヶ月（6 歳 4 ヶ月～7 歳 3 ヶ月）

Group2S：小学校 2 年，23名（男児12名，女児11名）

平均年齢　7 歳 9 ヶ月（7 歳 4 ヶ月～8 歳 3 ヶ月）

Group3S：小学校 3 年，30名（男児17名，女児13名）

平均年齢　8 歳 8 ヶ月（8 歳 4 ヶ月～9 歳 3 ヶ月）

Group4S：小学校 4 年，28名（男児16名，女児12名）

平均年齢　9 歳10ヶ月（9 歳 4 ヶ月～10歳 4 ヶ月）

全体：108名（男児63名，女児45名）

平均年齢　8 歳 3 ヶ月（6 歳 4 ヶ月～10歳 4 ヶ月）

材料

　旗型課題：実験 1-2 で使用した基本的に同じ刺激項目を用いた。しかし項目 1 は円形輪郭の場合，輪郭内に黒丸がひとつあるだけなので，図柄どうし

の位置関係が生じない。そこで項目1を除き，実験1-2で輪郭も含めて鯉のぼりのようだと内省のあった項目を，刺激として取り入れた。ただし，同じであるのは図柄に関してであって，正方形条件では4×4cmの正方形輪郭と円形条件では直径4.5cmの円形輪郭を用いた。項目は図2-4-1に示した。条件別に検査用紙は2種類作成した。標準刺激は0度正立で提示するが，比較刺激の配置に関しては45，90，135，180，225，270，315，360度の傾きを設定し，同刺激では標準刺激と同じ図柄だが，異刺激では左右反転している。

手続き

　導入の仕方や練習については実験1-1，実験1-2，実験1-3の統制群と同じである。

結果

1）各群の角度における変化（ローテーション効果の統計的分析）

　ペア得点による正反応で検討した。最初は学年間の比較を行った。角度を込みにした正反応について学年×輪郭条件（正方形・円形）の2要因分散分析を行ったところ，学年要因の主効果に有意差（$F(3, 376)=205.610, p<.01$），輪郭条件の主効果に有意差（$F(1, 376)=10.210, p<.01$）が認められた。交互作用が認められたので（$F(3, 376)=4.562, p<.01$），単純効果の検定を行った

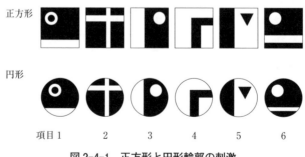

図2-4-1　正方形と円形輪郭の刺激

ところ，正方形，円形ともに成績は学年とともに上昇し（$p<.001$），輪郭条件では，1年と2年で正方形の方が円形より成績が高く（$p<.01$），3年と4年では差が認められなかった。

次にローテーション効果を検討するために，ペア得点法を用いて正反応の成績を検討した。正方形条件について，1〜4年全体を込みにした場合で角度要因について分散分析を行った結果，主効果に有意差が認められた（$F(7, 161)=14.949$, $p<.001$）。0度で最大値，180度で最小値をとった（図2-4-2）。学年別に角度を要因とした分散分析を行ったところ，各々の学年で角度を要因とした主効果に有意差が認められた（1年は$F(7, 35)=2.698$, $p<.001$，2年は$F(7, 35)=3.638$, $p<.001$，3年は$F(7, 35)=4.253$, $p<.01$，4年は$F(7, 35)=6.866$, $p<.001$）。正方形条件における学年別の正反応平均値をプロットした図2-4-3をみると，学年とともに成績が上がることがわかり，角度については1年で225度，他学年で180度をピークとしたV字型のプロフィールを描く

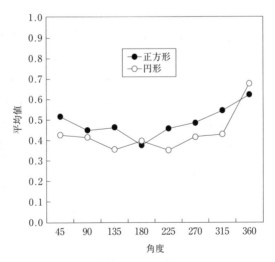

図2-4-2　正方形と円形輪郭をもつ刺激の正反応プロフィール

円形の場合，360度を除くとフラットなプロフィールとなった。

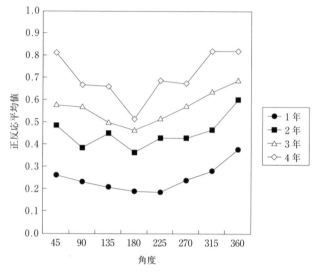

図2-4-3　学年別にみた正方形条件におけるプロフィール

傾向が同様に認められた。

　一方，円形条件について同様の分散分析を行ったところ，4年で有意差が認められず，1年（$F(7, 35)=24.537$, $p<.001$）と2年（$F(7, 35)=2.782$, $p<.05$），3年（$F(7, 35)=3.222$, $p<.05$）で角度を要因とする主効果に有意差が認められた。1〜4年全体でも同じく角度を主効果とする差が認められた（$F(7, 161)=14.890$, $p<.001$）。しかし円形条件における学年別の正反応平均値をプロットした図2-4-4をみると，学年とともに成績が上がることがわかるが，プロフィールの点で正方形条件とは大きく異なり，1年では0（360）度での値が急激に高くなっていてはずれ値に近い様相を示した。そこで0（360）度を除く7角度で角度を要因とする一元配置の分散分析を行ったところ，正方形条件では1年と2年では有意差が無く，3年（$F(6, 30)=2.764$, $p<.05$）4年（$F(6, 30)=7.777$, $p<.01$）で有意差が認められた。また円形条件ではいずれの学年でも有意差は認められなかった。

第2章　実験系列1　旗型を用いた児童の形態知覚　133

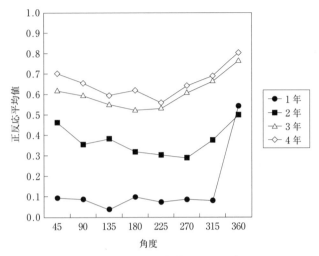

図2-4-4　学年別にみた円形条件におけるプロフィール

2) 同刺激と異刺激の分析

　1年生とそれ以降の学年の子どもでは角度により異なる方略を取っている可能性も考えられ，角度間での異なる成績の原因を探索するため，あらためて同刺激と異刺激とに分け，学年ごとに正方形および円形条件を詳細に分析することにした。角度と刺激を要因とした2要因分散分析を試みたところ，正方形条件では1,2,3年でそれぞれ相互作用が認められ（$p<.01$），単純主効果を分析したところ表2-4-1に示すように，1年の135, 225, 315度，3年の135度で異刺激が同刺激より成績が高く（$p<.05$），1,2,3年の360度で同刺激が異刺激より成績が良かった（$p<.05$）。刺激の向きが斜めである場合に異刺激での成績が優位になり，360度である正位の場合に同刺激の成績が異刺激に比べて優位となった。そしてこの傾向は1年で顕著で2学年以降は正位の場合に限定され4年では無くなっていった。一方，円形条件の場合も1,2,3年で角度と刺激とのあいだで相互作用が求められ（$p<.01$），単純主効果の分析の結果，表2-4-1に示すように，1年で360度を除く他の

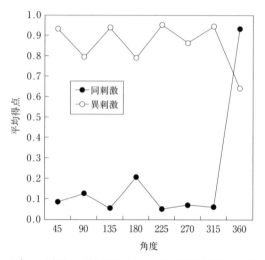

図 2-4-5　1年の同刺激，異刺激にわけた円形輪郭条件でのプロフィール
平均得点は1点以下となったので，表示範囲を0〜1点に絞った．

表 2-4-1　同刺激と異刺激のあいだで成績差が認められた角度

学年	正方形輪郭条件	円形輪郭条件
1	135, 225, 315, <u>360</u>	45, 90, 135, 180, 225, 270, 315, <u>360</u>
2	<u>360</u>	135, <u>180</u>, 225, 315, <u>360</u>
3	135, <u>360</u>	135, <u>360</u>
4	n.s.	n.s.

注）下線のある角度は同刺激が異刺激より成績が高く，下線のない角度はその逆を示した．

　角度全てで異刺激が同刺激の成績より高く，360度では同刺激が異刺激より高かった．2年では135，225，315度，3年では135度で異刺激が同刺激より高く，一方，1年の360度で同刺激の成績が高くなり，2年の180，360度，3年の360度で同刺激が異刺激より高い値をとった．垂直方向で同刺激の成績が高くなり，斜めの方向で異刺激での成績が高くなる傾向がみられ，その

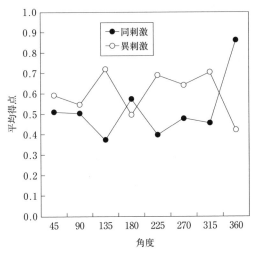

図 2-4-6　1 年の同刺激，異刺激にわけた正方形輪郭条件でのプロフィール

傾向が学年とともに減少することが示された。

　1 年は特徴的であったので，円形条件の試行ごとの角度差について Ryan の多重比較を行ったところ，同刺激では360度と他の角度との間で有意差が認められ（$p<.05$），180度と135，225，270，315度との間でも有意差（$p<.05$）が得られた。180度と360度で同反応が増加したことがわかる（図 2-4-5）。一方，異刺激では90，180，360度と45，135，225，270，315度との間で有意差が認められた（$p<.05$）。90，180，360度で異刺激での異反応が減少したことがわかる（図 2-4-5）。同じく正方形条件での Ryan の多重比較から180，360度で同刺激が増加，異刺激で減少を示した（図 2-4-6）。

考察

　正方形と円形輪郭とを比べ，輪郭が果たす役割を明らかにすることが目的であった。予想どおり正方形条件の方が円形条件に比べて成績が良く識別が容易であった。直線による輪郭が効果的に機能し，直線でなく均一な曲線で

あると識別が困難となったことが考えられる。実験1-2や実験1-3で標準刺激あるいは比較刺激の内的軸を探索するために，輪郭情報を用いているだろうことを指摘したが，正方形条件では知覚される輪郭は2通りあり，正方形の形状を保ち水平垂直の方向（0，90，180，270度）になる場合と，ダイヤ型の形状が知覚され斜め方向（45，135，225，315度）となる2種類しかないのだが，正方形条件は円形輪郭のままの円形条件に比べると輪郭の形状あるいは傾きから違いを識別できる。円形条件の場合では直線成分が無いため内的軸が定まらず，図柄情報だけを手がかりにする度合いが高まる（図2-4-1）。こうしたことから，輪郭の直線成分が手がかりとなる正方形条件は円形に比べ内的軸の発見がしやすく（Howard & Templeton, 1966；勝井，1971；Marr, 1987/1982；園原，1967；田中，1991），その内的軸の方向と図柄情報との結びつきの程度が，成績に影響を及ぼしている可能性も考えられる。輪郭から見出された内的軸を基準に図柄の識別が出来ると予想されるので（Corballis, 1988；Marr, 1987/1982），まずは輪郭情報が先に利用され方向が定まり，次に左右の図柄情報が識別されたと推測される。

　学年でみると1，2年で正方形の方が円形より成績が良く，3，4年で差が無くなった。このことは，年齢が上がるにつれて輪郭の影響を受けなくなり，特に，7歳から8歳にかけて質的な何らかの認識上の変化を起こす時期があることが示唆される。この発達的変化から，年齢により異なる方略が用いられたことが推測される。識別のための手掛かりとなる内的軸の発見は，年齢の低い段階では視覚的成分に依存することが多く，既に指摘した通り，刺激に備わっている直線的成分が有効な働きをしたであろうと推測される。それ故，低年齢では内的軸として利用可能な直線が明確に読み取れる正方形の方が円形条件より成績が良くなったと考えられた。しかし年齢が上がるにつれて，直線的に刺激内部の図柄の関係づけが緊密に行えるようになり，内化された何らかの示差的特徴（Gibson & Gibson, 1955；Gibson, 1969/1983；Gibson et al., 1962）から識別できるようになってきた可能性が考えられる。しか

し，示差的特徴は刺激の部分における属性であり，文字の認識を調べるために用いたものである（Pick, 1965）。方向については傾いた状態を許す年齢から，文字要件の一つである直立性へと限定されていくと指摘されている（Gibson et al., 1962）。本課題でみている側面とはいささか異なっているが，年齢とともに形成されていく示差的特徴というパターンの認識が，刺激の輪郭ではなく図柄やその部分および部分間の結びつきの識別に大きく関与していると推測される。実際には1，2年では輪郭の違いで成績差があったが，3，4年では差が無くなった。差が無くなった理由として図柄情報の違いを識別できるようになったからではないかと思われる。つまり図柄が方向を規定する情報を与え，それが内的軸としての働きを果たした可能性がある。またローテーション効果が正方形条件で認められ，円形条件で認められなかったが，より詳細な部分から成る図柄よりも輪郭が提供する明白な直線性から内的軸が想定されやすく，直線が形成するバイアスに従って困難さが生じローテーション効果が現れやすくなったのではないかと考えられる（図2-4-7）。

　360度の試行は標準刺激と同じ向きであるため，輪郭の方向について処理

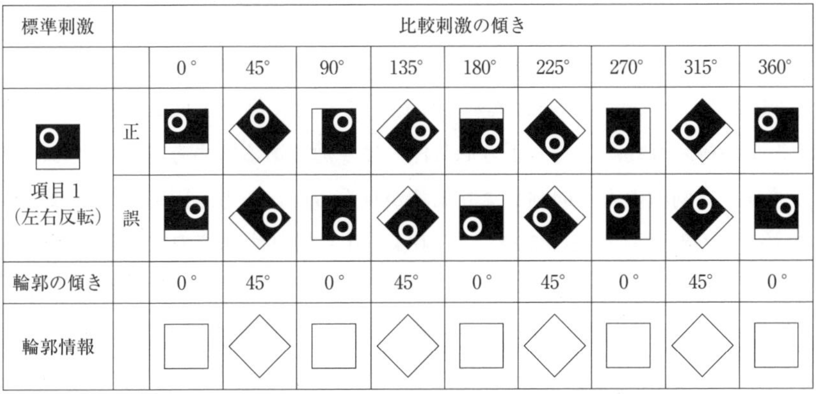

図2-4-7　輪郭が正方形である刺激の角度による構造の違い
V字プロフィールを示しやすい構造のひとつに，正方形輪郭をもつ刺激は円形輪郭と比べると内的軸はひとつに定まりやすいことがあげられる。

するという負荷が少なくて済み，他の角度に比べて成績が良くなった可能性が考えられる。しかし両条件とも年齢に従い成績は上昇したが，360度を除いた7方向でのプロフィールに違いがあり，方向間の差が認められた。3年生である9歳以降になって正方形条件で方向間に差が現れ，180度をピークとするV字型のプロフィール（図2-4-3）が形成された。しかし円形輪郭条件では360度を除く方向の間での差は現れなかった（図2-4-4）。正方形条件でV字型のプロフィール，円形条件でフラットという結果は，傾きに対する輪郭の違いが原因していると思われる。

しかし異刺激・同刺激の分析から，方向に対する異反応と同反応，つまり差異と同定の認識における成績の違いが生じたことがわかった。実験1-2や実験1-3で検討したように，1年生とそれ以降の学年とでは質的に異なる方略がとられたと推定される。1年では知覚的な解決をするために傾きの制約を受けるが，しだいに輪郭の傾きにかかわらずに反応するため，異異反応から同同反応へと移行し，その兆候は標準刺激の輪郭の向きと一致する方向から現れたと考えられた（実験1-3では45度や225度がそれに対応する）。ここでは，同刺激，異刺激とも同じと答えた同同反応（Y反応）が特徴的に180度や360度で現れた（図2-2-2）。

1年生の正方形条件・円形条件において，標準刺激と同じく刺激が正立した360度において，同刺激は異刺激に比べて有意に高い正反応を示すプロフィールが得られた。また，正方形条件では4通りある斜め方向の刺激の内の3通りが異刺激の方が同刺激より成績が良かった。一方，円形条件では4通りすべての斜め方向だけでなく，360度を除く残りすべての水平垂直方向の刺激で，異刺激の方が同刺激より成績が良かった。表2-4-1に示されるように，こうした傾向は2，3年生と続くが，異刺激と同刺激の差は年齢とともに減少し，4年で消失した。

まず同刺激では同定が働き異刺激では差異が働くと予想されるので，正方形の場合，輪郭が標準刺激と同じ方向で図柄情報の比較が容易になる場合

（360度）では，差異を見出すより同定することの方が容易であったと推測される。しかし，円形条件では，特に1年では360度以外の全ての方向で異刺激の方が同刺激より成績が高かったことから，おしなべて差異を見出しやすかったと推測される。円形条件では利用できる内的軸が見出しにくいだけでなく，準拠枠としての直線成分が利用出来ないことが原因し，図柄情報に注意が向きやすくなり，正方形条件より図柄が作り出す関係を比較しようとした結果，差異を見出しやすくなったのかもしれない。

　年少児の場合は全体ではなく，部分の特徴に基づいて刺激を比較するという方略をとっていたのではないか，という指摘がある（Kerr et al., 1980；Olson & Byalistok, 1983；Rosser et al., 1984, 1985）。おそらく，円形枠という輪郭の形状から輪郭内部に内的軸を探す努力をしたのだろうが，手がかりになる直線成分が使えず，図柄の相対的な位置関係を捉えるのでなく，単に個々の図柄情報に注目した可能性が考えられる。8〜9歳になるまでは，刺激内の要素間の関係に注目して解決した可能性が考えられる（Elkind, 1969, 1978；Tanaka, 1960；田中，1991）。困難とされる180度において，逆さまという関係を捉えたのではなく，そこに含まれる図柄どうしの関係を扱おうとしたのではないだろうか。例えば図2-4-1の円形条件では，項目1〜6の刺激はいずれも直線成分を持っているので，その成分に基づいて比較判断している可能性はある。むしろ図柄の直線成分は実際の水平や垂直と一致するので，90度や180度でのわずかな成績の優位につながったのかもしれない。また先にも指摘したが，示差的特徴（Gibson & Gibsn, 1955；Gibson et al., 1962）となる部分を見出し，識別のために利用しはじめたことは充分に予想される。別の考え方としては，刺激がもたらす輪郭情報のような知覚的な枠組みだけではなく，身体的な方向に準拠して対象の傾きを判断していた可能性も考えられる。しかし身体に準拠していたと推測されるのは実験1-3からすると，低学年の1，2年生であり，それ以上の学年になると刺激そのものに準拠したのではないかと思われる。

1年では明確に異刺激が同刺激に比べて成績優位であったが，傾きを差異として異なると判断することが，傾きを対象本来の性質とみなさず同じと判断することに比べて顕著であったためであろう。2，3，4年と進むうちに差異と同定の偏りが無くなってきたと考えられる。年齢とともに対象を傾けても同じであるという安定した認識が進むことが示唆される。おそらく，傾きへの拘りが減少したものと推測され，Piaget（Piaget & Inhelder, 1971）が示したような静的な認知的レベルから動的なイメージ（kinetic imagery）が働き始めたことを示唆していると思われる。そして，年齢とともに輪郭と図柄とを結びつけて処理できることで，輪郭情報に左右されず，また図柄による誤った知覚的解決や身体への準拠によるエラーから脱却していくものと推定される。こうしてみると，輪郭情報が利用できない状況では，図柄どうしの関係から異同判断をすることになるのだが，そもそも7～8歳では部分への注目による解決が行われる傾向があるので，図柄のつながりの良さが，正反応に反映した可能性が推測される。

第5節　実験1-5　縦断データによる分析

目的

実験1-1では8歳と9歳の間に発達的な格差が生じた。7～8歳ではイメージを喚起することはできたが，イメージを利用できていなかった。しかし，9～10歳になると喚起したイメージを利用する能力（utilizability）が明確に現れ，発達の違いが明確になったと解釈された。また実験1-2では7歳と8歳の間に格差が生じた。こうした8歳前後の差は，練習とは関係なく統制群で推定されたように，回転して解くことを自発的に適用しはじめる年齢が8歳あたりにあるためではないかと考えられた。しかしその年齢による成績差は横断的データに基づくので，その学年の特性が影響してしまう危険を孕んでいる。同じ子どもの集団が時間とともにどう変化するかについて検討することで，本質的な発達差を確認できるといえる。

そこで，実験1-3に参加した子どもを1年後に再検査することで縦断的データを取得し，縦断的発達変化に焦点を合わせて分析することにした。縦断的に検討した場合，各誤反応がどのような順序で出現し正反応に至るか明らかにすることを目的とした。

方法

被験児：実験1-3で参加した45度統制群の子どもを対象とした。尚，5年生の内3名が故意にYYYY反応を示したので，統計的な処理から省いた。以下はデータとして検討した対象児の実数を示す。

45度統制群

OBL45－2C（2nd）：小学校2年，23名　平均年齢　7歳10ヶ月（7歳5ヶ月～8歳4ヶ月）

OBL45－3C（2nd）：小学校3年，30名　平均年齢　8歳10ヶ月（8歳5ヶ月～9歳3ヶ月）

OBL45－4C（2nd）：小学校4年，33名　平均年齢　9歳10ヶ月（9歳4ヶ月～10歳3ヶ月）

OBL45－5C（2nd）：小学校5年，27名　平均年齢　10歳11ヶ月（10歳5ヶ月～11歳4ヶ月）

全体：116名　平均年齢　9歳4ヶ月（7歳5ヶ月～11歳4ヶ月）

旗型課題

実験1-3の45度統制群で使用したと同じ刺激項目を用いた。

手続き

導入の仕方については実験1-1，実験1-2，実験1-3の統制群と同じである。

結果

年齢格差に焦点をあてるので，方向や項目は込みにしてペア得点法の正反応（C）だけを対象とした。

1）学年比較（横断的データ）

まず，今回行った検査データの学年間で成績がどう変化するか検討し，前回の成績と同じ学年で比較してみることにした。学年を要因とした分散分析の結果，主効果に有意差が認められた（$F(3, 109) = 5.524$, $p < .01$）。Tukeyによる多重比較の結果，2年から3年や4年，5年にかけては有意差（$p < .01$）が認められるものの，3，4，5年の間では差がなかった。2年から3，4，5年にかけて急激な成績の上昇がみられ，その後ほとんど変わらないという状況であった。

2）1年前のデータとの比較（縦断的分析）

今回の成績と前回（実験1-3）の成績を同一学年で比較すれば，前回の実験の影響に関する資料となる。そこで，同一学年ごとに平均値を比較してみたところ，2年（$t(51) = .377$, n.s.），3年（$t(61) = 1.336$, n.s.），4年（$t(58) = 1.135$, n.s.），いずれの学年でも1年前のデータと比べて今回のデータとの間に差は認められなかった（図2-5-1）。

次に1年前の子どもがどの程度，変化したか正反応（C）を比較することで縦断的分析を行った。まず旧1年（$M = .32$, $SD = .32$）と現2年（$M = .52$, $SD = .34$）を比較したところ有意であった（$t(22) = 2.890$, $p < .01$），旧2年（$M = .49$, $SD = .34$）と新3年（$M = .78$, $SD = .24$）との比較も有意（$t(29) = 5.311$, $p < .001$），旧3年（$M = .70$, $SD = .26$）と新4年（$M = .78$, $SD = .25$）との比較も有意（$t(32) = 2.594$, $p < .05$），旧4年（$M = .70$, $SD = .26$）と新5年（$M = .78$, $SD = .25$）との比較の結果は有意傾向（$t(26) = 1.906$, $.10 > p > .05$）であった。図2-5-2をみると，どの学年間にも差があり成績が上昇したこと

第2章　実験系列1　旗型を用いた児童の形態知覚　143

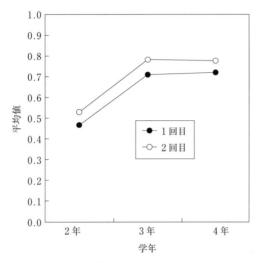

図 2-5-1　正反応（C）の学年（年齢）横断的データ
実験1-3から1年経つので，同じ学年だが異なる子どもが比較対象となる。しかしこの実験の経験者ではある。2，3，4年とも2回目の方が1回目より高い値となった。

を示しているが，2年から3年にかけての成績の上昇が最も大きく，既に指摘した成績格差の生じた年齢（実験1-2，実験1-3）と同じ時期にあたる。

考察

　まず課題の難易度の点からすると，3年あたりから7割が正解しているが，新3，4，5年の成績は7割のレベルのままで，8割や9割台にはなっていない。天井効果の影響も考えられるが，標準偏差が.25前後であり解けていない子どもが相当いることを示している。分散が大きい点から，小学校3，4，5年であってもまだこの課題を完全に解くには至っていない子どもが相当いると考えられ，次のより高次の認知構造へ発達する移行時期にあたるのではないかと推測される。

　また縦断的データから成績差が見られなかったことは重要で，1年前の先

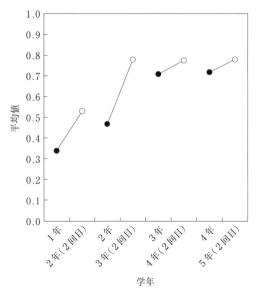

図 2-5-2　1 年後のデータ比較（縦断的分析）

実験 1-3 で扱った子どもの 1 年後の変化をみている。黒丸が 1 年前，白丸が 1 年後の正反応（C）平均値の成績を表している。2 年から 3 年生への変化が最も大きく伸びていることがわかる。3 年から 4 年，4 年から 5 年も変化しているが少ない。

行経験の影響を受けなかったことを意味するといえる。課題自体をやったことは覚えていたようだが，その経験がきっかけとなり方略を自ら獲得するということはなかったと思われる。また練習を行わなかった統制群を対象としたので，回転して解くという経験の場がなかったために成績差が生じなかったと考えられる。しかし，回転して解いた実験群の縦断データを得ていないので推測にとどまる。

　先行経験の影響を捨象できたので，本実験で学年とともに成績が上昇した原因は，先行経験ではなく純粋に発達に従い異なる方略がとられ，より精度の高い正確さが反映して成績が上昇したものと考えることが出来る。既に，実験 1-2 で想定された方略は，マッチングとローテーションが混在する段階からローテーションによる方略を用いる段階への移行（Foulkes et al., 1989；

第 2 章　実験系列 1　旗型を用いた児童の形態知覚　145

Kerr et al., 1980；Roberts & Aman, 1993）が推定された。前者は左右を含めた
子どもの身体的な空間位置のマッチングの可能性が高く，後者は，刺激内の
要素の関係性をより明確に言語的に符号化し（Bialystok, 1989），図柄と輪郭
との相互の情報を統合するのとほぼ同時に回転等の変換も行われていると考
えた。符号化が先か変換が先かは大いに問題のあるところだが（Corballis,
1988），少なくとも短期的に保持した視覚記憶との照合過程は想定されると
思われる。

　Foulkes ら（1989）は反応時間を用いた研究の中で，子どもの場合には大
人と違って，符号化や反応形成などに時間がかなり反映されていると指摘し
ている。つまり符号化に手間取るために成績が左右されるという。これにつ
いては構造記述モデルを唱えている Bialystok ら（Bialystok, 1989；Olson & Bi-
alystok, 1983）の符号化可能性（codability）の考え方とも一致する。課題の難
度は対象を操作する回転距離の長短ではなく，刺激の形（輪郭）や要素（図
柄），また要素間の関係についての記述のしやすさに左右されるという考え
方であり，彼らは刺激の記述の難易を重視している。しかし，本研究の立場
からすると符号化に手間取るので身体的なかかわりによる補助が生じるので
はないかとも考えられる。

　既に 1 年や 2 年でローテーション効果がみられたので，明確に図柄特徴の
マッチングから回転して解く方略へと変わったと捉えるのではなく，用いら
れた方略の種類の相対的な使用量が変化し，成績に影響したと思われる。メ
ンタルローテーションの研究手法では，各方向に対する反応時間から一次関
数が求められるが，その y 切片の値は主に回転に要する時間以外の刺激の符
号化や比較等に要する時間を示し，実際には年齢に従い符号化等の時間が短
くなることが明らかになっている（Marmor, 1975；Kail et al., 1980；Kail, 1988）。
年齢が上がると処理速度が速くなるだけでなく，情報の解読（decode）に要
する時間が短縮されると解釈され，反応時間で形成されるプロフィール全体
にわたってのレベルが速くなることがわかっている（Marmor, 1975, 1977）。

一方，正確さを規定するのは，刺激の複雑さ（Pellegrino & Kail, 1982）であり，先にも述べたように刺激の複雑さは記述のしやすさ（Bialystok, 1989）とされる。つまり本研究では異同判断での正確さの測度を用いたので，刺激の輪郭や図柄情報が正しく同定し識別できるか，つまり刺激構造の符号化を正しくできるかに左右されると推測できる（実験1-1～4）。輪郭と図柄や図柄間の空間関係を符号化するプロセスは，実験1-3や実験1-4で検討したように刺激に備わっている内的軸（Howard & Templeton, 1966；Rock, 1973）を見出すために，子ども自身の身体を基準にして傾きに関する情報を取得し，子ども自身の身体を基準にして「～の右」あるいは「～の左」というかたちで刺激内部の図柄がどういう関係にあるかが捉えられ，それら部分間が全体の輪郭と統合されていくと推測される。これは全体と部分の認知と関係してくると考えられる。つまり，8～9歳になるまでは全体と部分とが統合されないままであるが（Tanaka, 1960；Elkind, 1978），その年齢を過ぎると全体と部分とを統一して扱えるようになることが先行研究からわかっている（Elkind et al., 1964；野田，2003, 2011b）。実験1-2や実験1-3，実験1-4で示されたように，輪郭情報と図柄情報とを統合して扱えるようになる年齢の境目が，8～9歳にあると推定される。その点からすると，輪郭情報と図柄情報とによる発達変化の記述は，輪郭という全体と図柄という部分とを統合させる発達プロセスを反映するものと推測される。つまり，データに示された8歳あるいは9歳における急激な格差は，全体と部分との統合がなされた時期であることを示すと考えられる。

第6節　実験1-5に関する分析2

目的

正反応（C）を含め4種類の反応カテゴリーが得られた（実験1-1～3）。刺激の構造の在り方から正反応（C）の直前に輪郭は識別出来ているが図柄の左右の誤りが生じ，Re反応（R）が現れると捉えられた（実験1-2，実験1-3）。

そして輪郭に反応した同同反応（Y）や異異反応（N）は，Re反応（R）よりも発達的には先行する誤反応として位置付けられた。しかしながら同同反応（Y）と異異反応（N）については2つの捉え方があり，どちらが発達的に先行するのか更に検討する必要がある。一つ目の捉え方は，対象の識別をする上で，対象がそこにあるという意味で「同じ」と反応していれば同同反応（Y）が得られ，その後に傾きに対する感受性が生じ少しでも傾いていれば「異なる」と反応する異異反応（N）の段階に至るという考え方である。この捉え方は傾き次元が新たに識別されるようになってくるという発達変化を重視した見方である。一方，異異反応（N）から同同反応（Y）へと移行する正反対の考えも可能である。それは異異反応（N）それ自体が，特定の傾きに対し固執した反応であることから，その一定の傾きへの固執という準拠の仕方が次第に柔軟になり，図柄には触れずに輪郭そのものを同じと判断した結果，同同反応（Y）へと変化したのではないかという考え方である。同同反応（Y）から異異反応（N）へと進むのか，異異反応（N）から同同反応（Y）へと進むのかは重要な問題と言えよう。

　そこで分析2では，分析1で扱った縦断データの4種類のカテゴリーの出現パターンの出現順序の確定を行うことを目的とした。

方法

被験児：分析1で検討した子どもおよび実験1-3で検討した45度統制群の子ども。

データの整理：実験1-3のデータと本実験データとをつきあわせ，1年間の変化について，ペア得点に基づく反応カテゴリーを集計した。それに基づき，各反応カテゴリー変化の度数を比較する上で，McNemar検定を用いてどちらが発達的に先行するのか分析を試みた。

結果

経年比較を行うためのクロス集計表を表2-6-1〜4に示した。正反応（C）を含めた4カテゴリーがどのカテゴリーに変化したかの度数を表している。数値は6種類の刺激と8方向を込みにしたものである。分析の対象となるカテゴリーの組み合わせは，1）異異反応（N）と同同反応（Y），2）同同反応（Y）とRe反応（R），3）Re反応（R）と正反応（C），4）異異反応（N）とRe反応（R），5）同同反応（Y）と正反応（C），6）異異反応（N）と正反応（C）の6通りである。

まず，学年推移ごとに同同反応（Y）から異異反応（N）へのパターンを示す子どもと，その逆の異異反応（N）から同同反応（Y）へのパターンを示す子どもの出現比率に違いがあるか検討することにした。同同反応（Y）から異異反応（N）へと変化した度数総数と異異反応（N）から同同反応（Y）へと変化した度数総数とをMcNemar検定を行ったところ，1年から2年への変化においては，異異反応（N）から同同反応（Y）への変化度数（$f=59$）の方が，同同反応（Y）から異異反応（N）への変化度数（$f=32$）よりも有意に多かった（$\chi^2(1, N=173)=7.428, p<.01$）。同様の分析処理を2年から3年，3年から4年，4年から5年への変化について検討したが，有意差は得られなかった。また同同反応（Y）とRe反応（R）とを比較したところ，1年から2年にかけて，同同反応（Y）からRe反応（R）への変化度数（$f=13$）がRe反応（R）から同同反応（Y）への変化度数（$f=3$）より有意に多かった（$\chi^2(1, N=69)=47.169, p<.01$）。しかし，同様の検定を上の学年で行ったところ有意差は得られなかった。次にRe反応（R）と正反応（C）とを比較したところ，1年から2年にかけてRe反応（R）から正反応（C）への変化度数（$f=30$）が正反応（C）からRe反応（R）への変化度数（$f=12$）より有意に多く現れた（$\chi^2(1, N=290)=6.881, p<.01$）。また2年から3年にかけても同様に，Re反応（R）から正反応（C）への変化度数（$f=42$）が正反応（C）からRe反応（R）への変化度数（$f=10$）より有意に多く現れた（$\chi^2(1, N=$

第 2 章 実験系列 1 旗型を用いた児童の形態知覚 149

表 2-6-1 1 年から 2 年へのカテゴリー変化についての度数集計

1 年カテゴリー	2 年カテゴリー			
	正反応(C)	Re 反応(R)	同同反応(Y)	異異反応(N)
正反応(C)	247	12	26	65
Re 反応(R)	30	1	13	15
同同反応(Y)	84	3	52	32
異異反応(N)	215	20	59	230

表 2-6-2 2 年から 3 年へのカテゴリー変化についての度数集計

2 年カテゴリー	3 年カテゴリー			
	正反応(C)	Re 反応(R)	同同反応(Y)	異異反応(N)
正反応(C)	596	10	34	43
Re 反応(R)	42	14	14	17
同同反応(Y)	159	13	24	30
異異反応(N)	326	22	29	67

表 2-6-3 3 年から 4 年へのカテゴリー変化についての度数集計

3 年カテゴリー	4 年カテゴリー			
	正反応(C)	Re 反応(R)	同同反応(Y)	異異反応(N)
正反応(C)	945	20	72	56
Re 反応(R)	29	5	17	15
同同反応(Y)	156	8	41	19
異異反応(N)	95	12	23	71

表 2-6-4 4 年から 5 年へのカテゴリー変化についての度数集計

4 年カテゴリー	5 年カテゴリー			
	正反応(C)	Re 反応(R)	同同反応(Y)	異異反応(N)
正反応(C)	771	21	70	52
Re 反応(R)	27	9	7	11
同同反応(Y)	114	11	20	24
異異反応(N)	101	15	18	25

662) $=18.481$, $p<.01$)。それ以上の学年となると有意差は得られなかった。

　さらに反応カテゴリーの種類から，異異反応（N）と Re 反応（R）とを比較したところ，いずれの学年においても有意差は認められなかった。しかしながら同同反応（Y）と正反応（C）とを比較したところ，1 年から 2 年にかけて同同反応（Y）から正反応（C）への変化度数（$f=84$）が正反応（C）から同同反応（Y）への変化度数（$f=26$）より有意に多かった（$\chi^2(1, N=409)=29.536$, $p<.01$）。同じく 2 年から 3 年においても同同反応（Y）から正反応（C）への変化度数（$f=159$）が正反応（C）から同同反応（Y）への変化度数（$f=34$）より有意に多く（$\chi^2(1, N=813)=79.668$, $p<.01$），3 年から 4 年にかけても同様にして同同反応（Y）から正反応（C）への変化度数（$f=156$）が正反応（C）から同同反応（Y）への変化度数（$f=72$）より有意に多く（$\chi^2(1, N=1214)=30.214$, $p<.01$），4 年から 5 年にかけても同同反応（Y）から正反応（C）への変化度数（$f=114$）が正反応（C）から同同反応（Y）への変化度数（$f=70$）より有意に多く現れた（$\chi^2(1, N=975)=10.049$, $p<.01$）。異異反応（N）と正反応（C）とを比較したところ，1 年から 2 年にかけて異異反応（N）から正反応（C）への変化度数（$f=215$）が正反応（C）から異異反応（N）への変化度数（$f=65$）より有意に多かった（$\chi^2(1, N=757)=79.289$, $p<.01$）。同じく 2 年から 3 年においても同じく異異反応（N）から正反応（C）への変化度数（$f=326$）が正反応（C）から異異反応（N）への変化度数（$f=43$）より有意に多く（$\chi^2(1, N=1032)=215.512$, $p<.01$），3 年から 4 年にかけても同様にして異異反応（N）から正反応（C）への変化度数（$f=166$）が正反応（C）から異異反応（N）への変化度数（$f=56$）より有意に多く（$\chi^2(1, N=1167)=9.563$, $p<.01$），4 年から 5 年にかけても異異反応（N）から正反応（C）への変化度数（$f=101$）が正反応（C）から異異反応（N）への変化度数（$f=52$）より有意に多く現れた（$\chi^2(1, N=949)=15.058$, $p<.01$）。

考察

　本研究では正反応（C）を含めた4種類のカテゴリーがどのような発達的順序で生じるのか明らかにすることが目的であった。1年から2年にかけて、異異反応（N）から同同反応（Y）へ変化する場合が多く認められ（表2-6-1、図2-6-1）、その逆の同同反応（Y）から異異反応（N）へと変化する場合は少なかった。このことは刺激の属性のひとつである傾きに対して敏感になるという示差特徴の発見を支持するものではなく、特定の傾きへの拘りから傾けても同じという柔軟な対象の捉え方へと移行することが出来るようになると解釈できる。ただし、示差特徴を唱えたGibson et al.(1962)の実験は4～8歳を対象としており、幼児期から児童期初期にかけて、形に含まれる刺激特性がより分化してくるという考えであった。6歳から10歳という本研究の対象児からすると、Gibson et al.(1962)よりも年齢が少し高い。その意味

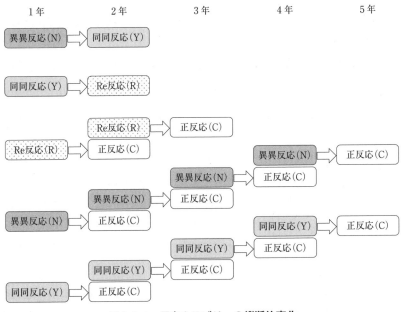

図 2-6-1　反応カテゴリーの縦断的変化

で既に特定の傾きへの敏感さが増大して異異反応（N）が出現し，その後に柔軟な方向に対する認識が生じて同同反応（Y）へ変化したと捉えられる。一定の傾きだけに固執していた時期から Piaget & Inhelder（1971）がいう予期的運動イメージが働きはじめて刺激自体の様々な方向での認識が可能になるのだろうが，そうした柔軟さを獲得する契機にあるのは，Dean et al.（1983, 1986, 1987）が回転課題で指摘した系列の理解にあると推測できる。実験 1-2 や実験 1-3 において方向により反応の出現率が異なっていたが，そのことを対象の傾きに従って順に論理的につなげていこうとする認識の現れと考えると，同同反応（Y）それ自体は，刺激の情報量を減らして運動のあり方を表象する努力の現れともとれる。ただし同同反応（Y）は輪郭情報で処理されており図柄情報はこのパターンの場合はまだ充分に扱われていない段階と考えられる。

　2 番目のパターンとして，同同反応（Y）から Re 反応（R）への移行が認められた（表 2-6-1 と 2，図 2-6-1）。1 年から 2 年への継続的変化で捉えられたもので，先の異異反応（N）から同同反応（Y）への変化と同時並行的に生じているようだ。図柄情報に対する処理が行われはじめるが，適切ではないために左右が逆になった Re 反応（R）が生じたと解釈される。この Re 反応（R）は 3 番目のパターンとして示したが正反応（C）へと変化していた。1 年から 2 年への変化だけでなく 2 年から 3 年への変化においても確認された（表 2-6-1 と 2，図 2-6-1）。この変化パターンもほぼ前 2 者と同時並行的に生じているといえる。1 年から 2 年ないし 3 年へのあいだは急激な認知的変化が進行している年齢域ではないかと推測される。1 年間の発達において数段階の変化を遂げている可能性を前提にすれば，異異反応（N）から同同反応（Y），そして Re 反応（R）を経てから正反応（C）への発達の順序性を見出せるといえる。ただし 4 番目に想定した異異反応（N）と Re 反応（R）との関係は見いだせなかった。異異反応（N）は傾きという輪郭情報の誤った処理から生じ，Re 反応（R）は左右性という図柄情報の誤った処理から生じるも

のとしてきた。処理する情報の種類の違いから，両者の変化が少なかったと考えられる。むしろ上で示したように，同同反応（Y）への移行が介在する発達経路が予想される。異異反応（N）から正反応（C）への変化や，同同反応（Y）から正反応（C）への変化は全ての学年で確認された（表2-6-1〜4，図2-6-1）。傾きに対する柔軟性や図柄の左右性に対して，順を追って発達する子どももいるだろうが，1年というかなり短いスパンでそれらの属性を理解し正解に至るというケースと考えられる。経験により読み取るべき複数の属性に気づいたものと捉えられる。

第7節　実験系列1から導かれた発達の側面

　本研究の目的は，刺激の勾配とともに成績が変化する反応には，メンタルローテーション以外の方略が行われていて，それが対象の属性や，対象の要素間の関係，身体の利用といった要因が関連しあって生じている可能性を明らかにすることであった。

　実験系列1では，小学生（6〜9歳）を対象とし，旗型の刺激を用いて標準刺激と比較刺激との異同判断を行った。勾配に従って正反応が規則的に減少していく角度の効果が得られた。これを「ローテーション」効果と呼ぶことにしたが，その反応結果がMarmor（1975, 1977）と同じくイメージの連続的な変換を反映していたかどうかは疑問が残った。本実験系列での課題は反応時間を測度とするメンタルローテーションとは異なり，本課題では時間の制限なく得られる正反応を指標としている。それは正確さ（accuracy）あるいは困難度を反映していると考えられている。ローテーション効果が得られたからといって必ずしもイメージの連続的な回転が用いられたとするのではなく，知覚的なマッチングの可能性が高いと思われる。本考察ではどのような方略が用いられているのか，それまでの知見と実験データとあわせて考察した。特に実験系列1では，対象の属性として輪郭情報と図柄情報とが異同判断を行う上で重要な役割を果たしていたことが示されたといえる。

実験1-1では，対象の回転が用いられる可能性のあるサイコメトリックな課題を検討することが目的であった。事前に回転練習をした群としていない群に分け検討したところ，ともにローテーション効果が認められた。さらに，練習により1～2年（6～7歳）が3～4年（8～9歳）のレベルに引き上げられるという結果を得た。このことについて，Flavell（1971）の考えを取り入れたMarmor（1975）の説明を用いるなら，回転練習の無い統制群ではイメージを喚起する能力（evocability）にとどまり，練習によりイメージを利用する能力（utilizability）が，さらに引き出されたと解釈される。

　回転による方法を取る場合，刺激の回転を観察することやチップによる事前練習，つまり対象への能動的なかかわりを通じて，課題に対する準備的な機制を用意したのではないか，と考えられる。準備的な機制は，練習により回転している状態を見るとか，実際に自分の手で刺激と同じチップを動かしてみるといった「かかわる行為」により生じ，特に1～2年（6～7歳）で準備的な機制が引き出されると考えられ，潜在的にあった能力が顕在化し，2年から3年にかけて準備的機制を利用するという認知的変化が生じたのではないかと考えられた。つまり，メンタルローテーションを回すという行為の心的活動（mental activity）と捉え，心的活動への意識的アクセスが求められるのだが（Estes, 1998），日常生活の中で傾きに対しての無意識的なメカニズムが働いているという意味で（Foulkes & hollifield, 1980），潜在的には持ち合わせていると考えられる。ただし，意識して用いることが出来るかという年齢的な制約があり，Liben（1988）が意識的表象空間での処理への移行が5歳から8歳であるという指摘からもわかるように，就学前後にひとつの区切りがあると思われる。一方，統制群でのように回転練習をせずにローテーション効果がみられたのは，刺激の特徴をマッチングするといった方法を取る場合に，なんらかの勾配による方略の違いが生じたと推測してもよいと考えた。

　また操作段階を決める上で併用した水平性課題（WLT）だが，結果として，

第2章 実験系列1 旗型を用いた児童の形態知覚 155

練習を行った実験群が統制群よりも WLT レベルが高くなり，底と平行に描く WLT レベル2は実験群では少なく統制群では比較的多く現れる結果となった。

このことは，旗型刺激の回転練習により準備的機制が引き出され（Flavell, 1971），「回転して解く」方略の気づきが促進し，水平性課題（WLT）における輪郭としての容器と図柄としての水位とが分離され（Kalichman, 1988），参照枠の空間関係への理解や容器の回転に対する注意を促進したのではないかと考えられる。つまり，旗型課題での回転の観察やチップによる練習により，水平性課題における知覚的要因への注意喚起が促されたのではないかと考えられる。旗型課題での経験により Kalichman（1988）が指摘するような知覚分析的なコンポーネントの単位での認知処理が明確に促進され，おそらく，回転の観察や「かかわる行為」を含むチップでの手操作により，Piaget & Inhelder（1948/1956）のいう予期的運動イメージ（anticipatory kinetic imagery）を活性化させる働きが生じた可能性が高いと思われる。

練習それ自体が準備的機制を引き出すために活用された可能性が考えられ，練習の影響が WLT にも及んだものと推測される。ただ前操作期においてローテーション効果が確認されたことは，先にも指摘したように知覚分析的な認知処理が WLT や旗型課題に対して行われた可能性は高いと思われる。その意味で，前操作期におけるイメージ操作が可能であるという Marmor（1975, 1977）を支持する結果とは必ずしも言えないと考えられる。

実験1-2では，180度以上の角度を用いてもローテーション効果が現れるか，そして誤反応がいかに現れるかを明らかにすることが目的であった。小学生（6～9歳）は実験群と統制群で異なる反応傾向を示した。両群とも小学1年から2年（6歳から7歳）にかけて実験1-1と同じように発達格差が確認されたが，低年齢では実験1-1でも指摘した練習による準備的機制が影響を与えると考えられる。すなわち，準備的機制の整った子どもは傾きの制限を受け，まだの子どもは視覚的なマッチングに基づく反応レベルであった

ために，フラットな反応になったものと推測される。しかし，練習による実験群と統制群の差は2年生以降では減少し，回転による練習を経験しなくとも自発的に準備的な機制を用いるようになる傾向があると推測された。

反応の捉え方からは，1年から2年にかけて認知的変化が存在することがわかった。図柄情報を考慮せず輪郭の傾きに注意して反応したと考えられる異異反応（N）や同同反応（Y）は，統制群1年で顕著なパターンを示した。同同反応（Y）は0（360）度や180度で多く出現し，異異反応（N）はそれらの角度で逆に少ない現れ方であった（図2-2-3）。そうした傾向は2年以降学年が進むにつれて少なくなっていった。この傾向は実験群より統制群で顕著であったことから，練習を課さなかった統制群では，刺激対象の特徴をマッチングするという方略を取った結果として輪郭の傾きに強く反応したものと思われる。練習を行わない状態では1年生は傾きへのこだわりがあると想定されるが，1年から2年以降にかけて，標準刺激と同じ0度や180度以外の「傾いた」角度で異異反応（Y）が少なくなることから，徐々に傾きに対する認識の柔軟性が現れてくると解釈された。実験1-3で詳細に分析したが，異異反応（N）からなるN系列パターンの0度や180度には正反応の場合と，同同反応（Y）の場合とがあった。このことから異異反応（N）から同同反応（Y）そして正反応へと発達することが推測された。Re反応は異異反応（N）や同同反応（Y）とほぼ同じ時期に生じた。左右あるいは裏表が逆転しているという意味で，図柄情報と直接関係しているエラーであるが，実験系列2で得られた鏡映反応（M）とも類縁関係にあると思われる。

さて，実験群と統制群の子どもの成績に表れた理解の違いを考察しておく必要がある。実験群の場合は標準刺激と同じチップを用いて回転させるという練習を行っており，全体を回転するということが前提となっていた。その為に回転することに目が向けられ，違いを探すのではなく，同じであることを確認するという状況に理解されてしまいかねない。そこから「同じであること」へのこだわりが強く現れ，異刺激であっても部分的に同じであれば

「同じ」と答え，同刺激が異刺激より成績がよくなった可能性が考えられる。一方，統制群の特に1年の場合は異刺激が同刺激より成績が良かった。全体を回転するという練習はしていないので，仮に刺激の特徴に目が向けられ遂行されているとしたら，たとえ同じ刺激でも傾いているだけで「違う」と認識し，結果として異刺激が同刺激より成績が高くなった可能性がある。

　ただし別の解釈として対象自体の奥行回転にともなうフリップ（Jolicoeur, 1990；Koriat et al., 1991）が原因したことも考えられる。フリップは奥行回転して裏返しになることから発生するエラーである。フリップが見られた報告は成人を対象とした場合であり，子どもではなかった。しかし仮にフリップが行われていたとしたら，異同の試行数は同じであるので偏りは説明は出来ないことになる。

　この実験ではじめて「ひきうつし」と命名した行為が観察された。対象が動かせない場合に手に対象を保持して回転変換するような行為が示された。こうしたイメージの変換を手助けする行為の出現は，刺激の構造理解や子どもの側の認識を助けるだけでなく，子どもの姿勢や手操作を含めた身体的かかわりを通じて（中村・松井・野田・菱谷, 2008；野田, 2008, 2009, 2010），視覚的には動かすことの出来ない対象を，身体を利用して表象上で動かすことにより自分と対象との空間的な調整を行っていると考えられる。

　チップによる回転練習が行われなかった統制群で，「ひきうつし」が見られた。手を用いて回転させようとするひきうつしは，検査用紙に印刷され個別のモノとして触ることの出来ない刺激対象であっても，その印刷刺激に対して，紙から図形を抽出して手の中に保持して動かそうとする自発的な現象である。実験群でもチップを用いて身体的なかかりを強要させることで，イメージレベルが促進したとするならば，実験1-1も実験1-2も手で練習用チップを刺激に対して用いることで，「ひきうつし」が生じ，身体の延長にあるものとして認識できるようになったのではないかと思われる（市川, 1993；野田, 2008；Polanyi, 1966/2003）。身体の延長上で操作できるが故に，静

的な対象の認識から，動的に変化し得る対象として回転の気づきが進んだのではないかと思われる。その後の発達とともに身体と一体化した対象は身体から切り離され，刺激はそれ自体が対象化され心内で操作出来るものへと変化していくと予測される（図2-7-1右側）。このひきうつしと命名した対象にかかわろうとする行動は，対象と身体をつなぐイメージの補助的役割を果たしていると解釈した。そして，年齢とともに観察されなくなることから，初期には対象と身体とが緊密に繋がっていて身体を用いて内的なイメージを扱っていた年少の時期から，内化に従って身体によるイメージの補助が必要ではなくなり，結果として対象と身体とが離れていく過程で現れると推定された。

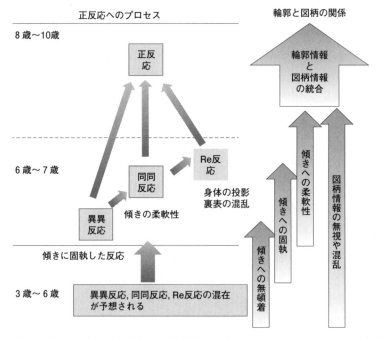

図2-7-1　正反応へのプロセスと対応させた輪郭情報と図柄情報に対する反応の変化

第 2 章　実験系列 1　旗型を用いた児童の形態知覚　159

実験 1-3 では，反応が重力準拠か刺激準拠であるかを明らかにすることと，系列パターンの発達変化を明らかにすることが目的であった。標準刺激を45度や135度傾けて呈示した場合を検討した。結果から標準刺激を垂直（upright）に基準化して判断するのではなく，傾いた標準刺激を基準として傾いた刺激内に内的軸を発見し（Corballis, 1988；Howard & Templeton, 1966），傾いた内的軸どうしの比較が行われていると想定された。また，標準刺激と比較刺激との傾きが一致する角度で，反応カテゴリーの発達に伴う変化が生じた。そこでは輪郭情報と図柄情報に対して別々に反応したと思われる 2 種類の反応パターン（N系列パターンとC系列パターン）が認められた。呈示された標準刺激と傾きが一致するということは，同一の角度か，正反対の位置にある比較刺激となる。この位置は他の刺激位置での処理とは異なる方略が取られると推測された。N系列パターンでは標準刺激と同一あるいは正反対の角度では正反応や同同反応（Y）が現れた（図 2-3-3）。これは標準刺激と同じ傾きのない位置で，より理解の進んだ上位の反応が出現したと解釈できる。一方，C系列パターンでは，傾いている場合は正反応（C）を出せるにもかかわらず，標準刺激と正反対の角度で誤反応が生じた。このことは異なる発達レベルの子どもが想定される。まずN系列パターンでの変化は，傾きに拘る時期だが，標準刺激と一致している輪郭だけをみて同じと反応し，同同反応（Y）が生じる。処理すべき情報量が少なくなったからか正反応にも結び付いたものと解釈された。一方で，C系列パターンは輪郭と図柄をともに処理していくのであるが，その処理は標準刺激の位置から最も距離が離れると認知的処理に負荷がかかり，その困難さが原因して他の方法をとり誤反応を導いたのではないかという回転による困難と，刺激の輪郭の傾きが標準刺激と一致するので，安易に図柄情報まで処理せず異刺激であっても「同じ」と判断してしまって誤反応に結びついたとする情報処理不足とが想定される。同同反応（Y）がほとんどであったことからすると，情報処理不足による説明が妥当ではないかと考えられる。

そうすると，同一輪郭の傾きにおける処理方法の変化は，それまでの傾き
で輪郭情報と図柄情報をともに処理してきたが，負荷に抗しきれずに特徴基
盤システムへチェンジした（Jolicoeur, 1990）のではなく，なんらかの理由か
ら処理すべき情報の不足により反応カテゴリーの変化となったのではないか
と考えられる。おそらく輪郭の一致という負荷の低減により，図柄情報への
注意を怠らせた可能性があると思われる。

　こうして，N系列パターンでは輪郭の一致による処理が行われ，C系列パ
ターンでは輪郭と図柄とが同時に処理されるようになったものの，正反対の
角度で輪郭のみによる処理が行われたと推測された。つまり，7～8歳では
輪郭情報に偏重した単一の反応が確認されるが，年齢が進むに従い，図柄情
報と輪郭情報とを同時に処理するようになり，まとまった表象を形成するよ
うになると考えられる（図2-7-1左）。

　また処理すべき情報量の側面は，示差特徴（distinctive feature）の研究と
も関連するといえる。示差特徴では刺激の差異の学習が形の弁別を進める上
で重要とされ，読み取られるべき特徴は刺激の中にすでにあり，年齢ととも
に読み取られる特徴が異なっていき，認識の性質も変化してくるというもの
だった（Gibson & Gibson, 1955；Gibson, Gibson, Pick, & Osser, 1962）。構造記述
説をとった Bialystok（Bialystok, 1989；Olson & Bialystok, 1983）の場合は，知
覚対象を符号化することのできる能力を発達とみなしていたが，発達に従い
識別可能な刺激属性の分化が進むという Gibson, E. J. の刺激指向的な解釈や
Bialystok の構造記述可能性が認識を促すという考えは，本研究で扱った子
どもの認識における輪郭情報と図柄情報に基づく刺激の構造化に対する認識
が，発達とともに反応の変化として現れてくるという捉え方と共通するもの
と考えられる。そして構造の認識の上で，傾きに従った変換を適切にトラッ
キングすること（Dean, 1979；Dean & Deist, 1980；Dean, Duhe, & Green, 1983）
が，本研究での異同判断では重要な下位能力と考えられる。

　実験1-4では正方形と円形輪郭が果たす役割を明らかにすることが目的で

あった。輪郭情報が内的軸を割り出す上で重要な働きを担っていると想定され，輪郭情報を制御することで反応の現れ方がどう変わるかを検討した。具体的には，正方形とダイヤ型とでそれぞれ異なる2種類の内的軸が形成される正方形輪郭枠と，内的軸が無限に形成され得る円形輪郭枠とを比較した。結果は，正方形輪郭条件では180度をピークとしたV字型プロフィールを描くことが多かったが，円形輪郭条件では0（360）度を除くと，ほとんどがフラットなプロフィールとなった。つまり両条件とも同じように図柄を備えていたので，輪郭の違いから方向に対する反応の違いが生じたと考えられる。このことから輪郭から内的軸が特定方向に定まりやすい正方形の知覚的枠組みが原因したのではないかと推測された。おそらく円形枠では内的軸が算出されず，うまく図柄を関係づけられなかったと思われる。つまり，輪郭と図柄との関係から方向を規定しやすいかしにくいかの違いが反映したのではないかと考えられた。Marr（1982/1987）のいう対象の主軸を割り出し，それが参照枠としての役割を果たした可能性は高い。また，Humphreys & Riddoch（1987/1992）がいうように，図柄情報としての内的ディテールが同定への情報を付け加えていたと推測されるが，課題が求めている傾いた事態での異同判断という状況からすると，図柄情報である内的ディテールだけでは識別できなかったものと考えられる。

　田中（1991）や園原（1967, 1972）が用いた刺激は輪郭を持たない要素の集合からなる図形であったが，田中（1991）によると，まず視覚的スキャニングに基づき上下が決定され（Ghent, 1961），主軸が見いだされるという。図形がどちらに向いているかという情報は，本研究で扱う図柄情報だけでも得られると思われるが，図柄を囲む直線成分による輪郭がが向き理解の助けになるといえる。それまでの実験結果で見てきたように，年齢により図柄情報と輪郭情報の用いられ方に関する方略が異なるものであった。その意味で，直線成分による輪郭情報の果たす役割は内的軸を速やかに算出し方向を明確に示すものと言える。

それまでの実験と同じく1年とそれ以降の学年とでは異なる方略を取っていることが確認された。積極的に読み取れば円形輪郭内の図柄の配置のされ方を比較できるだろうが，特定の内的軸をすぐ示すことの出来ない円形輪郭条件では，直線成分をもつ標準刺激（実験1-1～3）のように，図柄の空間配置を規定する明白な内的軸を用いることが出来ない状況にあった。1年の解決の仕方としてより知覚的な方法をとることがそれまでの実験結果からわかっている。円形では参照すべき対象が無いので，おそらく自分の身体方向に準拠し反応した可能性が高いと思われた。重要なことは1年が輪郭情報の影響を受けやすいだけでなく，身体的な方向に準拠して判断する傾向が強く現れ，それ以降の学年では7歳前後に質的変化が生じ，知覚的な解決や身体への準拠から脱却していくと推定された。身体への準拠いわば自己準拠から対象本来の属性に基づいて判断する対象準拠へという本研究での捉え方は，自己中心的な知覚の在り方から脱中心化が行われるとするPiagetの考え（Piaget, 1947/1967）を支持するものといえる。自己の身体を基準にした知覚的段階は，自己から対象を分離させ，対象を独立したものと捉えていない時期であるが，知的活動の向上とともに子どもの対象へのかかわりが内化され，対象だけを表象上で操作できるようになると考えられる。

　実験1-5では，誤反応から正反応へ到る反応の順序を確定することが目的であった。年齢の格差が生じることの理由を，縦断的データから検討した。7歳から8歳にかけて，やはり成績格差が生じた。1，2年（6～7歳）でローテーション効果が確認されているので，7～8歳前後の認知的変化は，実験1-1や実験1-2で指摘したような回転の気づきが始まるだけではなく，比較照合での変化もあると推測された。つまり，刺激の特徴間の関係記述が適切になされ，全体と部分との統合化（Elkind, Koegler, & Go, 1964；Elkind, 1969；野田，2011b）が行われるようになり，結果として成績が向上したのだろうと捉えられた。

　また縦断的分析により，実験1-1から実験1-3で得られた結果を再検証す

第2章　実験系列1　旗型を用いた児童の形態知覚　163

ることができた。異異反応（N）から同同反応（Y）へ変化する場合とそれと
は逆に同同反応から異異反応へと変化する場合の2パターンが1年から2年
にかけて存在するが，異異反応（N）から同同反応（Y）への変化が優勢を占
めることがわかった（図2-6-1）。傾きへの敏感さが次第に方向に対する柔軟
な認識へと変化したと思われるが，まだ全体—部分という文脈でいうならば，
全体的な把握に偏ったレベルといえる（表2-6-5）。一方で，1年から2，3，
4年といずれの学年間でも異異反応（N）から正反応（Y）へ変化するパター
ンが確認されたが，これは子どもにより方向に対する柔軟性の獲得や左右の
認識がまとまって発達し，その発達時期も6歳から9歳にかけて広範囲であ
ることを示している。全体と部分の統合が短期間で生じることを現しており，
発達パターンの違いを示唆している。また同同反応（Y）から正反応（C）へ
の変化も同様に1～4学年間の広範囲な年齢において生じたが，既に傾きに
対して柔軟な認識を獲得した子どもが新たに左右性の認識を得ていくプロセ
スを示していると解釈され，部分への注目が正しく行われて全体と部分とが
統合されたパターンといえる。同同反応（Y）から Re 反応（R）への変化が
1年から2年にかけて確認され，Re 反応（R）から正反応（C）への変化が
1年から2年，2年から3年にかけて確認された（図2-6-1）。これは同同反
応（Y）を示した子どもの一部は，最初の実験時期に既に方向に対する柔軟
性を獲得していたものの，まだ部分への注目ができておらず，翌年の実験で
柔軟性の段階から次の左右の混乱が生じる段階へと進んだと捉えられる。し
かし部分的特徴に注目して生じたと思われる左右の取り違え（Re 反応（R））
も2，3年生（7，8歳）になると全体と部分の統合がなされ正しい反応を
示す子どもも現れることが示された。

　時系列変化を説明する認知プロセスは明確な年齢的な区切りをつけること
は難しいが，その順序性は明らかになったと思われる。傾きへの固執の段階
が最初にあり，全体を把握しようとするが柔軟性に欠けたもので，Piaget &
Inhelder（1948/1956）が空間表象を操作する際に説明した静的イメージを用

表 2-6-5　正反応と正反応へ至る誤反応の知覚内容や認識の在り方に関する発達変化

反応	輪郭と図柄	内容	認知	空間関係
正反応(C)	輪郭情報と図柄情報との統合。	輪郭情報と図柄情報の両方を適切に扱えるようになる。	空間位置と空間関係を理解する。自己とのかかわりではなく，対象化した捉え方をするようになっている。	全体と部分の統合
Re 反応(R)	図柄情報の混乱の現れ。	図柄に注意を向けるが，左右の位置を混乱してしまうか，鏡映像関係になっていても気にならない。	空間位置と空間関係が対象内で定まっていない（おそらく，自己とのかかわりが未分化であることが原因であろう）。裏表の認識が充分に出来ていない為に生じるとも考えられた。	部分
同同反応(Y)	輪郭の傾きに対する柔軟性の現れ。	傾きへの固執から脱却し，対象の輪郭に注意するが，輪郭内の「図柄」に注意が行き届かないか無視してしまう。	輪郭の傾きに関わらず，同定するが，輪郭情報だけの処理で図柄情報は処理していない。しかし中間表象を意識し始めている点で，動的な運動の予期イメージが働いているといえる。	全体
異異反応(N)	輪郭の傾きへの過剰な固執の現れ。	輪郭の傾きに注意が行き過ぎて，少しでも傾いていると元の刺激とは異なると捉える。典型表象に固執してしまう反応。	輪郭を認識するが，傾き次元を強く意識する。そのために対象のイメージ操作に柔軟性が欠けてしまう。Piaget の指摘する静的イメージが中心となる。	
不定，あえていうならば同同反応(Y)が近い	輪郭や図柄は分化していない。	対象の存在を認めるが，詳細な部分への認識は充分に働いていない。	空間位置や空間関係にはまだ認識が至らない。	部分から全体へ

いる段階と対応すると思われる。異異反応（N）を示す時期がこれにあたる。次に傾きへの固執から柔軟性へ移行するが、対象の上下方向という特定の方向で移行がはじまるのだが、まだ刺激内の図柄情報を適切に取り扱うことができない為に、同同反応か Re 反応を示してしまう。この時期は、対象の傾きに幼児期において全体を見て部分を無視することを指摘した Elkind, et al.（1964）や、部分間の関係を無視した全体の把握をおこなう時期を指摘した田中（1991）の研究結果を支持するものである。柔軟性の獲得はおそらく Smith & Kemler（1977）が指摘するような無関連次元の情報の無視が大きな役割を果たしているのではないかと思われる。そして図柄情報への積極的な認識がはじまるが、エラーも生じた。Re 反応は図柄情報へ注意が向けられたのだろうが、図柄特徴の部分を誤って取り入れエラーを起こしたものと考えられる。全体と部分の発達において包括的に似ているとされる捉え方から、厳密な同一性の認識への移行には選択的注意が働いているとされるが（Evans & Smith, 1988；Smith & Kemler, 1977）、本研究での図柄情報の理解においても、選択的注意の増大が予想される。しかし、一方で Roberts & Aman（1993）に代表されるような左右の違いのために生じてくることも重要な側面と言える。最終的には輪郭情報と図柄情報とを適切に統合し、全体として結び付いた刺激と認識することから正反応が導かれるようになると思われる。

実験 1-1 のまとめ

1）勾配とともに正反応が規則的に減少していくことは、Shepard & Metzler（1971）のメンタルローテーションとは同義ではないが、全体のイメージを回転させて解いたことを反映しているものと考え、「ローテーション効果」と命名した。

2）回転させて解くという教示や、チップを事前に用いて回転練習を行う実験群は、練習や教示を受けない統制群に比べて成績が良かった。このことから、練習効果があったものと考えられる。

3）実験群では学年間の差が得られ，学年が上がるにつれ成績も上昇した。統制群も同じく学年とともに成績は上昇した。しかし，実験群ではほぼ等間隔で成績上昇がみられたが，統制群では1，2年と3，4年との間で成績の大きなギャップが確認された。回転教示や練習をしない場合は，8歳と9歳とのあいだにFlavellが指摘したような「イメージの利用能力（utilizability）」が自発的に引き出された可能性があるのではないかと推測される。

4）水平概念を測定するWLTでは，静的イメージから動的イメージに移行し始める時期からローテーション効果が確認された。しかしMarmor（1975, 1977）とは異なる知覚分析的な解決の可能性が指摘される。

5）相対的なWLTレベルが実験群の方が統制群より高かった。おそらく，「回転して解く」という練習が，容器の輪郭と内側の内容とを分ける認識を促進させたと推測される。

実験1-2のまとめ

1）前実験と同じく，正反応は勾配に従い規則的に変化し，180度でピークを示した。回転による解決が試みられたと推測される。一方，勾配に従って課題の困難度が増大すると回転以外の方略が用いられるようになると考えられる。

2）実験群では，学年とともに教示どおりの方略を用いることが出来るようになるが，1年と2年との間に大きな発達差が存在することが示された。

3）統制群では，2年生で実験群と同じレベルに達した。このことは，実験群の2年生では練習効果が現れなかったのではなく，統制群では2年生（7～8歳）辺りから，不十分ながらも，自発的に回転方略に気づきだすと考えられる。

4）比較する対象を，垂直軸で鏡映関係になる関係として認識しようとすることがわかる。そのことから，Corballis（1988）が指摘した対象の内的

軸は，ここで示された垂直軸と対応するものと考えられる。

5）Re 反応が生じた理由について，フリップにより対象それ自体の裏表が逆転した結果，左右が逆さまになった可能性と，対象に対する子どもの身体が持つ左右のマッピングにより生じた可能性が示された。

6）同刺激，異刺激ともに「同じ」と反応した同同反応（Y）は，輪郭情報で処理された結果とされた。統制群の1年生で，同同反応が180度や360度で多く生じたのは，標準刺激と同じく正立した輪郭の状態に注目して，図柄を無視したためであると捉えられる。

7）同刺激，異刺激ともに「異なる」と反応した異異反応（N）は，傾きに反応した結果と考えられる。統制群の1年では輪郭の傾きに誤って反応するが，2，3，4年になると勾配に従って困難度が増加すると，異異反応が増大した。統制群2年以降での回転方略が推察される。

8）輪郭情報や図柄情報の認識のされ方から，内的軸の発見や方位に関連した輪郭の形成が発達的に先行し，続いて図柄特徴が主に処理される2段階のプロセスがあるものと推察される。

9）対象へのかかわりとして「ひきうつし」が観察されたが，これは対象の輪郭情報と図柄情報との結びつきを保持し，イメージの代理的役割を担ったものと考えられる。

10）実験群で正反応が異刺激より同刺激で多く現れた理由として，デッドライン方略が適用され，「同じであること」への拘りから，異刺激においてたとえ異なると思われても，同じになるように様々な変換が試みられ，同じという判断が導かれたと解釈される。

11）統制群で正反応が同刺激より異刺激で多く現れたのは，輪郭に基づく方略が適用されたためと考えられる。1年では輪郭の傾きに注目しエラーを生じ，3，4年では身体の対象への投影あるいは「同じ側ルール」の適用により，±90度以上の輪郭の傾きの場合にエラーを生じた可能性が指摘された。

12）傾きの影響を受けた場合，対象と子どもの空間位置の切り離しの認識が
充分かどうかにより，方略が切り替わると推測される。

実験1-3のまとめ

1）傾いた刺激を用いたことで，反応に影響を与える輪郭の傾きは重力方向
からの傾きではなく，標準刺激からの傾きを指すことが判明した。

2）2年から3年にかけて，傾きへの過剰な固執した反応から傾き以外の刺
激の属性にも目を向けるようになっていくことがわかる。

3）標準刺激からちょうど180（360）度となる傾きの位置で，発達的変化が
示されることがわかった。それは子どもの身体の方向と一致していなく
ても生じることを意味した。

4）最初に主に輪郭情報を処理し，年齢が進むと図柄情報を輪郭情報に結び
付けて処理していくようになると推測される。

5）標準刺激から最も離れた角度において，輪郭情報と図柄情報とは条件が
揃うと輪郭を中心とした処理になりやすいことが示された。

6）系列パターンの分析から180（360）度で発達的変化が生じることがわか
った。輪郭情報に偏った結果と推測される。

実験1-4のまとめ

1）輪郭の形状が準拠枠として働くことがわかった。直線により構成されて
いる正方形条件の方が円形条件に比べて成績が良かったのは，対象の一
定の内的軸の発見がしやすいためであろうと推測される。

2）内的軸の発見のしやすさがローテーション効果と関連すると考えられた。

3）全般に円形条件で角度に対して効果が生じなかったのは，輪郭情報の形
状がもたらす傾きに原因があると考えられる。

4）図柄情報だけでは識別における空間位置は特定できず，輪郭と合わさっ
て初めて空間位置の特定ができると推測された。

5）１年とそれ以降の学年とでは異なる方略を取っている。１年ではより知
覚的な解決をする為に傾きの制約を受けるだけでなく，身体的な方向に
準拠して判断する傾向が強い。それ以降の学年では，知覚的な解決や身
体への準拠から脱却していくと推定される。

6）１年では図柄情報に注目し，例えば直線成分がどういう関係になってい
るかという，図柄内部の関係を扱おうとしたものと推測される。

実験 1-5 のまとめ

1）縦断的データは横断的データに比べて成績が良かったのは，同じ子ども
に対して１年後に２度目の実験を実施したので，認知構造に何がしかの
変化があったからと解釈される。

2）７歳前後で急激に成績が良くなるのは，横断的データと同じく縦断的資
料でも確認された。つまりその学年に特有な事象ではなく７歳前後とい
う年齢で方略の変化が生じることを示していると考えられる。

3）７歳前後の成績差の原因として，対象の情報の符号化に手間取るためで，
実験系列１に共通して確認できた内的軸の発見や左右の混乱と関連する
であろうと推測される。

4）８〜９歳に，刺激の構造化がより発達的に進行する。輪郭情報と図柄情
報とがより堅固に結びつき，言い換えれば全体と部分との統合がなされ
ると推測される。

5）６歳から７歳にかけて，再び傾きへのこだわりとそこからの離脱が推測
される。

6）６歳から７歳（１年から２年）については反応変化が混在していたが，
異異反応から同同反応へと刺激特性が分化するかたちで発達的に進行す
ると考えられる。

第3章　実験系列2
構成課題を用いた幼児の形態の知覚

　実験系列1から8～9歳までは刺激の輪郭情報が先に利用され図柄がその後に統合されていくことがわかった。また，ひきうつしという行為が系列的な変換の理解に重要な働きをしていることが指摘できた。全体と部分との関係を理解する発達を明らかにするには，刺激全体の輪郭とその内部の特徴間のつながりを明確にしていくことが重要であるといえる。

　実験系列2では，ひきうつしが見えない対象を動かすイメージと関係する行為と考え，視覚に依存する可能性の高い実験系列1で用いた旗型課題とは異なり，見本に対して欠所を配置・構成させて補完する課題を行うことにした。これにより，刺激への手によるかかわりが行われ，対象自体を動かし，見本を構成させるという作業が，身体的かかわりを通じてのイメージの補完と同時に連続的な回転変換をもたらすだろうと考えた。

　子どもの構成行為は対象の輪郭や特徴の影響を受けており，誤反応を分析することで刺激の構造を発達的にいかに捉えるか明らかにできると思われる。

第1節　実験2-1　構成課題による誤反応の分類

目的

　本研究の前節までの実験結果で小学校の学年が下がると，輪郭を中心とした誤反応が生じる結果を得た。つまり方向の手がかりを与える輪郭を主に処理しようとする段階があり，その後の8～9歳以降において，輪郭と図柄が統合されることが推測された。

　そこで，足りない部分を付け加えることで，見本と同じく構成させるという作業が，空間的な変換を要求しているだろうと考え，回転させると同じに

なるという課題の性質を変えずに，何と何の関係に注目して解いているのか調べる方法を検討し，幼児を対象とした新たな課題を考案した。足りない部分を補うことを求めている課題の性質から，傾きにあわせて対象を変換する操作だけでなく，Lohman（1979）のいう空間視覚化（spatial visualization）が働いていると考えられた。そこで正反応に至るまでの誤反応の種類や現れ方から，何が誤りに結びつくのかを明らかにすることを目的とした。

方法

被験児：東京都内の幼稚園から3歳児，4歳児，5歳児を抽出し個別に行った。

3歳児：27名（男児10名，女児17名），平均年齢　3歳10ヶ月（3歳4ヶ月～4歳2ヶ月）

4歳児：33名（男児11名，女児22名），平均年齢　4歳9ヶ月（4歳3ヶ月～5歳2ヶ月）

5歳児：39名（男児23名，女児16名），平均年齢　5歳9ヶ月（5歳3ヶ月～6歳3ヶ月）

材料

見本を構成させる課題（以降は構成課題とする）：幼児を対象に個別に行うことを前提に開発した。白い検査板（30cm×60cm）の左側に見本となる標準刺激，右側に構成すべき標準刺激の部分つまり比較刺激を配置した。刺激はそれぞれ円形（直径24cm）の台座の上で呈示され，右側の台座は45度ずつ回転できるようにした。また検査版は子どもの視線と垂直になるようにするために，斜め約45～60度に傾けて子どもに掲示した。両刺激とも発砲スチロール製で，表面に印刷した刺激を貼り付けた。比較刺激は既に台座に掲示してある部分と，それを補う部分の2つの部分から成っている。補う部分を構成用プレートと名づけるが，裏側には磁石を埋め込み，比較刺激側の台座に付

くようにした。

　刺激は抽象的な刺激として幾何図形，具体的な刺激として鳥の形を真似た鳥型図形の2種類である。幾何図形（4cm×6cm）は図3-1-1aに示したように，条件1から3までの3通り用意した。正方形の模様から出来ていて，くの字型の部分と黒の正方形の部分から成る。くの字型の部分の向きが変わり，黒の正方形を構成用プレートとした。実際は黒の正方形は黄色をしていて，正方形の境界線は黒色であった。また条件4にあたる鳥型図形（6.5cm×7.5cm）は頭部と胴体部から成り，頭部の向きが変わり，胴体部（黄色）を構成用プレートとして用いた（図3-1-1b）。

　検査開始の初期状態は，左側に標準刺激が0度で呈示され，右側には比較刺激の部分が0度の状態で置かれた。尚，正反応は傾いていても標準刺激と比較刺激が回転すると重なる構成の場合である。

　2つの条件を設定した。第1は幾何条件で図形の一部分が欠けている刺激を補完するという条件，第2は鳥型条件で，刺激の特徴を複数備えたものを用いて，いずれかの部分が手がかりになるように刺激を用いた。具体的には鳥の口ばし方向が参照手掛かりとなる鳥の頭部と，直線部分が手がかりとなる胴体部分を用いた。全体を構成する上で正しく口ばしや胴体部を参照する必要がある。幾何図形の方は鳥型に比べて抽象度が高く有意味な部分の情報を持たない。一方，鳥型図形は具体性が高く，全体を無視して部分に注目することなく，全体と部分との関係把握がしやすくなるのではないかと予想された。ただし不十分な参照が行われ，誤った部分を利用すると誤反応となる

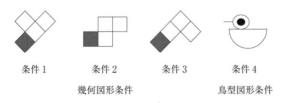

図3-1-1a　実験で使用した標準刺激

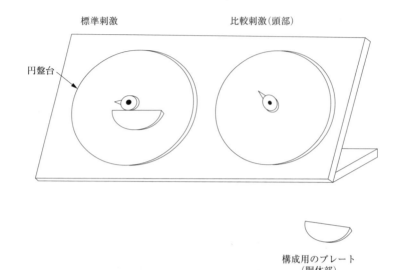

図 3-1-1b　構成課題の内，鳥型構成課題（条件 4）の状況
左の円形台座は手動で45度ずつの向きに設定できる。図では比較刺激の鳥の口ばし部分が45度傾いて示されている。構成用プレートは磁石で台座に接着できる。検査者と子どもは並んで座るかたちをとった。実験2-1で用いた胴体部にはシッポが無いが，実験2-2以降，シッポが描かれた標準刺激および構成用プレートを用いた。

ことが予想された。「同じにする」という教示により子どもがどの対象の属性に注意するかを検出し得ると考えた。尚，条件4の課題は以降の文中では鳥形構成課題（BCT: Bird Construction Task）と記した。

手続き

　個別で実施したが，他児の干渉を受けないように通常の教室とは別の部屋で実施した。各条件とも45，90，135，180度に比較刺激の部分を傾けて，標準刺激と同じにするように求めた。また，比較刺激の角度を変える際に，検査板の背景が見えないようにする為に子どもには目を閉じさせた。以下に教示内容を示しておく。

　①導入：検査者は別に用意した記録用紙に子どもの氏名を記入し，条件1

（2〜4）の刺激が掲示されている検査板を指しながら，これからお勉強をしましょうという旨を伝えた。

②確認：最初に検査者が構成用プレートを持って，標準刺激と同じになるように比較刺激の台座の上にプレートを付けてみせ，標準刺激と比較刺激とが同じであることを確認させた。条件1〜3は刺激が図形，条件4は鳥を模していることを告げた。

③練習：構成用プレートを手渡して「おなじにしましょう」と求め，実際に構成させた。この時点ではまだ呈示されている刺激は0度の状態である。次に，比較刺激を0度から45度ずつ傾けて同じにするよう求めるが，構成が誤っている場合は，正しく出来た前の角度まで戻ってやり直した。これを180度まで繰り返した。

④検査：本検査では標準刺激と比較刺激を指差しながら「さっきのように同じにしてみましょう」と求め，構成用プレートを渡し，再度，条件1を行った。角度の順番は先と異なり45，180，135，90度の順に試行した。条件1を終えた後は引き続き，条件2（角度の呈示順序は90，45，180，135度），条件3（呈示順序135，90，45，180度），条件4（呈示順序180，135，90，45度）の順に試行した。

結果

1）幾何図形（条件1から3）における正反応の現れ方

正方形の構成用プレートと比較刺激とがなす図形配置を分析対象とした。構成された図形配置を子どもの前額平面上で回すと，標準刺激と重なる配置を行った場合を正反応と見なし1点を与え得点化した。正反応得点を用いて年齢(被験者間)×条件×方向(被験者内)の3要因分散分析を行った。年齢（$F_{(2, 96)} = 14.591$, $p < .01$），条件$(3, 192) = 28.580$, $p < .01$），方向（$F_{(3, 288)} = 24.828$, $p < 0.01$），それぞれでの主効果がみられた。Ryan法による多重比較を行ったところ，年齢とともに成績は上昇し（$MSe = .448$, $df = 96$, $p < .05$），

条件1や3が条件2より高い成績を示した（$MSe = .165$, $df = 192$, $p < .05$）。また45度は90度，135度，180度に比べて高い成績であることが示された（$MSe = .154$, $df = 288$, $p < .05$）。

しかし，年齢×条件×方向の交互作用が見られたので（$F (12, 576) = 3.496$, $p < .01$），単純主効果を求めた後に，条件ごとに Ryan の多重比較を行なったところ，条件1では図3-1-2a に示すように，3歳では方向間に差は出ていないが，4，5歳で勾配とともに成績が下降した（$MSe = .147$, $df = 768$, $p < .05$）。また年齢については3歳と4歳と5歳との間で有意差がみられ，年齢とともに増加した（$p < .05$）。条件2では図3-1-2b に示されるように5歳でのみ方向間の差が認められ（$p < .05$），90度は45度や180度より低い成績であった（$p < .05$）。また条件3では，図3-1-2c に示されるように5歳では45度が135度や180度より高かったが，4歳では135度が45度や180度に比べ低い成績を示した。3歳では45度が135度や180度より高い値となり，また90度が180度より高い値を示し，勾配に従い成績が下降を示した（$p < .05$）。

2）幾何図形（条件1から3）における誤反応の現れ方

誤反応の大半は，前実験系列1の旗型課題で得られた Re 反応（R）と似た誤反応であった。それは配置すべき位置とは逆さの箇所に，左右シンメトリックに反転させたように構成した反応で，平面回転ではなくフリップして奥行き回転をした可能性か，あるいは対象に対して身体の左右を投影することで生じた間違えが考えられる誤反応であった。課題は旗型課題とは異なるものの，反応の現れ方が非常に似ている点で構成課題における Re 反応ととらえ，その現れ方を検討することとした。

構成課題における Re 反応に対して1点を与え，条件別に方向を要因とした分散分析を行ったところ，条件1（$F (3, 392) = 4.934$, $p < .01$），条件2（$F (3, 392) = 12.504$, $p < .001$），条件3（$F (3, 392) = 5.811$, $p < .01$），いずれにおいても有意差が得られた。条件1や3では勾配とともに反応は増加し，条件2

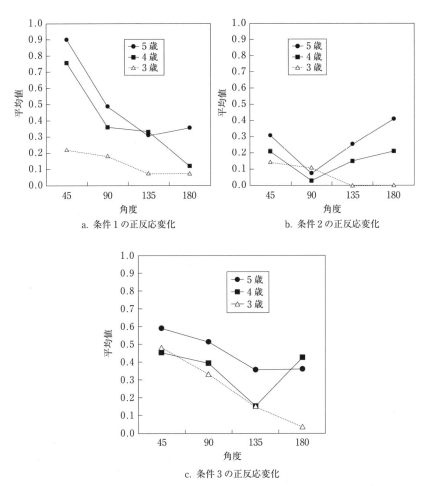

図 3-1-2　幾何図形（条件 1 〜 3 ）における正反応の角度に従っての変化

では90度が最も多く現れ，隣接する方向に従って減少した。

3 ）鳥型図形の反応

条件 4 （鳥型構成課題）について，標準刺激と同じく構成した場合を正反

応（A）とみなしたが，誤反応は幾種類かに分類できた。正反応とした傾きの許容度は比較刺激の口ばしの方向の±22.5度までとした。図3-1-3には正反応と誤反応のカテゴリーを角度ごとに，その形状を表したものである。輪郭情報は正反応の輪郭を示し，標準刺激から比較刺激までの距離も合わせて

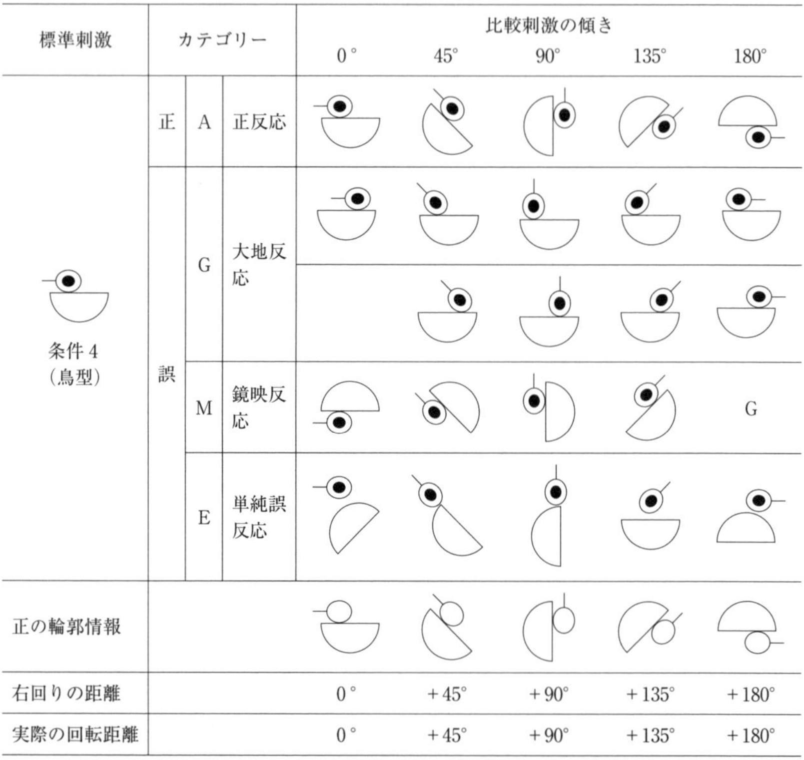

標準刺激	カテゴリー			比較刺激の傾き				
				0°	45°	90°	135°	180°
	正	A	正反応					
条件4（鳥型）	誤	G	大地反応					
		M	鏡映反応					G
		E	単純誤反応					
正の輪郭情報								
右回りの距離				0°	+45°	+90°	+135°	+180°
実際の回転距離				0°	+45°	+90°	+135°	+180°

図3-1-3　条件4（鳥型構成課題）における反応カテゴリー

左側には標準刺激，右側には構成された比較刺激を角度別に示した。正反応（A）と誤反応のカテゴリーについて分けて示してある。誤反応は大地反応（G），鏡映反応（M），単純誤反応（E）に分かれる。輪郭情報については正反応の輪郭を示した。また角度についてであるが，図の最上段には比較刺激である頭部の傾きを示したが，図の下の段では，右回りの角度として，標準刺激からの回転した距離を示した。また，回転距離が右回りの距離とは等しくならない条件2のような場合があるが（図3-1-7参照），この鳥型の場合は等しくなることを示すために，実際の回転距離も示した。

示した。尚，実際の回転距離については，標準刺激からの回転距離と異なる条件も他にあるので比較の為に併記した。

　頭の傾きにかかわらず胴体部分を標準刺激と同じく水平位置で構成した場合を大地反応（G）とした。頭の位置が明らかに左右どちらかに意図的に配置された場合もみられたが，胴体部の中心近くに置かれることもあった。正反応と鏡映像的関係にあるものを鏡映反応（M）とした。正反応，鏡映反応，大地反応のいずれにもあてはまらなかった誤反応を単純誤反応（E）とした。単純誤反応は具体的には，頭と胴とが離れて構成されている場合や，胴の突端と頭とが接するような構成が行われた。

　正反応（A）について各群での正答比率を求め，年齢要因×角度要因のFriedman 検定を行った。年齢要因（$\chi^2(2, N=12)=7.429, p<.05$）および角度要因（$\chi^2(3, N=12)=8.786, p<.05$）について有意差が認められた。図 3-1-4，5 に示すように年齢とともに正反応は増加し，勾配とともに正反応は減少する傾向にあった。一方，鏡映反応（M）について年齢要因×角度要因（180度を省く45，90，135度の間）の Friedman 検定を行ったところ，年齢とと

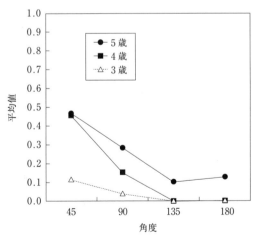

図 3-1-4　条件 4（鳥型構成）の正反応の変化

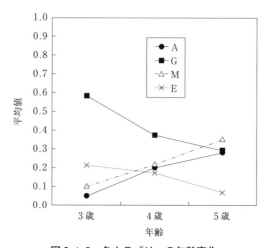

図 3-1-5 各カテゴリーの年齢変化
Aは正反応，Mは鏡映反応，Gは大地反応，Eは単純誤反応を示す．

もに増加し（$\chi^2(2, N=9)=6.00, p<.05$），勾配とともに増加傾向を示した（$\chi^2(2, N=9)=6.00, p<.05$）。大地反応（G）について年齢×角度要因のFriedman検定を行ったところ，年齢要因に有意差があり（$\chi^2(2, N=12)=6.5, p<.05$），年齢に従い減少した。角度要因では差は現れなかった。

4）鳥型図形における反応カテゴリーの分類

　反応カテゴリー間の結びつきを知る上で，カテゴリー間の類似性に基づき分類する数量化III類がある。反応カテゴリーどうしの関係を知ることを目的として用いることとした。分類対象にしたカテゴリーは正反応（A），鏡映反応（M），大地反応（G），単純誤反応（E）の4種類×45, 90, 135度の計12種類であり，各々において現れた場合に1点とした。単純誤反応は正反応から大地反応までの3種類の反応に分類されなかった反応で，不規則で構成プレートを刺激から離して構成するなどのエラーが含まれていた。180度はカテゴリー間の重複があるので用いなかった。個体は参加児全員（$N=99$）を

第 3 章　実験系列 2　構成課題を用いた幼児の形態の知覚　181

配列した。

　第 1 軸の固有値が.690，寄与率22.2%，相関係数が.83，第 2 軸の固有値が.651，寄与率が21.0%で累積寄与率43.2%となった。相関係数は.81であった。固有値は両方の軸ともに高く，あわせて43%ほどを説明していることになる。1 軸 2 軸それぞれに対するカテゴリーの数値を散布図に表したのが図 3-1-6 である。2 軸の最も左端に集まったクラスターは正反応と鏡映反応であった。2 軸の左側に集まったのは大地反応と大地左右反転反応で，1 軸の上には単純誤反応が集まった。数量化Ⅲ類の場合は同一の子どもが各カテゴリーに対して，どれほど同じように反応したかを処理しているので，正反応（A）と鏡映反応（M）は同時に現れていたことを意味している。一方で単純誤反応（E）は単独であったと言える。

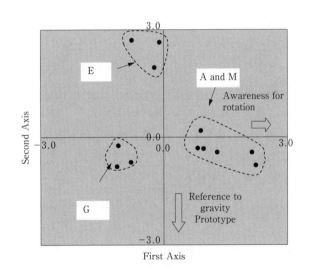

図 3-1-6　数量化Ⅲ類による鳥型構成課題で得られたカテゴリー散布図
全ての年齢を対象にしている。First Axis は，重力方向や標準刺激の誤った対象への準拠が働く要因として「準拠対象の変化」が想定され，Second Axis はイメージに動きが現れてきて，系列化される要因として「回転への気づき」（Estes, 1998）を想定した。

考察

構成課題で誤反応となる原因を明らかにすることが目的であった。

1）反応と課題構造

　年齢とともに成績は上昇したが，条件により異なる結果を得た。方向による成績の違いは年齢や条件により異なっていたが，勾配に従って成績が減少するローテーション効果が見られたのは条件1の4，5歳，条件3の3歳と5歳，条件4の4，5歳であった。条件2は他と異なるパターンを示した。年少児の場合は成績が低いことからすると，方向の違いが検出されなかったことが考えられる。この課題における刺激の向きに対する手がかりを低年齢では十分に識別しないことが示唆された。4～5歳での刺激の向きへの特定の困難さの結果は何らかの示差特徴の現れと解釈出来る（Gibson, 1969/1983；Wohlwill, 1962）。他と違って3歳の子どもがローテーション効果を示した条件3の場合は，向きの感受性を許す刺激の構造に原因があるかもしれない。条件3自体の成績が他の条件2や4より高かったことからも，条件3の構成には何らかの親密さや単純さが含まれていたのかもしれない。一方，条件2では，90度で成績が落ちているプロフィールが得られ，知覚的同定の難しさを反映していると考えられる。対象の輪郭情報が大きく関与している可能性が高いので，条件2を分析する上で，輪郭情報と回転距離を図示してみた（図3-1-7）。各方向における正しい答えと左右が逆になるRe反応と，正反応の輪郭および回転に要する距離を表したものである。条件2の図形の輪郭は点対称であるために，図3-1-7に示すように0度と180度とは同形性（isomorphism）を成している。つまり点対称の図形の輪郭は，どちらの向きに180度回転しても一致する。それゆえ輪郭情報だけを扱うと，標準刺激からの実際の回転距離は90度が最大値で，90度を境に0度からの距離は相対的に減少していくことになる。条件2の図形の点対称という性質から90度での成績の落ち込みは説明されるだろう。輪郭情報の次元で処理した可能性が推測される。

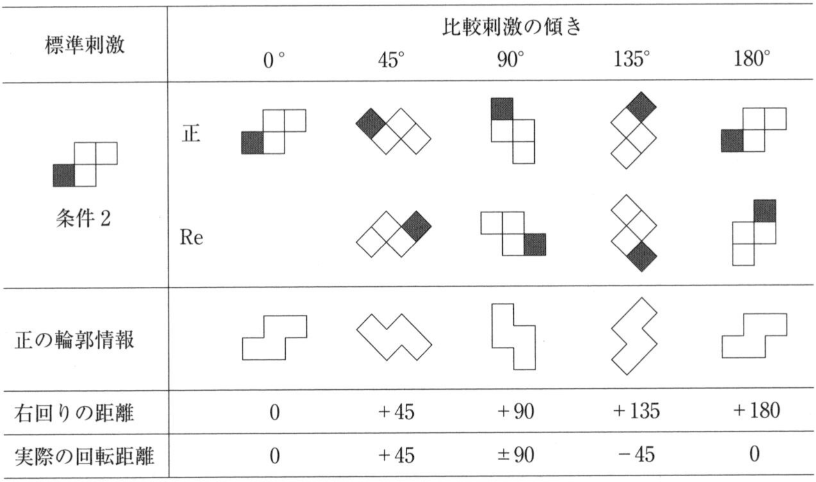

標準刺激	比較刺激の傾き				
	0°	45°	90°	135°	180°
条件2 　　正					
Re					
正の輪郭情報					
右回りの距離	0	+45	+90	+135	+180
実際の回転距離	0	+45	±90	−45	0

図3-1-7　条件2（幾何図形）の課題構造

標準刺激を基準として右回りの距離は単純に増大していくが，この条件2における刺激がもつ輪郭情報の性質からすると，実際の回転距離は90度を中心に，増減が生じることがわかる。

それは特に5歳で生じ3，4歳ではまだ生じなかった。年少の子どもは部分だけで処理し（Elkind et al., 1964；Elkind, 1978），2つ以上のコンポーネントを同時に扱うことに困難を示した（Evanz & Smith, 1988；Rosser et al., 1984, 1989, 1994）のかもしれない。しかし条件2では，5歳の子どもは部分を統合できないまま，輪郭に注意を奪われた可能性が推測される。

2）構成課題でのRe反応

　幾何図形の場合はエラーのほとんどがRe反応であったが，各方向での結果は，正反応とRe反応とは逆の結果となった。このことは，困難さが増大すれば対象の輪郭における同型性（isomorphism）は保持したまま，特徴あるいは部分としてのマーカーの空間位置を間違えてしまうと考えられる。図柄の位置情報を正しく得るには，イメージの平面的な回転が求められるのだが（Marmor, 1975, 1977），全体ではなく特徴的な部分の比較という方法は，幼少

の子どもの方略として多く指摘されている（Courbois, 2000；Foulkes & Hollifield, 1989；Kerr et al., 1980；Roberts & Aman, 1993；Rosser et al., 1984, 1989, 1994）。そして全体的な類似性から部分的な同一性へと注意が移行するという側面（Evans & Smith, 1988；Shepp & Swartz, 1976）からも，正反応でも見たように知覚的同定の困難が生じるのは，輪郭と図柄情報の両方に注意を向けることができず，3歳児では輪郭情報を中心に扱ってしまい，年齢が上がるにつれ部分としてのマーカーの位置を充分に認識しないまま，つまり図柄情報を輪郭情報に統合できずに勾配に従ってReエラーが生じたものと推測される。さらにそのエラーは4，5歳と年齢が上がると，困難さを生じる結果になったものと思われる。つまりRe反応というエラーは，輪郭と図柄の統合過程で生じるエラーと捉えられるのではないかと考えられる。

　また別の解釈としては左右の問題が残っている。自分自身の正中線を超える±90度以上の傾きになると左右が逆の関係になる。それ故，±90度以上と以下とで異なるプロフィールが得られる（Robert & Aman, 1993）。実際のプロフィールの変化は90度近辺で見られなかったが，条件2以外では135度や180度で左右の誤りが多く生じた。点対称という特殊なケースの場合，同定にとって全体と部分の結びつきの程度が90度を境に勾配とともに変化すると解釈できる。

3）多重参照の可能性

　さて，条件4の鳥型図形の正反応もローテーション効果を示し，なんらかの回転方略が示唆された。ところが鏡映反応（M）は先のRe反応と同じく正反応と逆に勾配とともに増加傾向を示した。正反応と鏡映反応は何がしかの類縁関係にあるだろうと推測される。このことは数量化Ⅲ類により求められたカテゴリー数量の散布図において，反応カテゴリーが同一のグループを形成したことからも推測される（図3-1-6）。まず単純誤反応（E）のグループが図の上方に形成されている。次に，大地反応（G）が標準刺激の胴体部

への誤った参照により形成されている。そして正反応（A）と鏡映反応（M）が口ばしやイメージした胴体に多重参照してグループを形成していると思われる。単純誤反応（E）と異なり大地反応（G）や正反応（A），鏡映反応（M）は，刺激内の口ばしの向きや胴体の向きといった特徴を参照した結果と解釈でき，部分どうしを繋げる上で，ただ単に接着するのではなく，向きをそろえる為の参照活動の結果，生じた反応と捉えられる。参照活動としての部分への選択的注意（Evans & Smith, 1988）が生じたといってよいかもしれない。1軸は上（正の値）から下の方向（負の値）へ行くに従い，刺激を合わせるという「準拠の活動」を示すものと推測される。

　突き出した頭部の口ばしのような顕著な特徴や突出が知覚的解決のし易さにつながるのかもしれない（Courbois, 2000）。年少児にとり妨害物としての顕著な特徴かもしれないが，関連の無い情報に気づくことで（Poirel et al., 2008 ; Shepp & Swartz, 1976），子どもは最終的には口ばしとイメージされた胴体部に対して多重参照できるようになると推測される。こうして単純な部分から多重部分への参照活動の移行は2軸上にある大地反応（G）から正反応（A），鏡映反応（M）への進行を反映していると解釈できる（図3-1-6）。

　また，Navon 図形を用いた場合（Poirel et al., 2008）ではローカルからグローバルへと認識が進むという研究文脈とは逆の結果を得ているようにみえるが，Navon 図形は階層構造化パターンというひとつひとつの単位に全体のひな型があるという特殊なパターンから構成されているので，本研究データと矛盾するものではない。どこへ注意が向くかという点でいえば，最初年少児はローカルな単一次元という部分に焦点化され，次にグローバルな認識により全体のつながりを捉えているという点で，多重部分への参照により全体を結びつけるようになるという。それ故，部分と全体とが結びついた最終結果としてのイメージの形成には，何らかの活動（Estes, 1998 ; Piaget & Inhelder, 1971）が必要と思われる。もし多重参照が部分と全体とを組織化しようとする対象へのかかわりの徴候として捉えるなら，運動要因の源が多重参照

にあるのではないかと推察される。

4）エラーの原因と行為

　ところで，幾何図形と鳥型図形では様々な種類のエラーが生じたので，参照対象の誤反応になる原因を整理してみた（図3-1-8）。2つ以上のコンポーネントを同時に扱うことの発達的な難しさ（Evans & Smith, 1988；Rosser et al., 1984, 1989, 1994；Shepp & Swartz, 1972）から様々なエラーが生じたと思われる。まず，構成課題を正しく行う上で注意すべき点（基準）に3つあると考えた。1）接点：参照活動が始まり1次元的な参照をして，部分が別の部分と接しているか（形状あるいは胴体から離れていないか），2）輪郭：対象の同型性を保とうとして，完成したものが標準刺激の輪郭と同じか（Noda, 2010），しかし構成物が裏返しになっている場合がある。3）左右の位置関係：完成したものが標準刺激と左右シンメトリックになっていないか（プレートが反対向きに配されていないか，頭が胴体の右に置かれていないか）である。これらの基準は部分間の結びつきに対する子どもの注意（Evans & Smith, 1988；Shepp & Swartz, 1976）や構成課題でのRe反応や大地反応（G），鏡映反応（M）のように間違った部分を接着しての配置ではなく，一定不変の全体

	カテゴリー	考慮された次元			原因と状態
		接点	輪郭	位置(胴体の左右)	
発達	正反応（A）	○	○	○	正しい準拠と回転への気づき
	鏡映反応（M）	○	○	×	左右の混乱とシンメトリーへの偏好
	大地反応（G）	○	×	×	準拠誤り
	単純誤反応（E）	×	×	×	部分間の関係の無視

図3-1-8　各カテゴリーで扱われた次元の種類とエラーの起きる原因

第 3 章　実験系列 2　構成課題を用いた幼児の形態の知覚　187

としての対象の輪郭をイメージする能力（Elkind et al., 1964；Elkind, 1978；Piaget & Inhelder, 1971）を評価するものである。とりわけ子どもは標準刺激の無関連情報を無視し（Poirel et al., 2008；Shepp & Swartz, 1976），別の代わりの位置をイメージすることが求められている。最終的に接着での接合―分離，輪郭の同型性，左右を規定する向きの相対的関係の順に，以下の図 3-1-8 に示すように発達とともに形成されると考えられる。

　運動成分についてだが，プレートを繰り返し配置しなおす参照行為は，一種のひきうつしとも考えられ，単に刺激それ自体も配置の調整をするための単純な運動だけではなく，身体と刺激との関係を協応させる手操作の性質（Noda, 2010）が含まれていると思われる。また手操作による微細な運動は心内での回転方向と一致し，その一致性が回転課題の解決を助けている可能性がある（Frick, Daum, Walser, & Mast, 2009；Wiedenbauer & Jansen-Osman, 2008）。繰り返し配置しようとする子どもと，何の躊躇もなく配置する 2 種類の子どもがいた。前者の子どもは単一次元を参照し，後者の子どもは各々の構成要素を統合する包括的なイメージに到達しているという表象レベルの違いを反映していると思われる。この相違は年齢に従って行為と表象との乖離を伴った，予備的シミュレーションから生じるのだろう。この点でシミュレーションによる手操作運動が部分と全体の表象を堅固に組織化するのではないかと思われる。

　まとめとして，年少児は一次元的な部分（接点）へ注意が向かうが，3 歳から 4，5 歳になるに従い輪郭へも注意が行き届きはじめ，複数の次元への同時的な多重参照が可能になってくる。しかしまだ統合されたイメージが不十分であるので，配置位置でのエラーが生じる。もしも参照活動としての手操作行動が各々の構成要素を結び付ければ，準備的なイメージが部分と全体を適切に統合するだろうと思われた。知覚と身体運動との両方から成る対象への関わり行動が，不完全な部分をイメージするのに重要な役割を果たして

いると考えられ，今後，対象変換において対象と身体との関係での基礎的な操作を明確にする必要があると思われる。

第2節　実験 2-2　誤反応の分類 2：改良した刺激と WLT との比較検討

目的

　前実験で用いた鳥型構成課題の構成用プレートには，左右の違いが無く方向がわからなかった。そのため，頭との接地をどこにすべきかに戸惑っていた可能性がある。標準刺激と比較刺激とが横並びで掲示されたので，シンメトリーな見え方に影響された誤反応も生じたのではないかと推測した。刺激の部分に方向性を表す特徴を加えることで，より部分と全体とが統合されるのではないかと考えられた。そこで，胴体部に方向を示すマーカーを付けることで，反応の現れ方を再度検討することを目的とした。

　本実験では前操作期であるのかどうかを，水平性課題（WLT）を平行して行うことで操作期を確定し，WLT との関連性を検討することを第2の目的とした。

方法

被験児：東京都内の幼稚園から4歳児，5歳児，6歳児を抽出し個別に行った。

前実験である実験 2-1 の実施時期（9～10月）に比べると半年ほど早い時期（2～3月）に実施した。それ故，平均年齢は前回より7～8ヶ月高くなった。

4歳児：32名（男児12名，女児20名）

平均年齢　4歳5ヶ月（3歳11ヶ月～4歳11ヶ月）

5歳児：32名（男児16名，女児16名）

平均年齢　5歳5ヶ月（5歳0ヶ月～5歳10ヶ月）

6歳児：47名（男児18名，女児29名）

平均年齢　6歳6ヶ月（5歳11ヶ月〜6歳11ヶ月）

材料

　鳥型構成課題（BCT）：前節の実験2-1と同じ。ただし標準刺激の胴体部分と比較刺激の構成用プレートには，方向が明らかになるように，胴体部分の右端にオレンジ色でシッポ，胴体部分を黄色で模した図柄を付けた。

　水平性課題（WLT）：実験系列1ではB5判の用紙を平置きして反応を求めたが，実験2-2では円形用紙に容器図が描かれたものを立てかけた台座に張り付けて反応を求めた。BCTと同じ検査板を用いた。左の台座には半分まで水色で水位が描かれた容器の絵を示し，右側の台座には，水の入っていない容器の図を掲げた。右の台座自体は45度ずつ傾けることの出来る構造で，必要な角度にして用いた。検査用紙は，蓋付きの容器の図を予め印刷し，台座と同じ大きさに円形カットして人数分用意した。実際の検査では，台座に両面テープで検査用紙を付着して用いた。これとは別に，実際に青に着色した水を半分入れた透明の蓋付き容器と，水位を表現させるためのクレパスを用意した。

　検査開始の初期状態は，検査用台座の横に実際の青水を入れた容器を置き，台座の左側に正しく水の描かれた容器の図を0度で呈示し，右側には空の容器の図が0度の状態で呈示した。

手続き

　鳥型構成課題（BCT）：実験2-1とは教示内容だけが異なる。以下に教示内容を示した。

　①導入：検査者は別に用意した記録用紙に子どもの氏名を記入し，刺激が掲示されている検査板を指しながら，これからお勉強をしましょうという旨を伝えた。

　②確認：最初に検査者が構成用プレートを持って，標準刺激と同じになる

ように比較刺激の台座の上にプレートを付けてみせ，標準刺激と比較刺
激が同じであることを確認させた。刺激が鳥を模していることを告げた。

③練習：構成用プレートを手渡して「おなじにしましょう」旨を伝え，実
際に構成させた。この時点ではまだ呈示されている刺激は0度の状態で
ある。

④検査：本検査では標準刺激と比較刺激を指差しながら「さっきのように
同じにしてみましょう」旨を伝え，構成用プレートを渡し，45，90，
135，180度の比較刺激の頭部角度の順番はランダムに呈示し行った。

水平性課題（WLT）：以下に教示内容を示す。

①導入：水の絵を描くことを告げ，側に置いてある水の入った本物の容器
を指差す。

②確認：左の台座に描かれているものと，側に置いた実際の容器と同じで
あることを確認させた。

③練習：クレヨンを持たせ，0度の状態にある台座右側の容器図内に直接
水位を描くよう求めた。

④検査：「水がどうなるか教えて下さい」旨を告げ，左の0度状態で水位
が描かれた容器図はそのままにし，45，90，135，180度の角度について
ランダムに傾けた容器の図を右の台座に示し，水位を描くよう求めた。

結果

鳥形構成課題（BCT）の正反応および誤反応カテゴリーを含めて角度別に
整理した。以下で検討した反応は各角度での平均反応得点である。各反応カ
テゴリーの基準は±22.5度以内とした。ただし，該当カテゴリーが現れれば，
1点ずつ与えたので実質は平均反応比率となっている。反応カテゴリーは
図3-2-1に示した。水平性課題（WLT）での正反応は実験1-1と同じく水平
線から±15度までとした。

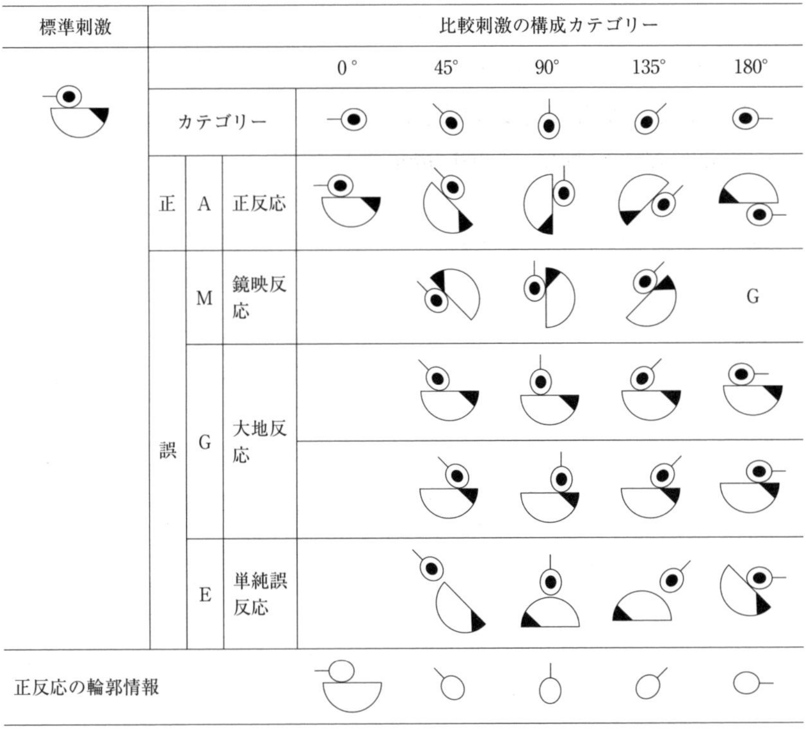

標準刺激				比較刺激の構成カテゴリー				
				0°	45°	90°	135°	180°
	カテゴリー							
正	A	正反応						
	M	鏡映反応						G
誤	G	大地反応						
	E	単純誤反応						
正反応の輪郭情報								

図3-2-1　鳥型構成課題（BCT）の反応カテゴリーと輪郭情報

左には標準刺激，右には比較刺激の構造について，正反応を含めた反応カテゴリーを整理した。反応カテゴリーは，鏡映反応(M)，大地反応(G)，単純誤反応(E)を示した。基本的には実験2-1と同じである。また，標準刺激と比較刺激がもたらすだろう輪郭情報は最も下の段に示した。

1）反応カテゴリーの生起比率

　正反応について年齢要因×角度要因の Friedman 検定を行ったところ，年齢要因には差が認められ（$\chi^2(2, N=12)=8.000$, $p<.05$），角度要因にも差が認められた（$\chi^2(3, N=12)=8.793$, $p<.05$）。年齢別に角度間の出現比率について Cochran's Q Test を実施した。6歳で角度間に差があり（$\chi^2(3, N=47)=18.059$, $p<.001$），5歳でも差が認めらたが（$\chi^2(3, N=47)=21.154$, $p<.001$），4歳では差が無かった。

図3-2-2をみると、正反応は5，6歳では勾配とともに減少していくが、4歳ではフラットを示している。フロア効果によるものであろう。次に、鏡映反応（M）について年齢要因×角度要因（180度では出現度数が0であったので、45〜135度までの3角度）のFriedman検定を行ったところ、年齢要因、角

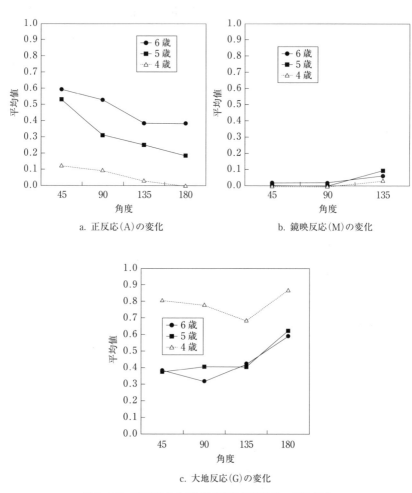

a. 正反応(A)の変化

b. 鏡映反応(M)の変化

c. 大地反応(G)の変化

図3-2-2　正反応および誤反応の角度に従っての変化

度要因ともに差が認められなかった。図3-2-2をみると，いずれの年齢，角度においても出現比率は極めて低かった。大地反応（G）について，年齢要因×角度要因のFriedman検定を行ったところ，年齢要因には差が認められたが（$\chi^2(2, N=2) = 6.000, p<.05$），角度要因では差が生じなかった。年齢についてShafferによる多重比較を行ったところ，年齢間の差は認められなかった。図3-2-2cをみると，4歳と5, 6歳とのあいだに開きがあることがわかり，4歳から5〜6歳にかけて大地反応（G）が減少したことがわかる。角度の差は無く，どの年齢もフラットであった。

図3-2-3に各カテゴリーの年齢別平均反応比率を示した。正反応（A）は年齢とともに上昇しているが（$\chi^2(2) = 70.733, p<.001$），大地反応（G）は4歳から5歳にかけて減少し（$\chi^2(1) = 25.59, p<.001$），5歳と6歳の反応度数には違いは無かった。また，鏡映反応（M）では反応数が少なくフロア効果が生じている可能性があり年齢差は無かった。単純誤反応（E）は年齢とともに減少した（$\chi^2(2) = 13.100, p<.01$）。

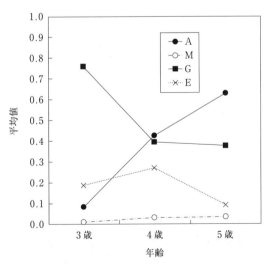

図3-2-3　年齢に従ってのカテゴリー変化

2) BCT と WLT の関係

　WLT でのレベルの確定は前節の実験 1-1 と同じ手続きでおこなった。4歳は32名，5歳が32名，6歳が47名であった。レベルごとに分類した結果，WLT レベル 1 では該当児はいなかったが，WLT レベル 2 は41名，WLT レベル 3 が56名，WLT レベル 4 が10名となった。WLT レベル 1～3 が前操作期と対応している（Piaget & Inhelder, 1948/1956）。次に角度間の正反応比率を，WLT レベル（WLT レベル 2～4）ごとに，Cochran's Q Test をおこなったところ，WLT レベル 2 では角度間に差が認められ（$\chi^2(3, N=41) = 14.091, p<.01$），WLT レベル 3 でも差が生じた（$\chi^2(3, N=56) = 25.636, p<.001$）。WLT レベル 4 では有意差は認められなかった。またレベル間について角度を込みにして Friedman 検定を行ったところ有意差があり（$\chi^2(2, N=12) = 8.000, p<.05$），Shaffer の多重比較の結果，WLT レベル 2 と 4 の間に差が認められた（$p<.05$）。図 3-2-4 から WLT レベル 2 や 3 は勾配とと

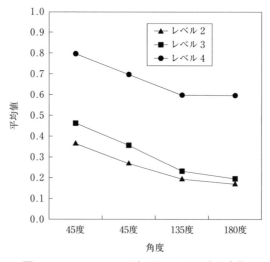

図 3-2-4　WLT レベル別に示した正反応の変化

レベル 2 は全ての角度で容器の底と平行に描く段階，レベル 3 は正反応も混在する移行期の段階，レベル 4 は正しく水平に水位を描く段階。レベル 1 は現れず上図に表していない。

もに減少し，WLT レベル 2 と 3 はほぼ同じレベルにあるが，WLT レベル 4 で正反応率が上昇し格差が生じていることが示された。

3）マーカーの有無によるカテゴリーの変化（前実験との比較）

本実験では鳥型の胴体部にあるシッポを付けたが，シッポの無い前実験のデータとの比較をした。まず正反応の出現度数に両実験条件間で違いがあるかどうかを調べた。年齢別に条件の違いについて独立性の検定を行ったところ，6 歳（$\chi^2(1) = 31.272$, $p < .001$）および 5 歳で有意差が認められたが（$\chi^2(1) = 11.485$, $p < .001$），4 歳では差が無かった。図 3-2-5 から，5 歳，6 歳でシッポあり条件の方がシッポ無し条件よりも多く現れたことが示された。一方，鏡映反応（M）では，いずれの年齢でもシッポ無し条件での方がシッポ有り条件より多く現れた（4 歳で Yates の補正（$\chi^2(1) = 5.392$, $p < .05$），5 歳で（$\chi^2(1) = 14.773$, $p < .001$），6 歳で（$\chi^2(1) = 43.297$, $p < .001$）であった）。

また大地反応（G）でシッポの有無条件を検討したところ，3 歳ではシッポ有り条件の方が多く現れたが（$\chi^2(1) = 6.532$, $p < .05$），4 歳や 5 歳では差が出なかった。

考察

鳥形構成課題にマーカーを付けることで方向性を明示した上で，反応のあり方を検討し，WLT との関連性を示すことが目的であった。

4 歳児ではフロア効果も影響してフラットになったが，5，6 歳でローテーション効果が生じた。このことは，4 歳で運動イメージが無いと考えるのでなく，検出できなかったと捉えるべきかもしれない。前実験では 3 歳や 4 歳でローテーション効果が確認された刺激条件があった。しかし成績は今回の方が良かった。課題の与え方や刺激の性質がローテーション効果を生み出しにくくした一方で，易しくなったことを意味しているといえる。

実験 2-1 との比較からシッポという左右の方向を示すマーカーが付いてい

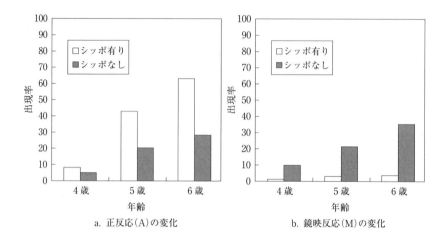

a. 正反応(A)の変化　　　　　　b. 鏡映反応(M)の変化

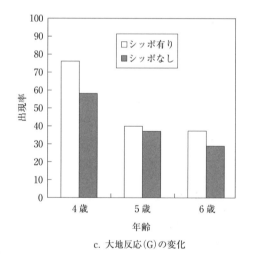

c. 大地反応(G)の変化

図 3-2-5　鳥型構成課題のシッポの有無による成績比較

データは前実験（実験2-1）と本実験との比較をおこなった。正反応も含め，年齢ごとの各反応カテゴリーについて，度数の割合を産出した。その際に，カテゴリー間の重なりを避けるため，正反応は45度から180度まで対象としたが，鏡映反応（M），大地反応（G）は180度を除いた残りの3角度に限定して処理した。

ると，正反応が増加することがわかった。与えられた比較刺激の部分，つまり頭部には口ばしの向きという事前情報がある。胴体部分に方向を表すシッポが付いたことで，事前に与えられた方向に関する情報を有効に利用できたのだろうと考えられる。また課題の手続上，対象の確認と0度での練習にとどめ，実験2-1で行った45度から180度までのすべての刺激の角度を順番に練習することは省き，ランダムな角度で呈示してそれでもローテーション効果が生じるというのは，1）子どもの側に Dean et al.（1983, 1986）が指摘するような系列化の理解が既に出来ていて，2）対象の上下が割り付けやすく（Rock, 1973），内的軸が見出しやすい刺激（Corballis & Roldan, 1974；Howard & Templeton, 1966；勝井，1971；園原，1967；田中，1991）であったためではないだろうか。Dean et al.（1983, 1986）は具体的な対象を使っていないために，系列化を理解させることが必要であったともいえるかもしれない。その意味で，鳥の形をしていれば実験2-1でも触れたように，上下を見出しやすく，さらに本実験ではシッポのマーカーが左右の特徴を与えたので，部分間の結びつきが明確となり，よりわかりやすく構造化された（Bialystok, 1989）刺激となったのではないかと思われる。だが逆にこうした部分間の結びつきが明確になった構造を持つと，部分特徴から解こうとする方略を促進してしまった可能性もあるだろう。それが前実験に比べて，ローテーション効果が抑えられた原因のひとつかもしれない。

　実験2-1で生じた鏡映反応はほとんど生じなかった。シッポを付けたことで左右が明確になるという効果が現れたものと推測される。言い換えれば，左右性の混乱から鏡映反応が生じた可能性が考えられる。ただ180度の呈示は特別で，標準刺激の全体と比較刺激の頭部がシンメトリックに左右に並んだ状態で示される。その為，シンメトリーへの偏好（Corballis & Beale；1978/1976）が輪郭で生じたのかもしれない。シッポの図柄を無視して輪郭だけをシンメトリックに構成するという大地反応（G）が生じたのだろう。

　大地反応については，5～6歳で角度を通じて出現率が変わらず，4歳と

のあいだに開きがあった。その4歳では大地反応が勾配とともに減少してい
た。おそらく，実験2-1で示した「回転することへの気づき」が働いていな
い為に，大地反応を生じたのだろうが，大地反応に「準拠対象の変化」が起
きた場合，勾配とともに特に180度で，上で述べたようなシンメトリーへの
偏好が強く現れるようになるのではないだろうか。輪郭への注意が喚起され
るようになってきたことを示唆している。

こうしてみると，実験2-1の数量化Ⅲ類による分析で示したように各々の
傾きでの大地反応は同じクラスターに属していたが，それは輪郭を標準刺激
と同じに保持しているという点で共通していたのだろう。刺激配置の仕方に
よりシンメトリー性を強く意識するようになるようだが，部分よりは輪郭の
保持という側面が180度で強く現れ，その後に鏡映反応の時期を経ながら，
正しく輪郭を保持する変化が生じてくると推測される。

次に，操作期との関係を検討した。前操作期と対応するWLTレベル2と
3の子どもにおいて，正反応は勾配とともに減少しローテーション効果が見
られた。また，具体的操作期に入っているだろうと思われるWLTレベル4
の子どもは，角度に対してフラットであった。このことから，前操作期の子
どもは角度に対する認識が勾配とともに困難になることを示すが，具体的操
作期になると角度に対する処理の難しさが克服されてくるといえる。標準刺
激と比較刺激とを比較して「同じ」にしようとする心内での作業において，
仮にMarmor（1975, 1977）の言う運動イメージが働いているとするならば，
構成による正反応の角度に従ってのリニアーな変化は，前操作期における運
動イメージの存在を示すことになるのだろうか？　しかし，Marmorの運動
イメージはShepard & Metzler（1971）と同じく表象全体を物理的に回転さ
せるアナロジカルな働きを想定している。Marmor（1977）は4，5歳と成
人を対象に角度に対する反応時間のリニアーな関数を得ていたが，保存課題
で区分けした前操作期の子どもであっても，緩やかなスロープが描かれた。
そのことからMarmorはPiagetとは異なり，前操作期においても運動イメ

ージの操作が可能であると主張した。本研究で用いた欠けた部分の構成の正しさという指標と Marmor の反応時間という指標の違いがあるので，プロセスの検討が必要ではある。しかし，WLT で区分けされた前操作期の子どもは，鳥型構成課題で勾配に従って正反応の成績が順次下降することを示し，角度要因が大きく関与していることがわかる。静的ではない動的な運動イメージを有している可能性は高い。静的な鳥形のイメージを持っていれば，どのような方向の変位があっても成績は変わらないはずであろう。求められている鳥形を構成するという心的な作業があり，それをイメージ活動といえるのではないだろうか。その意味では本研究でいうローテーション効果は，必ずしも Shepard & Metzler（1971）の指摘したメンタルローテーションとは同一ではないが，イメージ利用の角度による相違も現れた可能性がある。しかしながらローテーション効果が生じるまでに全体のイメージの回転がなされたかどうかの保障はない。むしろ，Platt & Cohen（1981）が指摘したように，運動イメージではない別の効果的な方略により，部分特徴を比較して「同じ」にした可能性が高いと思われる。

　尚，本実験の WLT の成績が実験 1-1 に比べて低く現れたのは，材料で記したように，実験 1-1 では WLT に矩形の用紙を用いたが，ここでは円形用紙を用いていた。そのため外的参照となる直線の手がかりが少なかったことが一因と思われる。また課題の順序から考えると BCT の後に WLT を実施している。WLT の左の台座に既に見本として掲示していた 0 度での水位が，傾いた容器の場合にも同じように傾いた 0 度での水位を描写してしまうという誤りが多く生じた可能性は高いと思われる。

　正反応の成績が勾配とともに低下したことは，勾配とともに対象の認識が困難となったとはいえる。WLT それ自体は，対象の空間座標の理解が出来ているかどうかを測定するものであった。その意味からすると，まだ完全ではない WLT レベルでの参照誤りが，特に前操作期と対応しているとした WLT レベル 2 や 3 で働いていたと推測される。対象の傾きが大きくなるに

つれ、参照誤りが生じやすくなるということからすると、勾配とともに標準刺激である水平に配置された鳥の胴体部を参照してしまい、大地反応（G）を生じた可能性がある。また、鏡映反応（M）は頭部の口ばしの向きと平行に揃えるという参照誤りから生じたと推測される。実験2-1で、BCTでの誤反応の原因に関して整理したが（図3-1-8）、左右の混乱や重力方向・シンメトリーへの捉われ、頭と胴の関係の混乱などは、すべて参照誤りが原因とみなして良いと考えられる。参照するとエラーにつながるということを、子どもが分かるかどうかが、発達の違いともいえるのではないだろうか。勾配とともに成績が変化した点は、口ばしの向き勾配とともに、元の標準刺激のイメージが維持できずに、鳥型の部分に特化して参照してしまうということが生じていると思われる。

第3節　実験2-3　誤反応の分析：両面と片面との比較検討

目的

　実験2-2において、鳥の胴体部を裏側にして構成しようとする子どもが観察された。左右の方向性を示すシッポの無い側の方が、シッポのある表側よりも利用されやすい理由として、リアルさが影響しているのではないかと考えられた。つまり、その鳥を模した刺激は具体物を模しているので立体的でなければならず、反対側も存在すべきと考えるであろう。その結果、口ばしの方向が標準刺激とは90度を境に反対の右側方向を向き始めると、構成プレートの胴体は裏側に当たる面を使おうとするのではないだろうか。もしそうなら裏面を使用できるようにすれば、部分の特徴や形全体へのこだわりがどのような状態にあるのか知ることができるだろうと、考えられる。形の符号化において、何が優先的に行われていくのか知る上で、基礎的資料となるだろうと思われる。そこで刺激の裏側にも右ではなく左にシッポを付け、その色は表側の逆となる配色にすることで、反対側にすると図柄のあり方は同じだが、色は異なるという条件をつくった。これにより、両面の構成プレート

での発達的な反応の変化を明らかにすることを第1の目的とした。また左側の標準刺激をあらかじめ45度傾けておき，傾きの影響が生じるかは大事な点といえる。知覚的に傾けられた標準刺激に準拠するか，重力方向に準拠するか明らかにすることを第2の目的とした。

方法

被験児：東京都内の幼稚園から4歳児，5歳児，6歳児を抽出し個別に行った。尚，対象となったのは1年前に実験2-2に参加した子どもである。

4歳児：35名（男児16名，女児19名）

平均年齢　4歳5ヶ月（3歳11ヶ月～4歳10ヶ月）

5歳児：30名（男児11名，女児19名）

平均年齢　5歳4ヶ月（4歳11ヶ月～5歳10ヶ月）

6歳児：29名（男児14名，女児15名）

平均年齢　6歳6ヶ月（6歳0ヶ月～6歳10ヶ月）

材料

鳥型構成課題（BCT）：実験2-2と同じ。

鳥型構成両面課題（BCTB: Bird Construction Task with Back Side）：標準刺激は45度右に傾けて掲示した。次に実験2-2で用いた構成用プレートを改良した。比較刺激の部分を表している構成用プレートの表側（従来使っていた面）はそのままにし，裏側には，表とは左右反対側にシッポを付けた。さらに色についてシッポは黄色，胴体部分はオレンジ色となるようにした。表側のシッポはオレンジ色，胴体部分が黄色であった（図3-3-1）。

手続き

実験2-2とは若干教示内容が異なる。その箇所について以下に教示内容を示した。また鳥型構成課題（BCT）を終えてから鳥型構成両面課題（BCTB）

片面課題（BCT）　　　両面課題（BCTB）

図 3-3-1　課題で用いた標準刺激

に移った。

①導入：実験 2-2 と同じ。

②確認：実験 2-2 の教示に付け加え，「目はどこですか」という具合に，目，シッポ，口ばしの 3 点を必ず指示させた。

③練習：実験 2-2 の教示に加えて，0 度で正解を出せなかった子どもには，必ず正しい答えを教えた。

④検査：実験 2-2 と同じ。ただし BCT から BCTB への順に実施した。口ばしの傾きを変える際に目を閉じさせるのは前実験に同じ。

結果

1）BCT，BCTB での反応カテゴリーの整理

まず正反応と各誤反応を分類した。ここでの分析は両面課題をおこなった場合に，いかに裏側が使用されるか基礎資料を得るために行った。まずカテゴリー一覧表（図 3-3-2）については，前実験のカテゴリー（図 3-2-1）を基準に，1）今回裏面を導入し，なおかつ，2）標準刺激を 45 度傾けた場合，の両方の条件から生じた誤反応を整理したものである。カテゴリーの種類と基準を以下に示した。

実験 2-2 で示した鏡映反応（M），大地反応（G）に加えて，標準刺激の胴体部の傾きに準拠したと考えられる標準刺激準拠反応（AO），が得られた。また裏側を用いた誤反応として，輪郭だけをみると正反応と一致しているが裏面を使用し図柄が誤っている反応の裏面反応（B），ちょうど鏡映反応の裏側での構成と対応する，裏面鏡映反応（BM），大地反応の裏側での構成と対

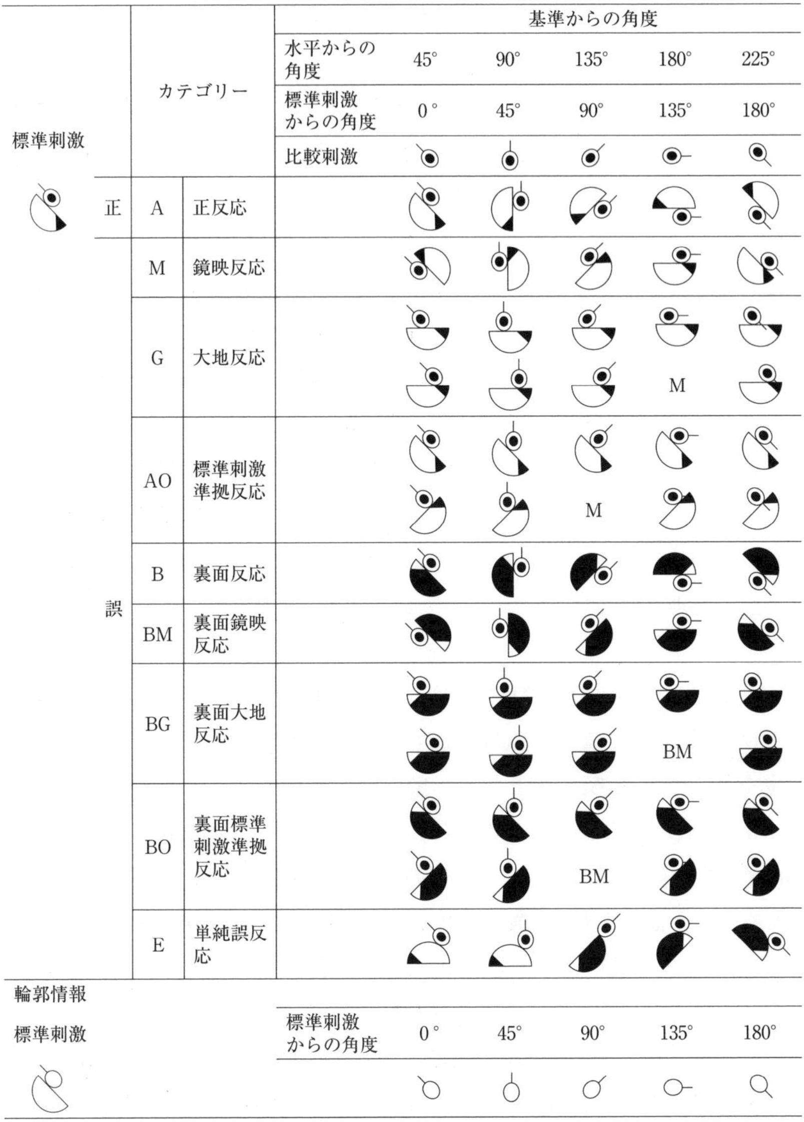

		基準からの角度				
カテゴリー	水平からの角度	45°	90°	135°	180°	225°
	標準刺激からの角度	0°	45°	90°	135°	180°
	比較刺激					
正 A 正反応						
M 鏡映反応						
G 大地反応					M	
AO 標準刺激準拠反応				M		
誤 B 裏面反応						
BM 裏面鏡映反応						
BG 裏面大地反応					BM	
BO 裏面標準刺激準拠反応				BM		
E 単純誤反応						

標準刺激

輪郭情報

標準刺激

標準刺激からの角度	0°	45°	90°	135°	180°

図 3-3-2　BCTB の反応カテゴリー一覧表

鏡映反応（M）と重なる他のカテゴリーの場合は，その角度のところにMと表記した。裏面鏡映反応（BM）も同様。単純誤反応（E）の例示以外にも幾種類かの誤りが生じた。

応する，裏面大地反応（BG），以下同様に，裏面標準刺激準拠反応（BO），
そしてそれ以外の誤反応を単純誤反応（E）として整理した。

　カテゴリー一覧表（図 3-3-2）に各カテゴリーの相対的な位置を示す角度
として，2 種類の基準角度を併記した。1 つは，BCT の標準（あるいは水平
線）から比較刺激の口ばしが何度離れているか，（言い換えると外的な水平垂直
軸と一致させて口ばしが何度の方向にあるか），2 つ目は BCTB の標準刺激を基
準にしてそこから何度離れているか，である。また図表の最後の欄に，正反
応の輪郭情報と比較刺激の口ばし部分の輪郭を示した。

　カテゴリーは主として 2 種類の要因により区分した。それは全体が回転す
ることに気づいて構成した反応（正反応，M，B，BM）と，特定の部分に準拠
した反応との 2 通りである。後者は更に標準刺激の胴体部へ準拠した場合
（AO，BO）と，重力方向に基準化した形へ準拠した反応（G，BG）に分けた。
また以下の分析の項目 4 においては，それぞれを O 系統の反応，G 系統の反
応として処理した。

2）正反応と誤反応の年齢及び角度における出現率

　正反応について BCT，BCTB ともに，年齢要因×角度要因の Friedman
検定を行ったところ，BCT では年齢要因に差が有り（$\chi^2(2, N=12) = 6.50$,
$p<.05$），角度要因でも差が認められた（$\chi^2(3, N=12) = 8.786$, $p<.05$）。Co-
chran's Q Test で年齢ごとに角度間の比率の差を検定したところ，3 年齢群
とも有意差が認められ（4 歳で $\chi^2(3, N=35) = 11.857$, $p<.001$, 5 歳で $\chi^2(3, N=30) = 20.236$, $p<.001$, 6 歳で $\chi^2(3, N=29) = 23.571$, $p<.001$），いずれも勾配と
ともに正反応が減少することが示された。

　一方，BCTB での Friedman 検定の結果は，年齢要因では差が認められず，
角度要因で有意差が認められた（$\chi^2(3, N=12) = 8.077$, $p<.05$）。Cochran's Q
Test で年齢ごとに角度間の差を検定したところ，各年齢で有意差が認めら
れ（4 歳で $\chi^2(3, N=35) = 9.000$, $p<.05$, 5 歳で $\chi^2(3, N=30) = 23.000$, $p<.001$,

6歳でχ²(3, N=29) = 13.105, p<.01), BCT 同様に, いずれの年齢でも勾配とともに正反応が減少することが示された (図3-3-3)。

以下ではカテゴリー一覧に基づき, 誤反応を取り入れた分析をしていくが, いくつかの反応の重複があった。鏡映反応 (M) は, 大地反応 (G) の180度と同一であり, また標準刺激準拠反応 (AO) の135度と同一になる場合がある。こうしたことは2つのカテゴリーの性質が混在しているために生じたものだろうが, 裏面鏡映反応 (BM) についても生じ, 裏面鏡映反応 (BM) と裏面大地反応 (BG) の180度や, 裏面鏡映反応 (BM) と裏面標準刺激準拠反応 (BO) の135度で重なる場合が生じた (図3-3-2)。反応数が少ないという事もあり, 図3-3-2に記号で示したように (M, BM) 該当する箇所については, 鏡映反応 (M), 裏面鏡映反応 (BM) として取り出し, 統計処理することとした。尚, 出現率が極めて少なかった他の反応カテゴリーは, 裏面反応 (B) (90度でのみ1%), 裏面大地反応 (BG) (90度でのみ3%), 裏面標準刺激準拠反応 (BO) (225度でのみ4%) であった。

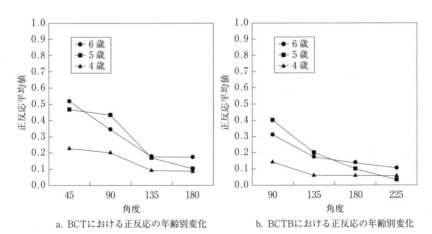

a. BCTにおける正反応の年齢別変化　　b. BCTBにおける正反応の年齢別変化

図 3-3-3　BCT および BCTB における年齢別の正反応平均値プロフィール

Cochran's Q Test により, いずれの条件, 年齢においても, 角度に従って正反応は減少する傾向にあった。

以下の３項では，鏡映反応（M）と大地反応（G）・標準刺激準拠反応
（AO），裏面鏡映反応（BM）と裏面大地反応（BG）・裏面標準刺激準拠反応
（BO）の一部が重複をしているが，ある程度の傾向を知ることが目的である
ので，それを許して統計処理をすることとした。ただし重複したカテゴリー
を同時に扱う場合は，どちらか一方の出現としてカウントするようにした。

3）BCT と BCTB との比較（BCT から BCTB への変化）

　課題間の変化を検討した。年齢ごとに角度を込みにした延べ度数を正反応，
鏡映反応（M），大地反応（G），標準刺激準拠反応（AO）の別に求めた。角
度について延べ度数であるので，測定した子どもの数の４倍になる。正反応
度数について，年齢別に両課題を独立性の検定にかけたところ，４歳では差
が無かったが，５歳と６歳で課題間に差があり（５歳で$\chi^2(1) = 3.888$, $p < .05$,
６歳で$\chi^2(1) = 4.614$, $p < .05$），BCT の方が BCTB より成績が高かった。鏡映
反応（M）ではいずれの年齢でも両課題間で差が認められなかった。また大
地反応（G）は３年齢とも課題間で差があり（４歳で$\chi^2(1) = 49.891$, $p < .01$,
５歳で$\chi^2(1) = 41.988$, $p < .01$, ６歳で$\chi^2(1) = 33.501$, $p < .01$），BCT の方が
BCTB より高い値を示した。一方，標準刺激準拠反応（AO）は BCT でほと
んど現れていなかったのが（全体で3.2%，４歳で2.1%，５歳6.7%，６歳0.9%
の出現率），BCTB で急激に増え，全体で25.8%，４歳で27.9%，５歳で
27.5%，６歳21.6%の出現率となり，AO の出現数を両課題で比較したとこ
ろ，BCT より BCTB の方が高い値を示したがことがわかった（$\chi^2(1) =$
75.708, $p < .01$）。傾向としては，BCTB の方が BCT に比べて難度が高いこ
とが示された。

　４歳では裏面の影響が出ないが，５〜６歳に現れてくることが推測される。
大地反応（G）が BCT で多く現れたが，このことは片側しか使用出来ないこ
とが，逆に大地反応（G）に留めていただろうと推測される。片面であると，
両面が使用できるという状況から，極めて多くの反応が生み出される傾向に

あった。

4）BCT から BCTB へのカテゴリー変化

そこで，他のカテゴリーへの変化に注目して分析することとした。部分への注目がいかに変化するか，という問題を扱うことになる。この分析の目的は，準拠の変化や回転の気づきが，どういうプロセスを経て進行するのか明らかにすることである。そのための基礎資料を得るために行った。

まず，1）正反応（A）からの変化と，2）大地反応（G）からの変化について検討することにした。大地反応（G）を基準のひとつに用いた理由として，実験 2-1，実験 2-2 から，大地反応（G）から正反応への発達が明確で，大地反応（G）が一定の発達段階を代表する反応として考えられたからである。また，大地反応（G）は実験 2-2 において，標準刺激に準拠したのか，重力方向に基づく上下の方向に基づいて反応したのか，議論の余地が残されていた。標準刺激を 45 度傾けた BCTB での反応の変化を見ることで，準拠対象がどう変化するか検討することとした。

刺激が具体物であるために 0 度正立（canonical orientation）に基準化され，0 度からのローテーションを行っている可能性はある。つまり知覚的正立（perceptual uprightness）を準拠対象とした場合と，標準刺激を準拠対象とした場合とに分け，分析することとした。

正反応からの変化であるが，知覚的正立からのバイアスを仮定した場合，BCT の 45 度は BCTB の 0 度となり，練習と重なってしまうので，90，135，180 度を対象とした。正反応を BCT で反応した場合，BCTB で正反応，傾けた標準刺激の胴体部に準拠させた反応として O 系統の反応（実際は AO，BO を含む），胴体部を水平に配置させた反応として G 系統の反応（G，BG を含む），単純誤反応（E）の 4 種類へどれだけの数が変化したか調べた。角度（90，135，180 度）を込みにした延べ度数を扱った。すると，正反応の度数は 54 であったが，正反応から正反応へは 47（87.0％），正反応から O 系統へは 3

（5.6%），正反応からG系統へは2（3.7%），正反応から単純誤反応（E）は2（3.7%）であった。BCTBでの各反応度数の表れ方には有意差が認められ（$\chi^2(3) = 110.890, p < .001$），正反応が最も多く出現した。一方，標準刺激からの距離が等価であると仮定した場合，BCTの45度条件がBCTBの90度にあたる。つまりBCTの45度はBCTBの90度に反映されると予想される。同様にしてBCTの90度がBCTBの135度，135度が180度，180度が225度に対応することになる。以上標準刺激の角度に準じた4通りの対応ごとに，正反応から変化した延べ度数を求めた。正反応の度数は91で，正反応から正反応は51（56.0%），正反応からO系統が13（14.3%），正反応からG系統が15（16.5%），正反応から単純誤反応（E）が12（13.2%）であった。各反応度数の間には差が認められ（$\chi^2(3) = 46.980, p < .001$），正反応が最も多く，次に標準刺激準拠反応（AO）や大地反応（G），単純誤反応（E）がほぼ同比率で現れた。

　次にG系統からの変化を検討した。知覚的正立からの距離を仮定した場合，上記同様に90, 135, 180度を対象に，G系統から他の反応へ変化した度数を調べた。すると，G系統の反応から正反応へは0で，G系統からO系統が63（33.2%），G系統からG系統が105（55.3%），G系統から単純誤反応（E）への変化は22（11.6%）となった。各反応へ変化した度数の間には有意差が認められ（$\chi^2(2) = 54.390, p < .001$），G系統の反応への変化が最も多かったが，O系統への変化も多く現れた。

　標準刺激からの距離を仮定した場合も，上記の正反応と同じ手続きで度数を求めた。G系統から正反応へ変化したのは2（0.8%），O系統への変化は100（39.5%），G系統への変化は113（44.7%），単純誤反応（E）への変化が28（11.1%）であった。4カテゴリーへの変化の比率は異なっており（$\chi^2(3)$＝144.77, $p < .001$），G系統への変化が最も多く，次にO系統が続いた。

　整理すると，表3-3-1に示したように知覚的正立からのバイアスを仮定した場合は，殆ど正反応からは正反応へ移行するが，標準刺激からのバイアス

第3章 実験系列2 構成課題を用いた幼児の形態の知覚 209

表3-3-1 BCTからBCTBへのカテゴリー変化

	知覚的正立を仮定した場合の変化		標準刺激からの傾きを仮定した場合
BCT	BCTB	BCTBの反応	BCTBの反応
正反応	正反応	47 （87％）	51 （56％）
	O系統	3 （5.6％）	13 （14％）
	G系統	2 （3.7％）	15 （17％）
	単純誤反応	2 （3.7％）	12 （13％）
G系統	正反応	0 （0％）	2 （0.8％）
	O系統	63 （35％）	100 （40％）
	G系統	105 （58％）	113 （45％）
	単純誤反応	22 （12％）	28 （11％）

注）O系統には標準刺激準拠反応（AO），裏面標準刺激準拠反応（BO）が含まれている。
またG系統には大地反応（G），裏面大地反応（BG）が含まれている。

を仮定した場合は，正反応から正反応への移行は半数に落ちてしまう。また，知覚的正立からのバイアスを仮定したG系統の変化は，G系統が58％現れ，2番目に多く表れたのはO系統であった。そして，この傾向は標準刺激からのバイアスを仮定した場合も変わらなかった。

5）同輪郭反応（F）

　全体と部分のどちらを重点的に捉えようとしているか，検討することは重要な事項である。標準刺激の輪郭と同じにしていても，図柄が無視された誤反応は，輪郭情報を重視した反応として区分けする必要があった。実験2-2で鏡映反応（M）がそれにあたり，奥行き回転をすると同じになる反応であった。本実験では裏面が使えるようになったので，多数の該当する誤反応が想定された。一覧表より，正反応と同じ輪郭を持つものを取り出すと，表面では鏡映反応（M）（図3-3-2に示すように標準刺激準拠反応（AO）の135度と，大地反応（G）の180度の反応と一部重なる）の全てと標準刺激準拠反応（AO）の45度，裏面では裏面反応（B），裏面鏡映反応（BM）の全てと裏面標準刺激準拠反応（BO）の45度が該当した。これら輪郭において回転しても

表3-3-2 同輪郭反応（F）の出現度数

年齢	BCT				BCTB			
	45°	90°	135°	180°	90°	135°	180°	225°
6歳	0	0	1	6	0	3	10	10
5歳	0	0	3	10	1	5	14	13
4歳	0	1	2	9	1	4	11	4

注）対象とした幼児の内，6歳は29名，5歳は30名，4歳は35名であった。また本文に詳しく記したが，同輪郭反応（F）には鏡映反応（M）と裏面反応（B）および裏面鏡映反応（BM），標準刺激準拠反応（AO），裏面標準刺激準拠反応（BO）の45度が該当する。正反応（A）と輪郭において同形ではあるが，図柄が異なる反応を指している。

同形である反応を同輪郭反応（F）と呼ぶこととし，以下ではBCTとBCTBでの角度による現れ方の違いや，反応の占める割合の変化を検討した。まず，各角度で同輪郭反応（F）がヒットした場合は1点を与え，年齢要因×角度要因のFriedman検定を行った。BCTでは年齢差は無かったが，角度差は有意であった（$\chi^2(3, N=12)=8.333$, $p<.05$）。BCTBでは年齢要因でも差が有り（$\chi^2(2, N=12)=6.000$, $p<.05$），角度要因も差があった（$\chi^2(3, N=12)=8.464$, $p<.05$）。年齢別に，角度の比率についてCochran's Q Testを行ったところ，全ての年齢群で差が認められた（表3-3-2参照）。勾配とともに増加傾向にあるが，BCTBでは180度をピークに隣接する角度で減少するパターンが示された。

　同輪郭反応（F）が，課題で現れ方が異なるか検討するために，出現率の差を年齢ごとに独立性の検定をしたところ，いずれの年齢でも差が認められた（4歳で$\chi^2(1)=6.952$, $p<.01$，5歳で$\chi^2(1)=10.758$, $p<.01$，6歳で$\chi^2(1)=9.801$, $p<.01$）。図3-3-4から，BCTに比べてBCTBの方が高い出現率であった。BCTBの4歳と5歳との間には差が認められた（$\chi^2(1)=6.952$, $p<.01$）。

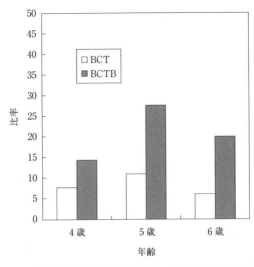

図 3-3-4　同輪郭反応（F）の条件別，年齢別にみた出現比率
グラフは違いを明確に示すために50％までの尺度で表現してある。BCTでは出現に年齢差は無かった。BCTBで年齢差があった。6歳で下がるのは，正反応が同輪郭反応（F）に取って代わっていくためである。

6）数量化Ⅲ類によるカテゴリー分析（カテゴリー間の関係の変化）

　類似度によるカテゴリー間の結びつきについて数量化Ⅲ類を通じて，年齢による変化を検討した。分類対象にしたカテゴリーは20種類あり，正反応（A），G系統の反応，O系統，同輪郭反応（F），単純誤反応（E）の5種類の各反応群が45，90，135，180度の各々において現れた場合を1点とした。その際，カテゴリーの重複が生じないように，正反応，同輪郭反応（F）を決定して，残りの部分でG系統，O系統，単純誤反応（E）に振り分けた。個体には各年齢群での参加した子どもをひとりずつ配列した。

　年齢別に得られた結果をみていくと，4歳では第1軸の固有値が.789，寄与率19.7％，相関係数が.89，第2軸の固有値が.633，寄与率が15.8％で累積寄与率35.6％，相関係数は.79であった。寄与率はそれほど高くはない。あわせて36％ほどを説明していた。1軸2軸それぞれに対するカテゴリーの

数値を散布図に表したのが図3-3-5である。

　4歳では正反応（A）を除いて，同輪郭反応（F），G系統の反応，O系統の反応が小規模なクラスターを形成し直線状に並んだ。ドットは角度変数（45，90，135，180度）のそれぞれを表しているが，正反応（A）が2つしかないのは重なったためである。正反応（A）の形成する広がりと，それ以外のカテゴリーが形成する広がりとは直交する関係になった。この4歳の時点で2要因の構造の萌芽が形成されつつあるようだ。

　5歳では，正反応（A），同輪郭反応（F），G系統の反応，O系統の反応それぞれでクラスターを形成しているが，それらの順に，ほぼ一列に1軸上に並んだ状態で示された。いったん各カテゴリーでまとまる序列化された1因子構造の状態が現れていた。それが6歳になると，正反応（A），同輪郭反応（F），G系統の反応，O系統の反応が独立したクラスターを形成し，正反応（A）と同輪郭反応（F）が1軸に沿って広がりを見せ，G系統の反応とO系統の反応の広がりが2軸に沿っていることが明確になってきた。つまり2要因の構造が示された。

考察

　構成課題を解く上で，構成プレートが両面の場合における誤反応のあり方を検討し，発達の変化を明らかにすることが目的であった。次に傾けられた刺激に準拠するか，重力方向に準拠するか明らかにすることが2つ目の目的であった。

1）部分への注目：裏面導入の意義：BCTBでの大地反応（G）とは何か？

　まず両課題ともローテーション効果が認められた。しかし，裏側の使用が出来る状態になったことで，多くの誤反応カテゴリーが出現した。このことは，対象全体の輪郭を捉えて回転させるという方法ではなく，より一層，部分間の特徴に注意して構造的なつながりから（Bialystok, 1989；Foulkes & Hol-

第3章 実験系列2 構成課題を用いた幼児の形態の知覚

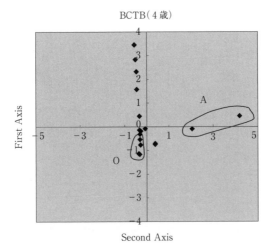

図 3-3-5a　BCTB での数量化Ⅲ類による散布図（4 歳）

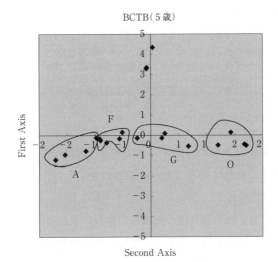

図 3-3-5b　BCTB での数量化Ⅲ類による散布図（5 歳）

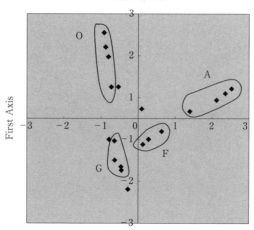

図 3-3-5c　BCTB での数量化Ⅲ類による散布図 （6 歳）

前頁の 4 歳（図 3-3-5a）においては，正反応（A）だけが独立したかたちで類似した一群の関係を形成し，他のカテゴリーは混在し一群をなしている。O 系統は，その中でもまとまっている。それが 5 歳になると，各カテゴリー別にクラスターを形成するようになってくるが，まだ 1 次元的な構造にある。6 歳になって 2 次元的構造が現れ（図 3-3-5c），O 系統や G 系統に代表される準拠の要因と，同輪郭反応（F）や正反応（A）による回転への気づき要因とに分離した構造が明確になってくる。尚，各図において囲まれていないドットは単純誤反応（E）を示している。また図 3-3-5b において，正反応（A），同輪郭反応（F），G 系統，O 系統の出現順序からすると，First Axis の向きが逆転しているように見えるが，数量化Ⅲ類の散布図は関係の在り方を示しているので，左右逆に捉えても構わない。囲んだ各カテゴリーは 45，90，135，180 度のデータを示すが，数値が同じ場合は散布図上では重なって表現されている。

lifield, 1989 ; Rosser et al., 1985, 1989)，準拠対象を幾重にも探索して，「同じ」に近づけていこうとしていることが推測された。その中でも大地反応（G）は傾けない条件（実験 2-1，実験 2-2 および本実験 2-3 の BCT）で行った場合は，重力準拠つまり上下軸を割り振った場合の典型的な表現に準拠したのか，視覚的に呈示された標準刺激そのものに準拠したのか判明していなかった。だが BCTB では両面使用が可能となり，45 度標準刺激を傾けて呈示したので，どちらに準拠しているかが決まるだろうと予想された。しかしながら，G 系統の反応も，標準刺激に準拠したと考えられる O 系統の反応も現れた。つま

り大地反応（G）は目の前に呈示されている刺激ではないものに準拠したと推測され，傾いた刺激を記憶の中で0度正立に正規化するような修正が働き（Attneave & Olson, 1967；Corballis, 1988；Hock & Tromley, 1978），そこから反応したものと考えられる。一方で，同じであるという意味を，目の前にある刺激の胴体部の傾きにそのまま合わせて反応したのがO系統の反応と考えられる。

　知覚的正立を主張したHock & Tromley（1978）の用いた刺激は文字であったので，ファミリアリティが高く，長期記憶にその元になる形が既に収まっていたと仮定している。本研究で使用したヒヨコあるいは水鳥風の刺激も子どもに受け入れられやすく，それに対して記憶にある鳥の鋳型から反応する可能性は高い。ただし標準刺激を傾けないで呈示したBCTを先に行ってから，次にBCTBを実行したので，長期記憶ではなく直前の課題の記憶が残っていて大地反応（G）から大地反応（G）への反応を生み出した可能性もある。

　G系統からO系統へ変化する子どもは33～40％程，G系統からG系統のままが45～55％ほどであったので，いずれもが誤った部分を基準においた誤反応であるにせよ，この年齢のG系統の反応を示した子どもの内，標準刺激の傾きが変わると半数ほどが異なるシステムで反応したことが分かる。一方は記憶表象あるいは典型像をアクセスし，もう一方は目の前の知覚を処理するという異なる次元での反応がなされたのだろう。

2）BCTBにおける両面の使用と輪郭

　刺激が左右並列に呈示された場合は，上下に呈示されるより成績が下がり，混乱されやすいことが報告されている（Cairns & Steward, 1970；Howard & Templeton, 1966；Huttenlocher, 1967；Oyama & Sato, 1975）。本研究で導入した両面使用可能なBCTBは，表も裏にあたる部分も両方使用することが出来た。BCTの場合は裏側は白で標準刺激との黄色い胴体部とは異なり，更に

磁石が見えていた。黄色い胴体部が見える方を表にして配置するという，明らかに裏表の使い分けが強いられていた BCT に比べて，裏面にあたる面には磁石が見えないように表面はカバーされ色分けによる図柄が示されていた。裏面が使えるようになるということは，自由度が高まったことを意味し，子どもが考える「同じ」により近い表現が可能になってくる。そこに，左右に限定されていた BCT に対して，手前の側と向こう側という位置関係の違いを扱える BCTB では，子どもの視点の位置を限定することなく，こちら側からと向こう側から見てもかまわない状況をつくりだしたのではないだろうか。ただし，図柄に気をつければ，シンメトリーな構成をしようとしても，抑制されるはずである。これも広い意味では図柄を無視した輪郭への注目と考えられるかもしれない。

3) 数量化Ⅲ類から

　4歳，5歳，6歳と進むにつれて構造自体が変化し，明確に異なる特徴を示していた。1軸は実験2-1で確認された「回転への気づき」で，2軸は「準拠への変化」に対応すると考えられる。4歳では正反応（A）以外の反応は，広範な一列に並んだ一塊として，準拠対象がその間を変動しており，正反応（A）だけが回転に気づいて異なる位置づけがされたのだろう，と解釈できる。5歳となると，一次元化の傾向が現れた。これは，回転への気づきを背景に持つ要因が前面に現れてきたことが原因なのだろうが，発達的な順序をも示しているといえる。データ間の関係には準拠での変動だけ独立して出にくかったようだ。6歳では明確に2要因による構造化が示されるようになってきた。回転への気づきから正反応（A），同輪郭反応（F）と並び，準拠の仕方でO系統の反応とG系統の反応が並んでいる。標準刺激への準拠を示すO系統と，水平あるいは標準刺激への準拠を示すG系統があり，回転することに気づき，刺激の輪郭や形全体に注意が向いて同形性を保とうとする同輪郭反応（F）が現れてきたのだろう。最後は正反応（A）へと繋がる。特

に6歳では，回転に気づき，輪郭だけを回転させた子どもと，それに引き続く図柄という部分も統合させて回転できた子どもの順序性が明確に出ている。

　部分知覚から全体知覚へという発達変化は，部分に向けられていた注意が減少し，全体を把握しようとする傾向，あるいは全体を把握する方が容易になる傾向が幼児期にかけて現れてくる。しかし6歳あたりを過ぎると，逆に全体から部分の知覚へと弁別力が強化され発達的カーブが描かれる（Aslin & Smith, 1988；Elkind, 1978；Wohlwill, 1962）。本実験で対象にした子どもの年齢は4歳から6歳であって，部分ではなく全体的な捉え方をしようとする時期へと進んでいく姿を捉えたことになる。誤反応カテゴリーの同輪郭反応（F）は，こうした全体へのこだわりを反映していると考えられる。また同輪郭反応（F）は，図柄ではなく輪郭情報で反応しようとするものであり，全体と部分とを統合しきれないで，型合わせをした反応と捉えることができる。

　実験2-1で指摘した，「準拠対象への変化」は，前提に部分特徴のマッチング等がなされて，形知覚が可能になってきた。だが適切な空間位置を求めようとして生じた参照間違いのために，O系統やG系統の反応が生じてしまったと考えられる。正しい空間位置を得るためには正しい準拠だけでなく，各部分と部分のつながりを強固に保持しながら対象全体を連続したイメージの系列として（Dean et al., 1982, 1983, 1986, 1987）捉えること，言い換えると「回っていくことへの気づき」を契機として，刺激の全体が空間のどこにくるのか想像出来るようになって，正反応が可能になるといえる。回転への気づきが，対象の認識のレベルを大きく引き上げる直接の要因と思われる。

第4節　実験2-4　観察効果

目的

　実験系列1の実験1で，充分な練習の有無で結果に違いが生じるかどうかが議論に上ったが，本実験では観察効果が生じるかどうかを検討した。実験2-1や実験2-3で検討した「変化の気づき」が観察により生じるかどうか

を明らかにすることを目的とした。そこで，回転するところを観察する前後で構成課題を実施し，その結果を年齢，WLT レベルの違いで比較することにした。

方法

被験児：東京都内の幼稚園から 4 歳児，5 歳児，6 歳児を抽出し個別に行った。

4 歳児：32名（男児16名，女児16名）

平均年齢　4 歳 5 ヶ月（3 歳11ヶ月〜4 歳10ヶ月）

5 歳児：37名（男児20名，女児17名）

平均年齢　5 歳 5 ヶ月（4 歳11ヶ月〜5 歳 0 ヶ月）

6 歳児：32名（男児14名，女児18名）

平均年齢　6 歳 5 ヶ月（5 歳 1 ヶ月〜6 歳11ヶ月）

全体：101名（男児50名，女児51名）

平均年齢　5 歳 5 ヶ月（3 歳11ヶ月〜6 歳11ヶ月）

材料

　鳥型構成課題（BCT）：実験 2-2 と同じ。

　水平性課題（WLT）：実験 2-2 と同じ。実験 1-1 とは呈示の仕方，用紙は異なっている。

手続き

　観察を導入した鳥型構成課題（BCT）：観察をさせるため実験 2-2 と手続きが異なる。その箇所について以下に教示内容を示した。また BCT を行った後に WLT を実施した。

　①導入：実験 2-2 と同じ。

　②確認：実験 2-2 の教示に付け加え，「目はどこですか」という具合に，

目，シッポ，口ばしの３点を必ず指示させた。

③練習：実験 2-2 の教示に加えて，０度で正解を出せなかった子どもには，必ず正しい答えを教えた。

④プレテスト：実験 2-2 と同じ。

⑤観察：子どもに刺激の変化をよく見ているように注意を促し，見ている前で標準刺激の台座を右回りに手動でゆっくりと１回転させた。台座とともに刺激も回転するかたちになっている。また刺激を回転させる場合は検査者が行い，子どもは見ているだけであった。

⑥ポストテスト：プレテストに同じ。

水平性課題（WLT）：実験 2-2 と同じ。

結果

BCT は正反応のみを対象とした。また WLT レベルの確定は前節の実験 2-2 と同じ整理の仕方をした。WLT レベル１〜３は前操作期，レベル４を具体的操作期と対応するものとして検討を試みた。

１）年齢で検討した観察前と後のローテーション効果

観察前の BCT の正反応について角度別に１点を与え，年齢（４，５，６歳）×角度(45，90，135，180度) の２要因分散分析を行った。年齢を要因とした主効果に有意差が認められた （$F(2, 392)=19.614$, $p<.001$）。また角度を要因とする主効果にも有意差が認められた （$F(3, 392)=15.017$, $p<.001$）。交互作用は無かった。多重比較の結果，45度と135，180度の間，90度と135，180度の間で差があった （$p<.01$）。それまで確認されたと同じように，勾配とともに正反応は減少した。年齢における多重比較では，４歳と５歳，３歳と５歳の間で差が認められ （$p<.01$），年齢とともに成績が上昇した。

観察後の成績について，年齢×角度の２要因分散分析を行った。年齢を要因とした主効果に有意差が認められた （$F(2, 392)=31.668$, $p<.001$）。また角

度を要因とする主効果にも有意差が認められた（$F_{(3, 392)} = 11.484$, $p < .001$）。交互作用は無かった。多重比較の結果，45度と135，180度の間，90度と135，180度の間と，観察前には無かった90度180度の間でも差が生じた（$p < .01$）。プロフィールは勾配とともに正反応は減少するものであった。年齢における多重比較では，4歳と5歳，3歳と5歳の間と観察前では差の無かった3歳と4歳の間でも差が認められ（$p < .01$），年齢とともに成績が上昇した。

2) 年齢別に見た観察前後の成績差（観察効果）

観察前の成績と観察後の成績変化を調べるために，4角度（45，90，135，180度）の正反応平均値について，年齢（4，5，6歳）×観察効果（前後）で2要因分散分析を行った。年齢を要因とした主効果に有意差が認められたが（$F_{(2, 196)} = 19.495$, $p < .001$），観察効果については差が無かった。そこで年齢別に観察前後の成績に差があるかどうか，Wilcoxon の符号順位和検定を行ったところ，6歳においてのみ有意差が得られ（$z = 2.622$, $p < .01$），観察後が観察前より高い成績であることが示された。

3) WLT で検討した観察前と後のローテーション効果

WLT レベルを実験2-2の基準で，WLT レベル1（$N = 2$），レベル2（$N = 40$），レベル3（$N = 55$），レベル4（$N = 4$）に分けた。WLT レベル1は今回2名現れた。先の実験2-2では現れていない。この WLT レベル1は空間表象のレベルが低いために，分析の対象から除いた。

次に角度間の正反応比率を，観察前の WLT レベル（WLT 2〜4）ごとに，Cochran's Q Test をおこなったところ，WLT レベル2では角度間に差が認められ（$\chi^2_{(3, N=40)} = 37.125$, $p < .01$），WLT レベル3でも差が生じた（$\chi^2_{(3, N=55)} = 33.000$, $p < .001$）。WLT レベル4では有意差は認められなかった。またレベル間について角度を込みにして Friedman 検定を行ったところ有意差があったが（$\chi^2_{(2, N=12)} = 6.000$, $p < .05$），Shaffer の多重比較の結果，

WLT レベル間では差が認められなかった。図 3-4-1a に示されるようにレベル 4 のプロフィールの変化が顕著であるので，角度を要因とした対応のある一元配置分散分析を行ったが有意差は得られなかった。図 3-4-1a から WLT レベル 2 や 3 は勾配とともに減少するが，WLT レベルどうしの違いはどこから生じるのか特定されなかった。観察前において，WLT 各レベルの角度に対する成績差は実験 2-2 と同じ結果を得た。

同様にして観察後では，Cochran's Q Test の結果，WLT レベル 2 で角度間に差が認められ（$\chi^2(3, N=40)=27.290, p<.01$），WLT レベル 3 でも差が生じた（$\chi^2(3, N=55)=31.068, p<.001$）。WLT レベル 2，3 ともに勾配とともに減少している（図 3-4-1b）。WLT レベル 4 では有意差は認められなかった。またレベル間について角度を込みにして Friedman 検定を行ったところ有意差があり（$\chi^2(2, N=12)=6.500, p<.05$），Shaffer の多重比較の結果，WLT レベル 3 と 4 の間で差が認められた（$p<.05$）。

観察後の成績について，同様の 2 要因分散分析を行ったところ，観察前と

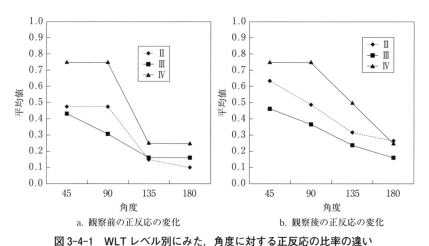

a. 観察前の正反応の変化　　　　　b. 観察後の正反応の変化

図 3-4-1　WLT レベル別にみた，角度に対する正反応の比率の違い

ⅡとⅢは移行段階を示している。Ⅳは具体的操作段階とみなせる水平性課題での反応を示したグループを示す。また容器の底と平行に水を描くⅠの段階の子どもは人数が少なかったので，上記のグラフからは除いた。

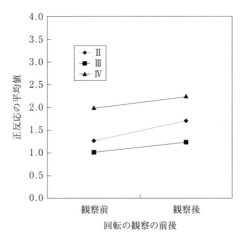

図 3-4-2　観察前後における正反応の変化
WLT レベル II と III で観察効果が得られた。

は異なり，WLT レベルを要因とした主効果に有意差が認められた（$F(2, 384) = 4.366, p < .001$）。また角度を要因とする主効果にも有意差が認められた（$F(3, 384) = 10.257, p < .001$）。交互作用は無かった。多重比較の結果，観察前とは異なり，WLT レベル 2 が 3 より有意に（$p < .05$）高い値を示した。角度では45度と135, 180度の間で差が有り，90度と180度の間で差（$p < .05$）が認められた。勾配とともに正反応は減少した（図 3-4-1b）。

4）WLT レベル別にみた観察前後の成績差

　レベルで分けた場合の観察前後における成績変化を検討した。WLT レベル×観察効果で 2 要因分散分析を行った。上記 2 ）の年齢別にみた観察前後の成績差で検討した場合とは異なり，レベルを要因とした主効果，観察を要因とした主効果ともに差が認められなかった。交互作用も無かった。そこで，レベルごとの観察前と後の成績の差について，Wilcoxon の順位和検定を行ったところ，WLT レベル 2（$z = 2.414, p < .05$）と WLT レベル 3（$z = 1.960$,

$p<.05$）で有意差が認められ，ともに，観察後の方が観察前より成績が良い
ものであった。観察の前後とも高い値を示した WLT レベル 4 では 4 名とい
うこともあり差が生じなかった。

考察

　回転を観察することで，連続的な「変化の気づき」が生じるか明らかにす
ることが目的であった。

　ローテーション効果については，再び確認されたが，観察効果については
表象のあり方が問われる結果となった。既に，実験 1-1 で練習における回転
する刺激の観察が意味のあることを指摘したが，本実験は条件を統制した上
での結果である。単に動かない標準刺激を見て，回転後の位置をイメージす
るよりも，回転していく動きあるいは断片的な視覚記憶が補助的な役割を果
たすだろうと予想できる。結果は年齢で検討した場合は 6 歳にならないと観
察効果が生じないというものであった。

　4 歳や 5 歳で効果が生じないということの理由に，それまでの実験結果か
ら 1) 対象のどこを見ればよいかという点と， 2) 回転とともに変化してい
くということの気づき，の 2 側面が充分に働いていないことが考えられる。
特徴部分への注意は幼児特有の知覚様式であることは既に述べたとおりであ
るが（Aslin & Smith, 1988；Bialystok, 1989；Kerr et al., 1980），部分同士をマッ
チングするのではなく，部分を回転させて，それに合わせて残りの部分をも
回転させるという方略（Rosser et al., 1989, 1984）により，Marmor（1975）や
Dean et al.（1986）の年少幼児ができたのではないかとしている（Rosser,
1994）。この Rosser のコンポーネント回転方略という考えの元になっている
のは，同時に扱える刺激単位の数の増加を発達と見なすところにある。その
点からすると，観察した対象内の部分間の構造的つながり（Bialystok, 1989）
をどの程度把握できているかが，観察効果の成否を決定しているだろうと思
われる。また， 2 番目の変化の気づきは，Dean et al.（1987）の系列化がど

こまで対象の理解に含まれるかによるものと考えられる。実験1-1でも示したが，Dean et al.（1987）は対象の系列化にある問題には3側面あると考えており，1）回転する運動を中間状態に分化すること，2）中間の状態どうしの論理的なつながり，3）回転中に対象の部分間の空間関係を保つこと，をあげている。BCTに当てはめるならば，観察を行った際には，回転していく対象の動きの最初と最後だけを見るのではなく，動きの途中の知覚像を持つことが重要になり，次に回転の順番を論理的に押さえ，時間的な順序に基づき位置づけていく力が求められる。3番目としては，どのような向きであっても対象の部分間の特徴や構造的結びつきが，維持できている必要がある。なぜならば観察者と対象との空間方向が不一致な状況下では，対象へのマッピングで誤った判断をすることが生じる（Roberts & Aman, 1993）からである。それを防ぐためには，空間関係に対して向き自由な対象中心的記述ができる表象の準備が整う必要があるだろう。

　前の実験2-3から，勾配とともに正反応が減少していく背景では，部分間の関係が崩壊してしまい，誤反応カテゴリーが占めることになるわけだが，誤った参照や準拠が行われ，対象全体の向きを保持せず，部分の向きに合わせてしまうために生じていた。観察を行っても，上記のDean et al.（1987）による3側面に気づき，部分から，部分を統合できた全体へと変化可能な年齢は6歳ということになる。

　WLTレベルで区分した場合では，WLTレベル2や3，つまり運動イメージが十分にまだ使えない移行段階にあった子どもに，観察効果が認められた。観察前にはレベル2と3との間に差が無かったが，回転することへの気づきを促すことにより，観察後にはレベル2の子どもの方がレベル3より成績が高くなったと思われる。これはレベル2の子どもの成績が観察後に，レベル3の子どもに比して更に上昇したことを示している。容器の底に平行を水平に描くレベル2の子どもは，水位の特定の知覚的な映像に拘束されていた。典型的な容器内の水位のイメージは，静的イメージの側面が表現された

と説明されるが（Piaget & Inhelder, 1948/1956），一方ではこの典型的な表現は，「良いながめ（good view）」として認識され（Cox, 1991），水平性課題以外にも多くの領域で確認されている（Freeman & Janikoun, 1972；Light & Nix, 1983）。そこからすると，Luquet（1927/1979）のいうような，知っていることから捉えようとするために，特定の映像に拘ってしまうのではないだろうか。おそらく，良いながめや典型的な表現をしているレベル2の子どもの認識は，容器の輪郭とその内容物との関係を考えることなく，つまり刺激対象の部分間の調整はせずに，絵的には固定したものとして回転しようとしたのではないかと推測される。WLTレベル3に比べて，レベル2は発達レベルが低いと想定していたのだが，典型表現あるいは良いながめに対する働きの強まる時期の子どもは，つまりレベル2の子どもは，鳥型の標準刺激を典型表現として回転させ，高い成績に結びつけたのではないだろうか。こうしたことから，WLTレベル2と3で観察効果が確認されたものの，レベル2が3に対して成績の伸びの差をつけた意味は，形態上の良さに対する敏感さという側面があるという可能性も考えられる。

第5節　実験2-5　刺激内の対称軸の検討

目的

　刺激の内的軸の上下が規定されない刺激の場合は，前節の実験系列1や本節の実験2-1の結果から，輪郭情報の影響を受けることがわかった。そこで幾何図形を中心に，刺激の変数を変えることで，結果の頑健性を確かめることとした。特に3つの正方形から成る比較刺激の形状は変えず，補完すべき個所つまり構成用プレートの部分を変えることで，課題成績に変化が生じるかどうかを検討することとした。具体的には，標準刺激の形，標準刺激の傾き及び構成用プレートの形を変えることで，ローテーション効果が生じるか明らかにすることを目的とした。

方法

被験児：東京都内の幼稚園から3歳児，4歳児，5歳児を抽出し個別に行った。

3歳児：27名（男児10名，女児17名），平均年齢 3歳10ヶ月（3歳4ヶ月～4歳2ヶ月）

4歳児：33名（男児11名，女児22名），平均年齢 4歳9ヶ月（4歳3ヶ月～5歳2ヶ月）

5歳児：39名（男児23名，女児16名），平均年齢 5歳9ヶ月（5歳3ヶ月～6歳3ヶ月）

材料

新たに4種類の図形を使用した（図3-5-1）。実験2-1で用いた刺激の内，条件1の図形は，傾きを変え図形3として呈示した。線対称図形（図形1，2，3）と非対称図形（図形4，5）に分かれる。図形1は比較刺激の形状の比較のため，他の4種類の刺激とは比較刺激そのものの形状を違えた。図形2～5の比較刺激は全て「く」の字型であり，傾きや構成用プレートの大きさやその配置の箇所以外は実験2-1と同じである。実験2-1の比較刺激の「く」の字の矢印は上を向いていたが，本実験では下に向けた。尚，構成用プレートに，大きさや形が実験2-1と同じ黄色の正方形を用いたのが図形1と3。黄色い正方形を2つ大の矩形を用いたのが図形2，4，5であった。

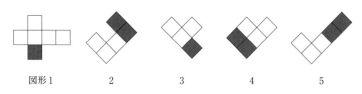

図3-5-1　標準刺激に用いた刺激の種類

手続き

　本節実験1と基本的に同じであるが，それぞれ刺激呈示0度を練習にあてフィードバックした。ただし実験2-1にあるように，180度までの練習はさせていない。0度でのみ構成できなかった子どもに正解を示した。角度はランダム呈示として，図形1から5までを順に行った。

結果

1）図形条件別にみた正反応のプロフィール

　正反応について角度ごとに1点を与え，図形条件別に年齢×角度の2要因分散分析を行った。図形1の場合は，角度差はなかったが，年齢を要因とする主効果に差が認められ（$F_{(2, 308)} = 22.941$, $p < .001$），交互作用は無かった。多重比較の結果，6歳が4歳や5歳より高い成績を示した（$p < .05$）。プロフィールはフラットであった（図3-5-2）。図形2の場合は，両要因の主効果に有意差が認められ（年齢要因は$F_{(2, 308)} = 3.471$, $p < .05$，角度要因は$F_{(2, 308)} = 3.146$, $p < .001$），多重比較の結果，5歳と6歳で差が生じ（$p < .05$），45度と135, 180度の間，90度と135, 180度の間で有意差が認められた（$p < .01$）。勾配に従って正反応が減少するプロフィールを示した。図形3の場合も，両要因の主効果に有意差が認められ（年齢要因は$F_{(2, 308)} = 10.860$, $p < .001$，角度要因は$F_{(2, 308)} = 7.184$, $p < .001$），多重比較の結果，年齢では4歳と5歳，5歳と6歳の間で差が認められ（$p < .05$），角度では45度と90, 135, 180度で差が認められた（$p < .05$）。4歳は45度から90度にかけて成績が下がり，勾配に従い反応は減少した。図形4の場合は両要因の主効果に有意差が認められ（年齢要因は$F_{(2, 308)} = 5.932$, $p < .01$，角度要因は$F_{(2, 308)} = 12.238$, $p < .001$），交互作用は無かった。多重比較の結果，年齢では6歳と4歳や5歳の間で差があり（$p < .05$），角度では45度と90, 135度，180度と90, 135度の間で差が認められた（$p < .05$）。プロフィールは他とは異なり，90度を境としたV字型を示した（図3-5-3）。

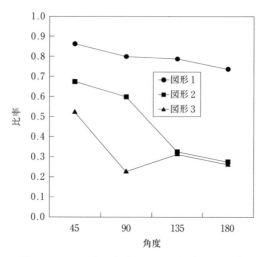

図 3-5-2 正反応の角度による比率 (対称図形)

そこで年齢別に角度を要因とした傾向検定を行った。4歳では角度間の差は認められず、角度要因に差が認められた ($F(3, 119) = 7.229$, $p < .001$)。5歳では各角度での分散が等しくなかったので、更にKruskal-Wallis検定を実施したところ、90度と45, 180度の間で差が認められた ($p < .05$)。90度で最も正反応が低くなり、隣接する角度で成績が上がった。6歳でも同様に角度要因に差が認められ ($F(3, 111) = 6.448$, $p < .001$)、多重比較の結果、45度と90, 135度, 180度と90, 135度の間で差が認められた ($p < .05$)。90度や135度を底にしたV字型のプロフィールとなった。図形5の場合、両要因の主効果に有意差が認められ (年齢要因は $F(2, 308) = 5.249$, $p < .01$, 角度要因は $F(2, 308) = 20.389$, $p < .001$)、交互作用が認められた ($F(6, 308) = 2.362$, $p < .05$)。多重比較の結果、5歳と6歳で差が生じ ($p < .01$)、45度と135, 180度の間、90度と135, 180度の間で有意差が認められた ($p < .01$)。勾配とともに減少するプロフィールとなった。交互作用の原因は4歳の135度での成績が、5歳の成績に比べて高い値を示したことによる。

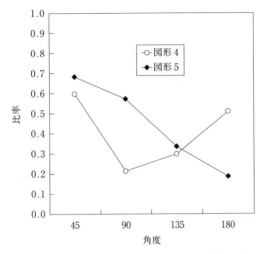

図 3-5-3　正反応の角度による比率（非対称図形）

2）誤反応分析

　Re 反応を中心に検討した。Re 反応である場合に角度ごとに 1 点を与え，角度を要因とした分散分析を行った。その結果，図形 1 と 3，4 を除いて，いずれの図形条件でも角度間に有意差が認められ，Re 反応は勾配とともに増加した（図形 2 は $F(3, 316) = 9.276$, $p < .001$，図形 5 は $F(3, 316) = 16.453$, $p < .001$）。図形 1 や 3 での Re 反応はフラットであったので差が生じなかった。図形 4 は角度間に有意差が認められたものの（$F(3, 316) = 10.843$, $p < .001$），多重比較により 45 度と 90，135 度，180 度と 90，135 度の間での差が認められ（$p < .05$），90 度や 135 度で高い値を示すという逆 V 字型のプロフィールを描いた。

考察

　標準刺激の形や呈示の傾きを変えてもローテーション効果が生じるか検討することが目的であった。

ローテーション効果と課題構造

　まず，図形1は7～8割の子どもが正答を出し，天井効果に近いかたちでフラットになったと思われる。図形1は鏡映的な構成であるRe反応を生じない刺激条件であったために，容易に構成できたのだろう。図形2や3は対称性を持つ図形であるが，図形2での方が明確にローテーション効果を生じた。図形3はむしろ90度以降がフラットであることから，Roberts & Aman (1993) が指摘するような，90度を境に方略が変化した可能性が考えられる。つまり90度までは対象全体の回転をして勾配に従い成績は下降したが，それ以降は左右のマッピングなどマッチングに基づく方略によりフラットになったと考えられる。この現象は，自分の身体を基準に向かい合う対象の左右を決定しているが，対象が回転して，身体の軸からすると対象の左右が逆さになってしまうことに起因する (Roberts & Aman, 1993)。対象の左右をマッピングする上で，自己中心的座標に基づいて，観察者自身の持つ左右性を対象に適用するような方法でマッピング (Corballis & Beale, 1976/1978) を行っている為に，こうした2つの方略の運用が生じるのだろう。発達的には図柄を含めた輪郭全体の回転より，図柄などのマッチング方略の方が先行するので (本研究，実験2-1～4, Roberts & Aman, 1993；Foulkes et al., 1989；Kerr et al., 1989)，自己を中心にした空間座標の捉え方にとどまっていた段階から，図柄を含めた輪郭全体の回転を可能にする対象中心座標による捉え方も出来るようになってくると想定される。

　図形5は非対称的な図形であるが，図形2や3と同じくローテーション効果が確認された。つまり左右対称ではないので，子どもの側の左右を図形5にマッピングした場合，90度を越えてもそのまま左右の構造が逆転することがないので，明確なローテーション効果を示したものと思われる。

　図形2が左右対称であるのに，2つの方略がプロフィールに現れなかったのは，課題自体の難易と関わりがあるのかもしれない。課題自体が易しければ，対象の図柄特徴を照合するマッチングという方法ではなく，輪郭とそれ

第3章　実験系列2　構成課題を用いた幼児の形態の知覚　　231

に含まれる図柄とを結び付け全体として回転させていくことが予想される。

　さて図形4であるが変則的な変化を示した。だが，部分特徴に注意が向いてしまう年齢の子どもの場合，輪郭だけを見ると，標準刺激の中にある4つの正方形が集まって出来る，大きなダイヤモンド型に目が向けられたのではないだろうか（図3-5-4参照）。年齢の低い子どもの場合，凸型の図形3では正方形に構成してしまうということが，しばしば見られた。つまり，収まりの良い形に構成しようとする傾向があることが窺える。実験2-1，実験2-2，実験2-3の鳥形構成課題でみられたように，標準刺激の胴体部に準拠して構成する反応と同じ機制が働いているのではないかと推測される。そこで正方形やダイヤモンド型が見出されやすく，また標準刺激の構成用プレートの位

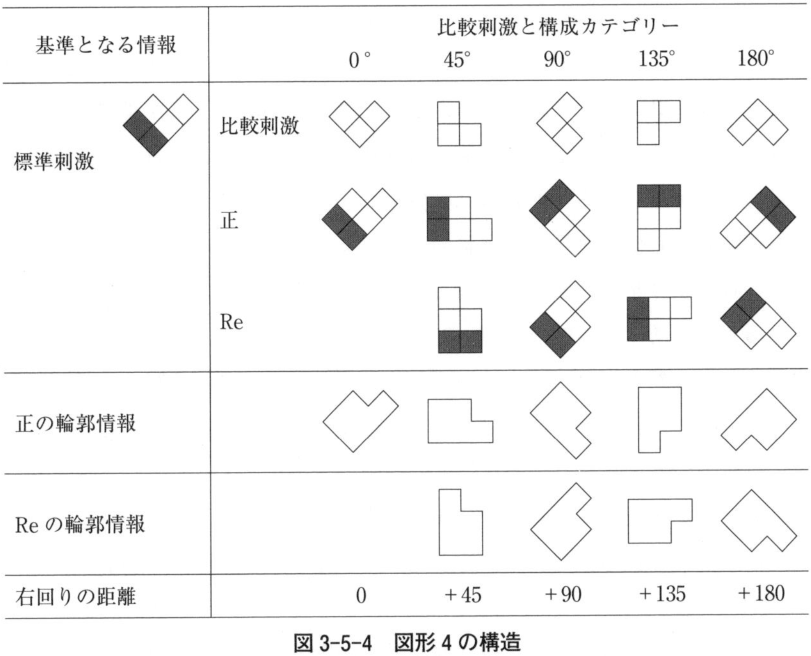

基準となる情報		比較刺激と構成カテゴリー				
		0°	45°	90°	135°	180°
標準刺激	比較刺激					
	正					
	Re					
正の輪郭情報						
Re の輪郭情報						
右回りの距離		0	+45	+90	+135	+180

図3-5-4　図形4の構造

比較刺激は矢印型の白い部分であり，それに灰色で表した2つの正方形で出来た矩形部分（構成用プレート）を配置することで，標準刺激と同じものに完成させる。

置に基づき構成しようとして，90度や135度での誤反応が高まったのではないだろうか。収まりの良い部分への注目と，誤った準拠による解決に基づくものと推測された。

第6節　実験系列2から導かれた発達の側面

実験2-1では，構成課題を用いて正反応に至るまでの誤反応のあり方から，何が誤りに結びつくのか明らかにすることが目的であった。構成課題では幾何図形と鳥型図形について検討した。幾何図形の条件2の結果から，3〜5歳の子どもが輪郭情報を利用していると判明した。また，構成課題の特定の図形条件や鳥型条件で，ローテーション効果が確認された。正確さが角度の増大とともに減少したが，数量化III類による分析から，正確さを左右する要因として，1）準拠対象の変化として，何に準拠したか，2）回転することへの気づきとして，静的な対象ではなく連続する動的な系列上の変化（Piaget & Inhelder, 1971/1975）に気づいたか，の2側面があることが指摘出来た。これは前節，特に実験1-3で指摘した構造化と順次的変化に対応するものであることを示している。前者は刺激構造における空間関係の理解がどの程度であるか，後者は，連続する運動の中で見えの違った形になるということや，見えの違う状態を回転方向で束ねるということや，こことここことがつながっているという構造記述的な理解（Bialystok, 1989）の程度が構成課題で求められていたと推察された。傾いていく対象の認識には系列の理解が必須であるとする Dean et al. (1983, 1986, 1987) の指摘を支持する結果を得たが，本研究では対象のある状態と別の状態との中間の表象をイメージとして仮定し，動きを伴った連続するいくつもの知覚を束ねる作業，つまりイメージを補足する作業として身体および身体的な媒介による「ひきうつし」があると考えた（野田，2008）。

尚，鳥形構成課題の場合，知覚的な要因が影響しており，誤反応から正反応へ至るまでに，①部分間の接点を正しく認識出来ているか，②部分のつな

第3章　実験系列2　構成課題を用いた幼児の形態の知覚　233

がりに固執せず全体として対象の輪郭が知覚できるか，③左右の位置関係を
正しく捉えているか，という順に認識が進み，それらが単純誤反応（E），大
地反応（G），鏡映反応（M），正反応（A）と対応すると考えられた（図3-1-
8）。実験2-1で示した次元の種類とエラーの起きる原因（図3-1-8）は，対象
内にある図柄情報の関係を認識していく姿を捉えたものだが，要素の関係を
認識する（田中，1991）上で，特徴的な部分を参照したが（Courbolis, et al.,
2007），対象の各部分をひとつひとつの要素であるコンポーネント（Rosser, et
al., 1989）として参照し，結びつけることをしなかったために，誤反応が生じ
たものと解釈された。おそらく認識の時点でどのような特徴へ注意できるか
（Gibson, 1969/1983）といった，刺激構造内の特徴を認識することや，刺激の
扱いやすさを決める上での符号化可能性（Bialystok, 1989）が誤反応と関係し
たと思われる。また同時に，対象の運動変化，状態の変化（Piaget & Inhel-
der, 1971/1975）や，順次的な系列の理解（Dean et al., 1983, 1986, 1987）が，課
題遂行には要請されていると解釈された。

　実験2-2では，刺激にマーカーを付けることで反応変化を検討することと，
WLTとの関連性を検討することが目的であった。実験2-1の鳥型構成課題
の刺激にマーカーを付けて左右が明確になるよう改良したものを用いた。ロ
ーテーション効果は4歳では現れず5，6歳で現れ，前実験に比べ成績が5，
6歳で上昇した。刺激の構造化，つまり左右の符号化のしやすさ（Bialystok,
1989；Olson & Bialystok, 1983）が成績に影響したと考えられ，左右に関する刺
激情報の捉え方は4歳より5，6歳でより正確になることがわかった。実
験2-2は実験2-1に比べ成績が良くなった。おそらくマーカーにより刺激の
構造が明確になると，符号化可能性が高まったのではないかと考えられる。
刺激の構造が符号化しやすくなれば，刺激を全体であると同時に各部分とし
ても認識しやすくなり，正反応で求められている，全体でもあり部分でもあ
るといった多重論理的な捉え方（Aslin & Smith, 1988；Elkind, 1978）へと結び
つくものと思われる。

また，課題自体は刺激が回転していく系列をシーンごとに提示していることになるので，①Dean et al.(1983, 1986, 1987)が指摘するような系列化の理解が出来ていることや，②対象の上下が割り付けやすく内的軸が見出しやすい(Corballis, 1988；Howard & Templeton, 1966)刺激であることが要請されていた(図3-6-1)。この系列化が順次運動による変化をつないでいかなければならないので，手間取る子どもは意識的に表象空間での処理が出来ずにいた可能性がある(Foulkes & Hollifield, 1989；Liben, 1988)と思われる。

操作段階を確定するために同時に並行して水平性課題を行った。結果として前操作期においてローテーション効果が得られた。しかしローテーション効果がそもそもShepard & Metzler(1971)が指摘したようなイメージの回転によるものかどうかはわからない。その意味で運動の予期イメージが前操作期で働いていると解することは早急であろう。水平性課題で区分した前操

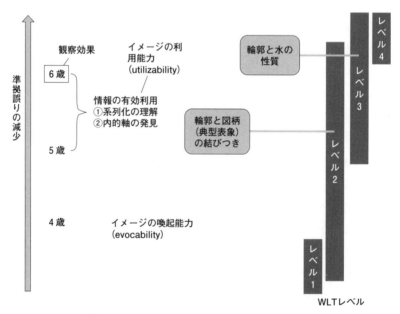

図3-6-1 輪郭と図柄情報が先行的に結びついた操作レベル2の段階

作期の WLT レベルは容器の底と平行な水を描く時期（WLT レベル 2）や，平行な水から水平な水へと変化する移行期（WLT レベル 3）であり，この時期は座標の形成が不十分であるとともに参照誤りによりエラーが生じると説明されている（Piaget & Inhelder, 1948/1956）。その点からすると，むしろ鳥形構成課題の正反応の勾配による減少傾向は，運動イメージが用いられたことを反映しているという解釈とは別に，参照誤りが原因し勾配変化が生じた可能性を考える必要があると思われる。

実験 2-3 では，重力準拠か刺激準拠かを明らかにすることが目的であった。構成する側のプレートを両面使えるようにして，標準刺激を傾けて提示した場合どのような反応が生じるか検討した。結果は，1）BCT（片面）の方がBCTB（両面）より成績が高くなった。つまり両面が使えるようになり，多様な誤反応を生み出すこととなった。また，標準刺激と比較刺激とがシンメトリックな関係に構成される反応が多く現れた。これについては，ⅰ）輪郭情報が重視されたこと，ⅱ）刺激を上下ではなく左右に対掲示するかたちで課題が行われたこと，などの影響が考えられた。2）重力に準拠した典型的な表現をしたのか，視覚的に呈示された標準刺激そのものに準拠したのか判明していなかった。そこで傾いた標準刺激を示すことで（BCTB）どちらに基づくか確定できると予想されたが，水平に胴体を構成するG系統の反応も，標準刺激に準拠したと考えられるO系統の反応も現れた。G系統の反応は，傾いた刺激を記憶の中で正立した向き（0度）に正規化するような修正が働いたか（Attneave & Olson, 1967；Corballis, 1988；Hock & Tromley, 1978），知覚的正立（perceptual uprightness）により反応したものと考えられた。一方で，同じであるという意味を，目の前にある標準刺激の胴体部の傾きにそのまま合わせて反応したのがO系統の反応と考えられた。「同じ」という意味の捉え方が2種類あり，ひとつは記憶にある典型的な表象を照合する場合であり，他は視覚的に提示された見本に合わせる場合があると推察される。4歳ではG系統の場所が確定していないが（図 3-3-5a），5歳の分布図（図 3-3-5b）で

は，正反応（A），同輪郭反応（F），G系統の反応，O系統の反応の順に並んでいる。5歳という同じ時期に生じているが，この並びは発達差を示している可能性が高い。まずは比較対象の部分に準拠し，典型表象，そして輪郭情報の重視へと進み，おそらく裏表あるいは前後の充分な認識を経た後に正反応へと至る発達の進行があると思われる。ほぼ1年遅れて，正反応と同輪郭反応が準拠を中心としたG系統やO系統の反応から分離し2軸目を形成したが（図3-3-5c），この2軸目を実験2-1で指摘した回転することへの気づきとして捉えるならば（図3-6-2），気づきの中には輪郭情報を保持したまま回転するということが含まれていて，その傾向が6歳から生じているといえるようだ。正反応に至る直前で同輪郭反応（F）が現れることから，輪郭への重視の時期が6歳近辺にあることが示された。しかし，実験系列1で指摘したように「傾きへの固執」が6歳をピークに明確に現れていた。この輪郭情

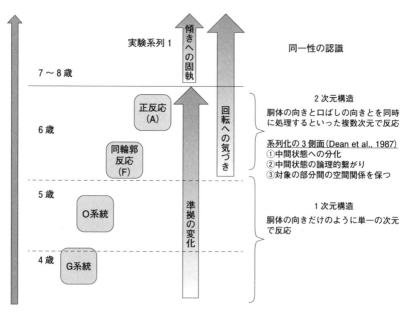

図3-6-2　準拠の変化と回転への気づきを形成する2次元構造

報の傾きに対する拘りは，既に2次元構造が現れている6歳において，対象の部分への準拠がより強く作用したことが原因すると考えられる。7歳で知覚的な要因が強まりエラーが生じるということは，刺激間を絶えず探索しながら比較することによって錯視量が増大する2次的錯視（入谷，1965；Piaget，1963/1971）と類似の現象であるかもしれない。本課題も比較刺激と標準刺激とを見比べている状況から，この種の錯視が生じている可能性は高い。また一定の年齢まで部分への準拠が増大し，以降は減少するという点でも2次的錯視に類似している。Piaget の知覚論の場合は錯視量だけを問題とし，対象の構成要素の過大評価といった側面について言及していない。むしろ2次的錯視が生じる状況で，繰り返しプレートによる参照活動がおこなわれたことの意味づけが重要と考えられる。参照活動については実験2-4の箇所で詳細に述べることにしたい。

　実験2-4では，連続する「変化の気づき」が観察により生じるかを明らかにすることが目的であった。操作段階と対応させて観察効果を検討した。前操作期から具体的操作期への移行段階において，運動イメージの変換が出来るようになり，観察効果も生じた。鳥形構成課題の刺激それ自体が回転するところを観察させると，WLT の成績が上昇したが，容器の底を水と平行に表現する WLT レベル2子どもの方が，上位の移行期にある WLT レベル3の子どもより成績が良くなった。このことは，観察により容器内の水の物理的変化（Liben，1978；Liben & Golbeck，1984）というよりも，対象の典型的な状態の回転における系列的変化と捉えた可能性が高い。ただし観察は回転することへの気づきに影響を与えたと推測される。容器の底と平行に水はあるものという典型的表象の強まる時期と推察され，同じ向きに準拠させ結果的に対象の輪郭と図柄とを堅固に結び付けて，高い成績を示したのではないだろうか（図3-6-1）。Kalichman（1988）のコンポーネント仮説からすると，埋め込まれている図から容器の枠組みを取り出して他の参照枠と空間協応すべきプロセスが，鳥形そのものが回転する過程の観察により対象全体がそのま

ま回転するものという認識を形成した可能が高いと思われる。WLTレベル2とレベル3で観察効果が確認されたものの，レベル2のレベル3に対する成績の伸びは，形態上の良さに対する敏感さという側面があったとも考えられる。典型的な表現は，「良いながめ（good view）」として認識され（Cox, 1991），水平性課題以外にも多くの領域で確認されている（Freeman & Janikoun, 1972 ; Light & Nix, 1983）。また，Luquet（1913/1979）が指摘した，知っていることを表現する知的写実性の段階の子どもは，ここでのWLTレベル2に相当すると考えられる。おそらく，そうした典型的な表象に基づく知覚優位な時期は，知っている正立像に影響されるため，容易に傾きの修正が行えたのだろう。観察では見るだけであったが，かかわりを許せば，手などを用いて調べてみようとする「ひきうつし」が頻繁に現れたと予想される。実際には構成課題では他の実験でもそうであったが，繰り返し胴体部のプレートを口ばしに配置し直す，あるいは持ったままプレートを傾けたりしながら見定めているという最終結果までの反応がみられた。一種の参照活動と思われ自らの持つ表象の整理を行っていると思われる。つまり，見るだけでなく対象へかかわるという行為が，幾つもの視点をつなぎ合わせ，課題構造を理解し（Bruner et al., 1967/1969），意識化でもある回転への気づき（Estes, 1998）をより明確にさせるのに役立ったのではないかと推察された。

　実験系列1で主に議論したように輪郭情報や図柄情報といった対象の特徴を構造的に識別するだけではなく，構成課題でより明確になった点として，空間的なかかわりの重要さがあげられる。実験系列1でも練習用チップが対象との関係をつける重要な働きを担っていたことを指摘したが，実験系列2で用いた構成課題では自分との関係を調整しながら，視覚的にガイドされる構成プレートをいかに配置するかと同時に，プレートによる参照活動には，プレートを持つ手や身体の姿勢等による対象へのかかわりが強く求められていると推測される。

　実験2-5では，ローテーション効果が標準刺激の形や傾きに依存している

可能性を検討することを目的とした。幾何図形 6 種類を用いて，ローテーション効果の頑健性について検討した。2 種類の図形を除き，他の全てでローテーション効果が認められた。効果が認められなかった図形の内，ひとつはシンメトリカルな構造を有していて（図形 1：図 3-5-1）刺激の符号化がしやすく（Bialystok, 1989），課題自体が易しかったので成績が方向の影響を受けずフラットになったと解釈された。他方は，図形 4（図 3-5-4）であるが，図形内のよりまとまった部分（「田」の字型をしたダイヤモンド部分）への注目が起きやすく，参照対象として特徴的な部分（Courbois et al., 2007）が逆に間違いの原因となっていると解釈される。実験 2-1 でも検討したが，向き不定の幾何図形の場合は，内的軸を発見する上での手がかりは刺激内の市松状に区分けされたライン（Howard & Templeton, 1966）に沿う軸と思われる。その点からすると，どのラインを読み出すかにより刺激の向きや形状の影響を受けてしまうようだ。つまり刺激の持つ輪郭情報や図柄情報といった刺激の構造に関する情報から，内的軸を算出する手掛かりが導かれ，部分どうしのまとまりが良いと角度の影響を受けにくくなり，ある部分に注意が行き過ぎると対象を全体と部分とのまとまり（Elkind, 1978）の中で捉えることが難しくなるものと思われる。

実験 2-1 のまとめ

1）構成課題は標準刺激と比べて欠けた部分を補うことで完成させる課題という性質から，イメージの視覚化と操作変換が求められていると考えられる。

2）旗型課題（実験系列 1）で確認されたローテーション効果が構成課題でも認められた条件と認められなかった条件が生じた。

3）ローテーション効果が認められなかった幾何図形条件 2 の場合は，輪郭情報により成績が左右され，刺激の形状が点対称の場合（条件 2），0 度から 180 度までであるが，90 度が最も傾いた状態となり，各々の傾きに対

応する特別なプロフィールが示された。

4）数量化Ⅲ類により，鳥形構成課題の反応カテゴリーの生起パターンを分類したところ，正反応（A）と鏡映反応（M）がひとつのクラスターを形成し，大地反応（G）が別のクラスターを形成し，そして単純誤反応（E）がさらに別のクラスターを形成した。

5）数量化Ⅲ類で2つの軸が得られたが，それぞれの反応カテゴリーの配置から，1軸を「準拠対象の変化」，2軸を「回転の気づき」として捉えられる。

6）誤反応から正反応へ移行する上で，刺激の特徴と反応の在り方から，①接点，②輪郭，③左右の位置関係の理解の順に発達が進むと考えられる。

7）接点は頭部と胴体部の接合を問題とし，鳥形の胴体部の直線成分をどう認識するかの問題と考えられる。輪郭は標準刺激全体が提供する輪郭情報を認識しているかを問題とし，左右の位置関係は胴体部の頭部に対する配置を，左右を混同せずに認識できるかの問題と考えられる。

実験2-2のまとめ

1）鳥型構成課題で用いた刺激の向きを明確にする為に，胴体部シッポの部分にマーカーをつけて，実験2-1と同様の手続きを行ったところ，前実験と同様の誤反応カテゴリーが得られた。またローテーション効果は4歳では得られず，5，6歳で得られた。

2）正反応は5歳と6歳で，マーカーのある本実験の方が前実験（実験2-1）よりも多く現れた。このことから，与えられた方向に関する情報を4歳ではまだ利用出来ないが，5〜6歳になると有効利用出来ることがわかった。刺激の構造化が年長になると，正反応を促進すると考えられる。

3）前操作期と対応するWLTレベル2及び3の子どもはローテーション効果を示した。そして具体的操作にあると考えられるWLTレベル4の子どもは，角度に対してフラットな反応を示した。ローテーション効果は

メンタルローテーションと同一ではないが，角度に対する規則的な変化を示した。しかし，運動イメージを反映しているのか，他の方略に基づくのか判明しないと考えられる。

4）WLT レベル（WLT）と誤反応の在り方から，前実験で得られた準拠のされ方や回転への気づきの程度は，運動イメージを利用するための必須要件ではないかと推察される。

5）ローテーション効果が生じる前提として，① Dean et al.（Dean et al., 1983, 1986, 1987）が指摘するような系列化の理解が出来ていること，② 対象の上下が割り付けやすく内的軸が見出しやすい（Corballis, 1988）刺激であることが推測される。

実験 2-3 のまとめ

1）構成プレートの裏側も使えるようにしたところ，裏側を利用した誤反応も得られ，前実験までの反応の基準に基づき新たなカテゴリーを設定して再分類を試みた。

2）大地反応（G）の出現理由が判然としなかったが（実験 2-1，実験 2-2），本実験では，G系統から標準刺激の胴体部に準拠しようとするO系統へ変わる子どもとG系統のままでいる子どもの割合がほぼ半数ずつとなった。目の前の知覚に準拠しようとする子どもと，記憶に基づいて反応する子どもがいたことが示唆される。

3）裏面が使えるようになり，シンメトリーな反応が増加した。シンメトリーに構成する反応は，図柄を無視し輪郭へ注目した反応と考えられる。

4）正反応の図柄は無視して輪郭が同じ反応を同輪郭反応（F）として区分し，正反応，G系統，O系統の反応とともに数量化Ⅲ類にかけたところ，実験 2-1 で得られた「準拠への変化」と「回転への気づき」の 2 つの軸を再度確認できた。

5）「準拠への変化」を示すと考えられた 1 つ目の軸上で，各カテゴリーが

直列して並ぶ1次元構造（4〜5歳）を形成するが，その後に2つ目の軸の「回転への気づき」も付け加わった2次元構造（6歳）へと発達が進むと捉えられる。

6）1軸で示される1次元構造は，傾いた標準刺激への準拠（O系統）や水平あるいは典型的な記憶に基づくだろう大地反応系統（G系統），次に正反応と同じ輪郭の同輪郭反応（F），そして正反応（A）の順に回転への気づきが進むと推測される。

実験2-4のまとめ

1）回転の最中の観察には，Dean et al. (1987) が指摘するように，①運動途中の状態に分化し，②中間状態の順序，③対象の部分間の構造的結びつきの理解をする等の系列的理解が求められていると考えられる。

2）観察効果は6歳にならないと現れなかった。つまり系列的理解が出来るようになって回転観察が生かせるようになると推測される。

3）WLTレベルで観察効果を検討したところ，容器の底と水平に水を表象するWLTレベル2の方が，上位のWLTレベル3に比べて観察の効果が大きかった。対象をひとまとまりの全体と捉え，それを回転させる単一能力が強い段階の方が，容器と水の在り方とを分けて捉え始める段階より，回転に限っての観察には感受性が高かったものと推測される。

実験2-5のまとめ

1）5種類の図形の内，ひとつの図形は天井効果，他の3種類の図形でローテーション効果が確認された。残す1種類の図形4では特殊なプロフィールを描いたが，90度を境に全体を回転させる方略から左右のマッピング等の特徴分析的な方略へと変化した可能性が示唆される。

2）図形4は実験2-1で用いられた点対称の図形ではないが，図形4では90度で最も成績が低くなるV字プロフィールが得られた。このことから，

鳥型構成課題の標準刺激の胴体部に誤って準拠するのと同じ準拠間違いの可能性が考えられる。

第4章　実験系列3
反応時間を用いた幼児のメンタルローテーション実験

第1節　実験3-1　構成課題とRT課題：ノーマル（NN）条件での分析

目的

　本研究の実験系列1，2（前1節2節）では，反応時間によらない方法でローテーション効果が得られることがわかっただけでなく，認知的処理における異同の処理の違いや，全体と部分の発達による処理の違い等が明らかになってきた。だが，反応時間に拠らない課題が，反応時間に拠る課題と異なるプロセスであることを直接的には証明していない。そこで，RT課題（メンタルローテーション課題）と構成課題とを比較することで，両者の違いを明らかにすることを目的とした。反応時間によるRT課題で得たメンタルローテーターとノンローテーターとが，実験系列2で用いた構成課題でどのような反応を示すか検討することで，構成課題で行われている認知的処理が明らかになると考えられる。また，幾何構成課題（GCT: Geometric Construction Task）での標準刺激の提示向きを変えることで，呈示の効果を検討した。

方法

被験児：千葉県内の幼稚園，保育園から5歳児，6歳児を抽出し個別に行った。

5歳児：23名（男児14名，女児9名）

平均年齢　5歳5ヶ月（4歳11ヶ月〜5歳10ヶ月）

6歳児：25名（男児9名，女児16名）

平均年齢　6歳4ヶ月（5歳11ヶ月～6歳10ヶ月）
総計：47名（男児22名，女児25名）
平均年齢　5歳11ヶ月（4歳11ヶ月～6歳10ヶ月）

構成課題の材料と手続き

幾何構成課題（GCT）：材料・手続きとも実験系列2の実験2-1/条件1に同じ。ただし標準刺激の向きは条件1と異なり図4-1-1に示すように条件1からすると，右に90°傾けて呈示した。

　鳥型構成課題（BCT）：材料・手続きとも実験系列2の実験2-3でのBCTBに同じ。

RT課題の材料

　コンピュータディスプレー（LCD）上に呈示する視覚刺激は4種類作成した。子どもに親近感のあるアニメーションのような刺激を用いた。刺激として用いた虫（Insect）とロボット（Robot）の絵は，デジタルソフトで作成した。また，実際のプラスチック製のお爺さんの人形を撮影し，それをデジタル画像として取り込んだ（Oldman）。次に3Dデジタルソフト（Micrografx社製のSimply3D）で作成した雪だるまのデジタル画像を使用した（Snowman）。それぞれの標準刺激を図4-1-2に示した。

　コンピュータプログラム（Rotation 2000）：Visual Basic 6.0を用いて反応時間を計測するためのプログラムを作成した。WindowsのAPI関数を呼び

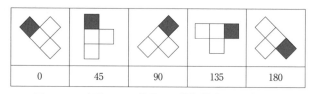

図4-1-1　実験3-1で使用した幾何構成課題（GCT）

第4章　実験系列3　反応時間を用いた幼児のメンタルローテーション実験　247

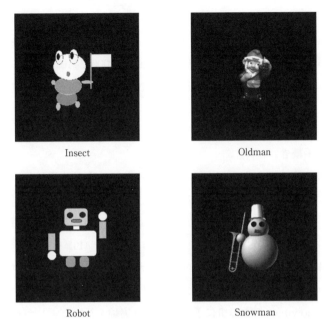

図 4-1-2　刺激の種類

出して，ミリ秒単位まで時間を計測できるように設計した。検査者が刺激を呈示する為のボタンを，コンピュータの特定のキーに設定した。また刺激に対して子どもが反応すれば，呈示刺激が消え，次のステップに進むには検査者側が操作しなければならないようにした。つまり，全ての時間スケジュールが予め設定された状態ではなく，子どもにより次のステップへ進む時間を自由に設定できるように設計した。

　反応ボタンと信号処理：黒のプラスチック製の箱（173×108×38mm）を加工した。異同の反応を得るための大き目のボタン（φ20mm）をフロントの左右に配置した。右は緑色のボタンでその上に「○おなじ」とシールを貼り，左は赤い色のボタンで「×ちがう」と書いたシールを貼った。反応ボタンの箱の中に収めた入力受け側の基盤として，ゲーム用のジョイステックの基盤

248

を転用した。コンピュータにはUSBケーブルを介して信号が伝わるようにした。更に入力信号をキーボード入力に変換するフリーウェア（GPAD2KEY.EXE Ver.0.80, 風仙, 1997）を用いて, Rotation 2000で制御した。

コンピュータディスプレー：15インチNEC社製LCDディスプレーを使用。

RT課題の手続き

子どもはLCDから40〜50cmの位置に座り, 検査者は子どもの横に座って教示した（図4-1-3）。視角は5.7〜7.1度であった。実験のスケジュールはMarmor（1975, 1977）と同じセッションを組んだ。練習と本実験から成る。練習は1）異同判断課題（4試行）, 2）基準テスト（10試行）, 3）回転判断課題（4試行）の3セッションから形成された。一人の子どもにつき, 4種類の刺激の内の2種類を試行した。InsectとOldman刺激を試行する組と, RobotとSnowman刺激の組に子どもを分け実験を行った。しかし関心の高い子どもの場合は両条件とも試行することがあった。練習ではInsectおよ

　　　　RT課題　　　　　　　　　　　　鳥型構成課題（BCT）

図4-1-3　検査の様子

RT課題のLCD手前にあるのが反応ボタンで, 机の向こう側に置いたコンピュータを用いて制御している。作業速度が子どもにより異なるので, 練習と本検査の各セッションの開始は自動で行うのではなく検査者が行った。BCT課題は実験系列2で使用したものと同じ。尚, 写真は実験3-2で撮影されたものだが, 実験系列3では全てこの状況で検査が行われた。

び Robot の刺激をそれぞれの条件で用いた。

　まず，1）異同判断課題では Insect（あるいは Robot）の刺激を用いた。左側に標準刺激，右側に比較刺激を呈示し，0度における正像と鏡映像の弁別を行った。ディスプレーの刺激を指差し「これとこれはおなじですか」と教示し，同じならこのボタン，違えば（同じでなければ）こちらのボタンを押すように求めた。その際，充分に課題の意図が理解出来ない子どものために，補助具を用意した。予め刺激と同じ絵を印刷し，それを円形に切り抜いたプレートを用意した。そのプレートを練習段階で適宜用いて，標準刺激と比較刺激とを比較してボタンで答えることを理解させた。次の2）基準テストでは，1）と同じ異同判断課題を行うが，10試行中7試行正しく出来ている場合に通過とした。「今度は続けてやってみましょう。さっきと同じように教えてください」と教示した。尚，Marmor（1977）は連続10試行正しく出来た場合あるいは，24試行中20試行出来た場合という基準を設定している。また Marmor の追試を行った Hatakeyama（1989）は10試行中8試行の基準を用いている。一方で基準テストを設けずフィードバックに努めたことだけを表記するにとどまる研究もあった（Foulkes & Hollifield, 1989；Roberts & Aman, 1993）。次の3）回転判断課題では，45度（正），90度（誤），135度（正），180度（誤）の比較刺激をランダムに呈示し，正誤を求めた。「今度はいろいろな向きで出てくるから良く見て教えてくださいね」と教示を与えた。

　本実験では，標準刺激は0度で呈示し，比較刺激は0，45，90，135，180，225，270，315度について正像と鏡映像とをランダムに発生させたものを呈示し，同じか異なるか求めた。子どもは呈示刺激の種類によって2組に分かれているが，両組とも練習で用いた刺激と新しい刺激の順に試行した。正解のフィードバックを与えた。

　実験はすべての課題で個別に行い，構成課題，RT 課題の順序で進めた。また構成課題での BCT と GCT 試行順序は相殺されるように振り分けた。

結果

1）メンタルローテーターの抽出

　メンタルローテーションを行っている子どもの基準として，決定係数（r^2）を用いた。決定係数は相関係数の2乗にあたる値で，角度に対する反応時間の変動を説明する指標として用いた。メンタルローテーターとそうでない者とを分ける基準として用いられることが多く，Estes（1998）は.44以上，Grimshaw et al.（1995）は.4以上をメンタルローテーションを行っている者として区分している。また，異同判断での正反応が高い群の方が低い群より決定係数が高いという用い方をしている研究もある（Roberts & Aman, 1993）。だが，Marmor（1975, 1977）をはじめ多くの研究では，決定係数を用いずに，練習を強化するか訓練基準に満たない子どもを除くという方法をとっている。本研究では，就学前の4歳から6歳にかけ，子どもがマッチングとローテーションの両方の方略を使用している可能性を想定している。そこでメンタルローテーターを明確に区分するために，課題の手続きのところで述べたように，練習や基準テストだけでなく，決定係数を導入した。個々の子どもの反応時間から決定係数を算出し，.44以上の者をメンタルローテーターとした。

　Insect-Oldman を試行した子どもの数は22名，Robot-Snowman の対象となった子どもは24名であった。その内，Insect 刺激で決定係数.44以上を示した子どもは5名（22.7%），Oldman 刺激で7名（31.8%），Robot 刺激で8名（33.3%），Snowman 刺激で10名（41.7%）であった。1刺激だけあるいは2刺激とも.44以上を示した子どもがいたので，1刺激でも.44以上を示した場合をメンタルローテーターとした。全体では23名がメンタルローテーター（平均年齢は5歳10ヶ月），24名がノンローテーターとなった（平均年齢は5歳10ヶ月）。1名が基準テストを通過しなかった。

2）反応時間の条件分析

　RT について刺激（insect, oldman, robot, snowman）×異同×角度（8角度）の

3要因分散分析を行った。刺激を要因とする主効果には有意差が認められ（$F(3, 21) = 28.130$, $p < .001$），異同を要因とする主効果には有意差が無かった。角度を要因とする主効果には有意差が認められた（$F(7, 21) = 24.879$, $p < .001$）。交互作用は無かった。Fisher の最小有意差法による多重比較の結果，Oldman と Snowman との関係を除く他の全ての刺激間で有意差が示された（$p < .01$）。Robot で最も時間がかかり，次に Oldman や Snowman，そして Insect が最も早く判断された。図 4-1-4a〜d に示すように角度を変数とした場合も180度をピークとした山型のプロフィールが示され，勾配と反応時間とのリニアーな関係が得られた。ただし，刺激別にみたプロフィールでは，Insect のピークが180度から225度にわたるという特徴が示された。

　また多重比較の結果から，プロフィールの形状を詳細に検討すると，0度，45度，90度の反応時間の間で有意差は認められなかった。同様にして，270度と315度の間で差が認められなかった。両端がフラットであることが示された。

3）構成課題でのプロフィールの比較

　メンタルローテーター群とノンローテーター群ごとに構成課題の成績変化を検討した。まず GCT，BCT で正反応が示されていれば角度ごとに1点を与えた。メンタルローテーター群で，角度(45, 90, 135, 180度)×課題の種類(GCT, BCT) の2要因分散分析を行ったところ，角度を要因とする主効果に有意差が認められ（$F(3, 176) = 11.317$, $p < .001$），課題の種類を要因とする主効果では有意差が認められなかった。交互作用は無かった。図 4-1-5a に示すように勾配に従って正反応が減少する傾向が得られた。GCT のプロフィールは見かけでは180度で上がっているが，135度と180度の間には差は無く，誤差の範囲であった。

　一方，ノンローテーター群で，同じく角度×課題の種類の2要因分散分析を行ったところ，角度を要因とする主効果に有意差が認められ（$F(3, 184) =$

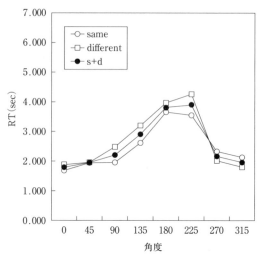

図 4-1-4a　Insect を刺激として用いた場合の RT プロフィール

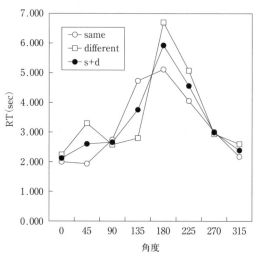

図 4-1-4b　Oldman を刺激として用いた場合の RT プロフィール

第4章 実験系列3 反応時間を用いた幼児のメンタルローテーション実験

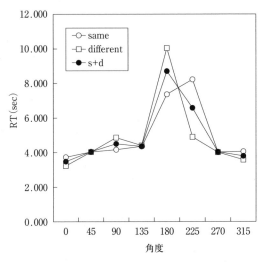

図 4-1-4c　Robot を刺激として用いた場合の RT プロフィール

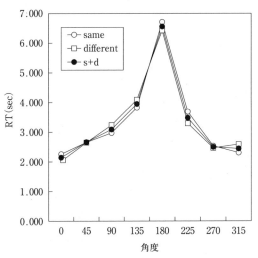

図 4-1-4d　Snowman を刺激として用いた場合の RT プロフィール

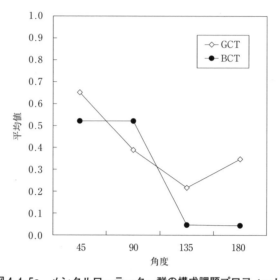

図 4-1-5a　メンタルローテーター群の構成課題プロフィール
GCT と BCT それぞれの正反応平均値をプロットした。GCT の135度と180度の間は差が無い。そして GCT と BCT ともに角度要因の傾向検定で差が認められた。

9.624, $p<.001$), 課題の種類を要因とする主効果では有意差が認められなかった。交互作用は無かった。しかし GCT の135度 ($M=.04$) と180度 ($M=.17$) を比較すると差が認められた ($p<.05$)。BCT は勾配とともに正反応が減少したが, GCT は180度で正反応が増加したことが示された (図4-1-5b)。

4) クロノメトリックとノンクロノメトリックとの相関関係

メンタルローテーター群の子どもだけを対象とし, 刺激別に各課題における変数間の相関を検討した。構成課題では正反応の場合1点そうでない場合を0点とし, 角度ごとの点数を用いた。GCT, BCT, および GCT と BCT とを単純合計した合成得点 (GCT＋BCT) の3種類を用意した。RT 課題からは, 角度ごとの異同の平均反応時間 (RT) と平均誤反応 (RT エラー) の2

第 4 章　実験系列 3　反応時間を用いた幼児のメンタルローテーション実験　255

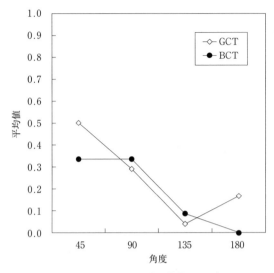

図 4-1-5b　ノンローテーター群の構成課題プロフィール

ノンローテーター群でもローテーション効果が認められた。ただし，GCT の135度と180度の間に差が生じた。

種類を用意した。一人の子どもから 4 角度ごとの値が得られるので，データ数は Insect で20（5 名 × 4），Oldman で28（7 名 × 4），Robot で32（8 名 × 4），Snowman で40（10名 × 4）となった。

　GCT，BCT，G + B，RT，RT エラーの 5 変数間の Pearson の相関関係を求め，無相関検定を行ったところ，表 4-1-1〜4 に示すように，Insect では，GCT と G + B （$r = .820$, $p < .01$），GCT と RT （$r = -.422$, $p < .05$），BCT と G + B （$r = .783$, $p < .01$），BCT と RT （$r = -.580$, $p < .05$），G + B と RT （$r = -.621$, $p < .01$）の間で有意な相関が示された。また Oldman では，GCT と BCT （$r = .580$, $p < .01$），GCT と G + B （$r = .915$, $p < .01$），BCT と G + B （$r = .858$, $p < .01$），BCT と RT （$r = -0.332$, $p < .05$），RT と RT エラーの間 （$r = .553$, $p < .01$）で相関が示された。robot では，GCT と G + B （$r = .745$, $p < .01$），BCT と G + B （$r = .667$, $p < .01$），BCT と RT （$r = -.432$, $p < .05$），

表 4-1-1　Insect の相関分析表

変数	データ数	相関係数	t 値	p
GCT, BCT	20	0.285	1.26201	—
GCT, G＋B	20	0.820	6.06736	**
GCT, RT	20	－0.422	－1.97423	*
GCT, RT エラー	20	－0.284	－1.25888	—
BCT, G＋B	20	0.783	5.33927	**
BCT, RT	20	－0.580	－3.02287	**
BCT, RT エラー	20	0.023	0.09708	—
G＋B, RT	20	－0.621	－3.35925	**
G＋B, RT エラー	20	－0.171	－0.73614	—
RT, RT エラー	20	0.340	1.53585	—

注) *は5％，**は1％の危険率で相関が有意であることを示す。各課題での変数間における無相関検定（p）では片側検定を用いた。データ数は5名×4角度を対象とした。

表 4-1-2　Oldman の相関分析表

変数	データ数	相関係数	t 値	p
GCT, BCT	28	0.580	3.62695	**
GCT, G＋B	28	0.916	11.60624	**
GCT, RT	28	－0.171	－0.88297	—
GCT, RT エラー	28	－0.021	－0.10496	—
BCT, G＋B	28	0.858	8.53400	**
BCT, RT	28	－0.332	－1.79630	*
BCT, RT エラー	28	－0.079	－0.40271	—
G＋B, RT	28	－0.271	－1.43787	—
G＋B, RT エラー	28	－0.052	－0.26457	—
RT, RT エラー	28	0.553	3.38277	**

注) データ数は7名×4角度を対象とした。

G＋B と RT （$r=-.297$, $p<.05$)，RT と RT エラー （$r=.582$, $p<.05$）で相関が示された。Snowman では，GCT と G＋B （$r=.740$, $p<.01$），GCT と RT （$r=-.292$, $p<.05$)，GCT と RT エラー （$r=-.349$, $p<.05$)，BCT と G＋B （$r=.747$, $p<.01$)，BCT と RT （$r=-.273$, $p<.05$)，G＋B と RT

第 4 章 実験系列 3 反応時間を用いた幼児のメンタルローテーション実験 257

表 4-1-3 Robot の相関分析表

変数	データ数	相関係数	t 値	p
GCT, BCT	32	0.000	0.00000	—
GCT, G＋B	32	0.745	6.12372	**
GCT, RT	32	−0.013	−0.06871	—
GCT, RT エラー	32	0.199	1.11083	—
BCT, G＋B	32	0.667	4.89898	**
BCT, RT	32	−0.432	−2.62233	*
BCT, RT エラー	32	−0.222	−1.24838	—
G＋B, RT	32	−0.297	−1.70509	—
G＋B, RT エラー	32	0.000	0.00000	—
RT, RT エラー	32	0.582	3.92171	**

注)＊は 5 ％, ＊＊は 1 ％の危険率で相関が有意であることを示す。各課題での変数間における無相関検定 (p) では片側検定を用いた。データ数は 8 名×4 角度を対象とした。

表 4-1-4 Snowman の相関分析表

変数	データ数	相関係数	t 値	p
GCT, BCT	40	0.105	0.65343	—
GCT, G＋B	40	0.740	6.77930	**
GCT, RT	40	−0.292	−1.87937	*
GCT, RT エラー	40	−0.349	−2.29564	*
BCT, G＋B	40	0.747	6.92632	**
BCT, RT	40	−0.273	−1.75106	*
BCT, RT エラー	40	0.015	0.09072	—
G＋B, RT	40	−0.380	−2.53108	*
G＋B, RT エラー	40	−0.223	−1.41258	—
RT, RT エラー	40	0.179	1.12402	—

注) データ数は10名×4 角度を対象とした。

($r＝-.380$, $p<.05$) の間で相関が得られた。RT と構成課題との場合, 反応の増減が逆さになるので相関係数は負の値を示した。刺激の種類によって両課題間の関係は異なった。パターンで整理すると, 4 刺激とも BCT と RT 間の相関は有意であったが, GCT と RT との相関が現れたのは Insect と

Snowman においてであった。BCT は勾配とともに減少するプロフィールだったが，GCT のプロフィールは135度で最小値をとるかたちであったことが原因しているかもしれない。RT と RT エラーの相関が全ての刺激ではなく，Oldman と Robot においてしか現れなかった。このことは，速さと正確さとのトレードオフの可能性がある。

GCT や BCT と G＋Bの相関は内部相関を示している。GCT，BCT，G＋BとRT エラーは正確さの指標として同じカテゴリーに属すると考えられるが，Snowman での GCT と RT エラーにしか相関が認められなかった。

考察

構成課題と RT 課題とを比較し，その違いを明らかにすることを目的とした。

1）メンタルローテーターの抽出と方略

そもそも決定係数は角度と反応時間との変動に基づくので，角度の増大とともに安定して反応時間も増えるリニアーな関数であったかどうかの指標となる。角度の増加に従い反応時間がジグザクなプロフィールだと決定係数の値は低いものとなる。それ故，.44以上の決定係数から得られたメンタルローテーターと，それ以下のノンローテーターとは，反応時間のプロフィールの違いがあった。メンタルローテーターは一定の速度で回転させたことが前提となり，ノンローテーターは一定の速度ではない。むしろ，全体を回転させて解くのとは別の方略が取られた可能性が高い。使用された方略の違いが決定係数に反映したと推測される。

メンタルローテーターの出現率が，刺激条件別にみると23～42％程だった。基準テストを通過した子どもの全てがリニアーな反応を示したわけではなかった。メンタルローテーターとノンローテーターの平均年齢は，同じく5歳10ヶ月であったので，両者を分けた要因は年齢の違いではない。Shepard ＆

Metzler（1971）は実験刺激を作成する上で，実際にメンタルローテーションをせず，明確な特徴を見出すことで判断されることのないように，鏡映像を用いたとある。しかし，特に本実験で使用した刺激の場合は，多くの特徴をそれぞれの刺激が有していたので，ノンローテーターは部分への注目とその比較を通じて解決したのだろう。一方，メンタルローテーターは，全体の回転を練習の段階で気づいたか，既にそうした方略を持っていたのか，いずれにしても心内で対象の回転を実行できたと推測される。ノンローテーターの解き方であるが，例えば Marmor（1975, 1977）や Hatakeyama（1989）のパンダやアイスクリーム刺激の場合は，パンダのどちらの手が上がっているか，アイスクリームの左右どちら側がかじってあるか，という刺激対象の左右の特徴となる部分だけに注目すれば出来てしまうことになる。Roberts & Aman（1993）の説明によると，子どもの身体の正中線を基準にし，対象の特徴が右か左にあることで正誤を判断できるが，対象の回転の度合いが増して正中線をまたいだ場合，それまでの左右の関係が逆転してしまう。そこでローテーションに切り替えるという2種類の方略の使い分けがあると主張している。

　本実験結果では，メンタルローテーターに区分された子どものプロフィールは図 4-1-4a～d に示されるように，0，±45，±90度のあいだで差が無く，±90度を境に勾配に従って反応時間が増加していった。Roberts & Aman（1993）が指摘した身体の左右マッピングによる解決が±90度まで行われ，それ以上になると，おそらく回転による解決に切り替わっていったのだろうことが推測される。本データにおけるメンタルローテーターの子どもは，単にメンタルローテーションが出来たと捉えるのでなく，2種類の方略の切り替えが出来たと考えても良いのではないだろうか。±90度以降は回転する変換操作の時間が加わり，勾配とともに反応時間が増大し，180度でピークを示したと推測される。±90度を境に左右が逆転することがわかり，意識的に回転させようとしたのかもしれない。

Estes（1998）や Grimshaw et al.（1995）は実験計画上，決定係数を用いてメンタルローテーターとそうでない者とに区分しているが，決定係数を区分の指標として導入せずに，練習と基準テストだけで子どものメンタルローテーションを検討したそれまでの研究の多くには，マッチング等による方略で解決した可能性のあるデータが含まれていると思われる。従来用いられてきた基準テストは，刺激を直立させた位置（0度）で左右の弁別を行い，次に角度の異なる刺激における練習となり，課題が理解されたかどうかのチェッカーとしている。4試行の傾きの理解を試すだけの研究もあり，そうした場合は充分に傾きに対する理解が出来た子どもとそうでない子どもを振り分ける仕組みになっていないと思われる。つまり，本実験で得られたデータの中には左右の弁別は理解出来ていても，回転に対する理解が不十分な子どもが含まれている恐れがある。こうしたことから，対象の回転ではなく特徴の左右位置に基づく解決をしていた可能性も推察される。

2）反応時間の分析

　Robot の刺激が他の3刺激に比べて反応時間が最も遅かった。Robot は，平面的なデジタル描画であり，他の刺激と比べると上下左右ともシンメトリックな刺激構造となっている。手の向きだけが唯一異なる。そうした左右へのバイアスの少ない刺激構造が，判断に時間を要した原因と考えられる。残る3刺激の内，Insect は最も反応時間が早かっただけでなく，他の刺激のプロフィールが180度をピークとしたのに，Insect は180度と225度にかけてのピークが認められている。つまり135度と225度の反応時間が同じレベルには無く（$p < .05$），右に偏った反応傾向が示されている。このことは，刺激内にある旗が大きく左右したのかもしれない。Insect における虫と旗の部分とで形成される矢印型の形状を捉え，矢印の向きだけに注目すれば225度の場合に矢印の向きが真下を向くことになる。つまり，全体の形状から捉えると，最初から左に45度傾いた矢印として呈示されていると捉えることも出来る。

第4章　実験系列3　反応時間を用いた幼児のメンタルローテーション実験　　261

正反応が現れる直前に，輪郭への注目が上昇したこと（実験系列1，2）から
も，輪郭から形状の傾きを捉えている可能性はあり得ると思われた。こうし
た他の刺激には無い，形状の違いも反応時間の早さの原因になったのかもし
れない。他にもそれぞれの刺激内にはいくつもの特徴があるが，上で示した
ような Robot や Insect にある特徴を持たない Oldman や Snowman が，中
間に位置する反応時間を示したのではないだろうか，と推測された。

3）知覚的直立（perceptual uprightness）からの解釈

　既に述べたように反応時間のプロフィールをみると，0度から90度まで
（Snowman 刺激は除く）と，270度と315度がフラットであることが示された。
決定係数を用いて角度と反応時間との相関の高い子どもだけを抽出したが，
実際のプロフィールの形状からすると，Roberts & Aman（1993）の指摘し
た2種類の方略を切り替えた可能性があると推測された。つまり，±90度ま
では身体の左右マッピングで解決できたのでフラットとなり，以降について
はローテーションを意図的に行うことで勾配に従う変化が生じたものと考え
られた。Snowman 刺激の場合は他の3刺激に比べて，いずれの角度でも左
右のマッピングよりもローテーションによる解決が選ばれやすかったのでは
ないかと考えられた。

　だが Hock & Tromley（1978）の知覚的直立（perceptual uprightness）の視
点からの解釈も出来る。それは文字刺激が傾いていても直立していると知覚
できる角度の範囲があるという指摘である。Hock & Tromley（1978）は知
覚された文字刺激と記憶にある刺激の上下が一致していれば，その刺激は知
覚的直立にあり，被験者はすぐさま異同判断が出来るが，もし一致していな
ければメンタルローテーションが求められ，記憶のコードと知覚のコードと
が一致するまで，知覚に割り当てた「上」と「下」を連続的に割り当て直す
必要があると考えている。そしてその知覚的直立が生じる角度には幅があり，
刺激によりその角度の範囲が異なるとしている。本実験で用いたどの刺激も

子どもには馴染みのある容貌をしており，4刺激とも足を持っていることから明確に上下の位置が規定される。Hock & Tromley（1978）は文字刺激を用いていたので，記憶と知覚とを一致させる作業が想定できたわけだが，どの程度まで本実験で用いた刺激が文字と共通するか，またどの程度に4種類の刺激のひな型が記憶に存在していたかはわからない。もし汎用性のある典型があるとするならば，頭と胴そして2足のある人型という特徴が，なんらかの鋳型として機能していたことになるのかもしれない。つまり，子どもは±90度の範囲でその人型を直立した状態にあると知覚していた可能性もある。

4）構成課題でのプロフィールの比較

構成課題のGCT，BCTともにメンタルローテーター群では，勾配とともに正反応が減少した。一方，ノンローテーター群のBCTではローテーション効果が得られたが，GCTでは勾配とともに正反応が減少し180度で成績が跳ね上がった。反応時間を指標とした研究領域では180度で反応時間が短くなることがあり，M字型の形状を取る反応時間のプロフィールとして確認されてきた。前額平面ではなく奥行き回転によるフリップを行った可能性が考えられており（Jolicoeur, 1985；Kanamori & Yagi, 2002；Murray, 1997），2つの機能が働いているとされている（Jolicoeur, 1990）。それは180度付近では向き不変（orientation-free）の表象に基づく特徴基盤システムが働き，それ以外の角度のときは，向き特定（orientation-specific）の表象に基づくメンタルローテーションシステムが働くというものである。構成課題はそもそも時間的制約がなく欠けた部分を補完するよう求めているので，対象の動きをイメージし続ける必要はなく，難しいという場合は刺激全体を傾けていくというメンタルローテーションシステムから，部分的に見比べる特徴基盤システムへ作業の重点を移すことも考えられる。135度まで続けてきた作業を180度という垂直で特殊な方向に至り，刺激の特徴に基づいて解こうとする特徴基盤システムに切り替わった可能性は高い。刺激の特徴に基づく処理だけなので，輪

郭と図柄とを結びつけて全体を回転する処理に比べて，より少ない情報量や処理ステップですむ。おそらく，ローテーター群，ノンローテーター群ともにGCTでは，0度から135度までは全体の回転で解こうとし，回転が困難になるかあるいは他の方略を取りやすくなる180度において，刺激の特徴に注目し，身体の左右性に影響されないマッチング，つまりJolicoeur（1990）がいうような特徴基盤システムで解決したと推測することもできる。

　ここで疑問になるのは，ノンローテーター群の子どもは，反応時間を指標とした場合にメンタルローテーションが充分に出来ない者と区分されたので，特徴に基づくマッチングによる解き方が行われた可能性が高い。それ故，リニアーな変化ではないプロフィールが顕著に現れても良いと予想されるが，なぜローテーションしたようなプロフィールとなったのかということである。GCTでは0度から135度まで勾配とともに正反応が減少した。さらにBCTでは0度から180度にかけてローテーション効果が明確に得られている。RT課題では心内で全体を回転させていくスピードが一定であるので角度に対してリニアーな関数となると考えられるが，構成課題での正反応を得る過程では，反応するまでのスピードを一定に保つ必要はなかった。課題の性質の違いが，構成課題での遂行に時間的余裕を与えたことは予想できる。スピードと正確さのトレードオフ現象（Pellegrino & Kail, 1982）とも関連することであるが，メンタルローテーションの実験で70歳台を中心にした参加者を対象にした場合，出来るだけ早く解くという時間の抑制を除くと青年と同じレベルとなることがわかっている（Sharps & Gollin, 1987）。メンタルローテーター群・ノンローテーター群とも，RT課題でメンタルローテーター群がとったと思われる方略のように，「一定のスピード」で全体を連続的に回転していくイメージを描かなくとも，つまり「不規則なスピード」であっても，知覚的解決の水準で対象どうしの全体か部分を重ね合わせるまでの距離に比例した困難度の影響を受け，結果としてローテーション効果が反応に現れたのではないかと思われる。

GCT と BCT のプロフィールの違いは，両者の刺激の性質によると思われる。GCT では幾何図形を使用しており，上下の規定の無い向き不変な (orientation-free) 性質を持っている。一方で，BCT は鳥型の刺激であり，上下が明確に分かれる向き特定の (orientation-specific) 刺激である。前節でも議論したが，こうした上下軸が明確にあることで，内的な軸を長期視覚記憶から発見しやすくなり，左右のマッピングが準備されるという研究もある (Corballis, 1988)。おそらく左右のマッピングが完了しているからこそ，対象のイメージをそのまま回転させることが出来たのだろうと思われる。一方，幾何図形の場合は上下の規定が不確かなので，子ども自身の身体を基準に左右のマッピングが行われやすいのかもしれない。刺激の左右が子どもの身体の正中線をまたいでしまうと，誤った左右のマッピングが行われるか (Roberts & Aman, 1993)，裏表を逆さにしてしまうフリップによる解決（本論文における実験系列 1 で示した Re 反応）が行われる可能性が高まると推測される。180度という上下軸が 0 度と一致する特殊な角度になると，Corballis（1988）も指摘しているように内的軸の発見がしやすくなり，その結果，身体マッピングも容易となり成績がそれまでの角度と比べると上昇したと考えることもできる。また，Jolicoeur（1990）が指摘するような解決システムのチェンジが行われ，回転による方略から部分的な特徴による方略へと移行し，結果として180度での高成績につながったのかもしれない。いずれにせよ，ノンローテーターもメンタルローテーターも GCT による構成課題では同じ反応パターンを示したことから，回転による方法ではない他の方法を用いた可能性が高い。特徴基盤システム（Jolicoeur, 1990）を用いた可能性や，本研究で扱ってきた図柄情報と輪郭情報を統合した全体ではなく部分的な特徴を用いて解くという方法を用いた可能性は高いと思われる。

5）クロノメトリックとノンクロノメトリックの相関関係

BCT と RT 課題との相関が 4 刺激で得られたことは，上で述べたことと

第4章 実験系列3 反応時間を用いた幼児のメンタルローテーション実験 265

も共通すると思われる。つまり上下軸の明確な BCT では GCT に比べ回転
をする準備が整っていたことが示唆される。一方 GCT と相関のあったのは，
4刺激の内の Insect と Snowman であった。他の Oldman, Robot の2刺激
で課題を解いた子どもは，GCT では RT 課題で取られたであろう順次回転
させていくようなローテーションによる方法ではなく，マッチング等による
方法で解決した可能性が考えられる。この場合は呈示刺激の種類とは関係は
無い。RT エラーと構成課題との相関がほとんど現れなかったということは，
両者が異なる側面をみていたことを示唆する。多分，RT エラーは時間制限
という中で生じる変動も含まれるので，上でも述べたように構成課題の正反
応とは性質が異なるのだろうと推測される。

第2節　実験3-2　構成課題と RT 課題：ノーマル・シルエット (NS) 条件 (標準刺激はノーマルだが，比較刺激は輪郭だけの条件) での分析

目的

　実験系列1において，輪郭情報が図柄情報とは別に扱われる時期があるこ
とを指摘し，輪郭情報に偏重した処理が小学校1年（7歳）で最も多く，小
学校4年（10歳）にかけて輪郭と図柄情報とが統合されていくことを示した。
また実験系列2において，正反応に至る直前に，全体の輪郭に注目して解こ
うとする時期があり，6歳頃にその輪郭への偏重を示す一群が現れることが
示された。この6歳から7歳にかけて，対象の輪郭情報と図柄情報に関係す
る認知的処理が大きく変化することが示唆された。

　一般的に輪郭だけで描かれたシルエットは内部まで描かれた線画に比べて
情報量が少ないので，同定が難しくなるが（Humphreys, 1987/1992），本研究
における輪郭情報と図柄情報との処理がどのような形で進行するのかを反応
時間の文脈においても検討しておくことは，発達的に意義があると思われる。

　そこで，図柄情報を示されない条件を与えることで図柄情報の果たす役割
を明らかにすることを目的とした。標準刺激に輪郭と図柄情報があっても，

比較刺激には輪郭情報しか与えられない場合は，輪郭から図柄情報を結び付けていく，言い換えれば情報を統合していく作業が求められるだろうと考えた。また，幾何構成課題（GCT）で，実験3-1とは異なる提示向きでの呈示の効果を検討した。

方法

被験児：千葉県内の幼稚園，保育園から5歳児，6歳児を抽出し個別に行った。

5歳児：22名（男児7名，女児15名）

平均年齢　5歳4ヶ月（5歳0ヶ月〜5歳10ヶ月）

6歳児：27名（男児17名，女児10名）

平均年齢　6歳4ヶ月（5歳11ヶ月〜6歳10ヶ月）

総計：49名（男児24名，女児25名）

平均年齢　5歳10ヶ月（5歳0ヶ月〜6歳10ヶ月）

構成課題の材料と手続き

　実験3-1と材料・手続きともに同じである。ただし幾何構成課題（GCT）の標準刺激は，実験3-1で呈示した方向から左に45度傾けて呈示した。実験系列2の実験2-1における条件1からすると，右に45度傾けた呈示となる（図4-2-1）。

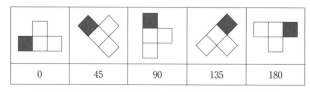

図4-2-1　実験3-2で使用した幾何構成課題（GCT）

第 4 章　実験系列 3　反応時間を用いた幼児のメンタルローテーション実験　267

RT 課題の材料

　RT 課題では実験 3-1 で用いた 4 種類の刺激とは別に，練習用の刺激を新たに作成した。この練習用刺激は PC ディスプレー呈示用のデジタル刺激（図 4-2-2b）と，課題をより理解させるために補助具としてディスプレーに示す練習刺激と同じ形大きさに印刷し円形にカットした紙型を用意した。標準刺激は実験 3-1 と同じだが比較刺激は輪郭内を白く塗ったシルエットの形状にした（図 4-2-2a）。

RT 課題の手続き

　RT 課題は前実験 3-1 に基本的に同じである。RT 課題は，練習と本実験から成る。練習は 3 種類のセッションから成る。1）異同判断課題（4 試行），

図 4-2-2a　実験で使用した白いシルエットの刺激

図 4-2-2b　練習用に使用した刺激

2）基準テスト（10試行），3）回転判断課題（4試行）の4セッションから形成された。

　まず，練習の異同判断課題では図4-2-2bに示すタマゴの刺激を用いた。左側に標準刺激，右側に比較刺激を呈示し，0度における正像と鏡映像の弁別を行った。ディスプレーの刺激を指差し「これとこれは同じですか」と教示し，同じならこのボタン，違えば（同じでなければ）こちらのボタンを押すように求めた。その際，充分に課題の意図が理解出来ない子どものために，補助具を用いた。その紙製プレートを練習段階で適宜用いて，標準刺激と比較刺激とを比較してボタンで答えることを理解させた。次の2）基準テストでは，1）と同じ異同判断課題を行うが，10試行中7試行正しく出来ている場合に通過とした。「今度は続けてやってみましょう。さっきと同じように教えてください」と教示した。次の3）回転判断課題では，45度（正），90度（誤），135度（正），180度（誤）の比較刺激をランダムに呈示し，正誤を求めた。「今度はいろいろな向きで出てくるから良く見て教えてくださいね」と教示を与えた。

　本実験では，標準刺激は0度で呈示し，比較刺激は0，45，90，135，180，225，270，315度について正像と鏡映像および角度とをランダムに発生させたものを呈示し，同じか異なるか求めた。子どもは呈示される刺激の種類により2組に分かれている。つまり一人の子どもにつき，4種類の刺激の内の

第4章　実験系列3　反応時間を用いた幼児のメンタルローテーション実験　　269

2種類を試行した。InsectS と OldmanS 刺激の対象となった子どもの数は30名，RobotS と SnowmanS 刺激は30名，両方とも実験に参加した子どもは11名いた。

結果

1）メンタルローテーターの抽出

　実験3-1 と同じ基準で整理した。基準テストで除かれた子どもは6名いた。また構成課題が出来なかった子ども1名を除いた。対象となったのは42名であった。実験3-1 と同様の手続きで行った。決定係数は.44以上の者をメンタルローテーターとし，それ未満はノンローテーターとした。InsectS でメンタルローテーターを示したのは5名（16.7%），OldmanS で11名（36.7%），RobotS で8名（26.7%），SnowmanS で5名（16.7%）であった。全体では23名がメンタルローテーター（平均年齢は6歳1ヶ月），19名がノンローテーターとなった（平均年齢は5歳9ヶ月）。

2）反応時間の条件分析

　RT について刺激（InsectS, OldmanS, RobotS, SnowmanS)×異同×角度（8角度）の3要因分散分析を行った。刺激を要因とする主効果には有意差が認められ（$F_{(3, 21)} = 49.479$, $p < .001$），異同を要因とする主効果にも有意差が認められた（$F_{(1, 21)} = 5.169$, $p < .05$）。また角度を要因とする主効果に有意差が認められた（$F_{(7, 21)} = 42.447$, $p < .001$）。刺激×角度の交互作用は有意であった（$F_{(21, 21)} = 4.090$, $p < .01$）。Fisher の最小有意差法による多重比較の結果，InsectS と OldmanS との関係を除く他の全ての刺激間で有意差が示された（$p < .01$）。図 4-2-3a〜d に示すように RobotS で最も時間がかかり，次に SnowmanS，そして InsectS と OldmanS が並んで同じ程度に最も早く判断された。また同じと判断した方が異なると判断したよりも早かった（$p < .05$）。角度を変数とした場合も実験3-1 と同様に，180度をピークとし

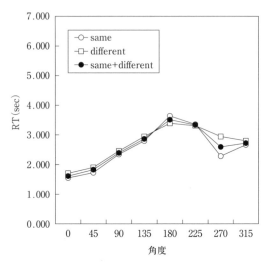

図 4-2-3a　InsectS を刺激として用いた場合の RT プロフィール

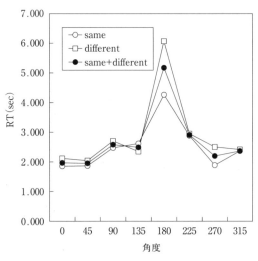

図 4-2-3b　OldmanS を刺激として用いた場合の RT プロフィール

第4章 実験系列3 反応時間を用いた幼児のメンタルローテーション実験　271

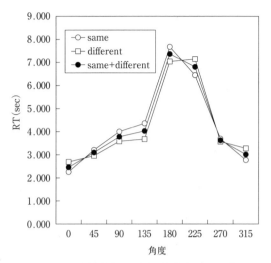

図 4-2-3c　RobotS を刺激として用いた場合の RT プロフィール

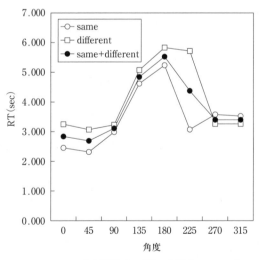

図 4-2-3d　SnowmanS を刺激として用いた場合の RT プロフィール

た山型のプロフィールが得られ，勾配と反応時間とのリニアーな関数が得られた。ただし，InsectS では180度から225度にかけてのピークが再び確認された。多重比較によりプロフィールの形状を詳細に検討すると，0度と45度の反応時間の間，270度と315度の間で有意差が認められなかった。以上より実験3-1（NN条件）と同様に，両端がフラットであることが確認された。

3）構成課題との関係

　メンタルローテーター群とノンローテーター群ごとに構成課題の成績変化を検討した。まず GCT，BCT で正反応が示されていれば角度ごとに1点を与えた。メンタルローテーター群で，角度(45, 90, 135, 180度)×課題の種類(GCT, BCT)の2要因分散分析を行ったところ，角度を要因とする主効果に有意差が認められ（$F(3, 176) = 10.839, p < .001$），課題の種類を要因とする主効果でも有意差が認められた（$F(1, 176) = 20.429, p < .001$）。角度×課題の種類の交互作用で有意であった（$F(3, 176) = 8.905, p < .001$）。図4-2-4a に示すように BCT では勾配に従って正反応が減少する傾向が得られた。しかし GCT のプロフィールでは135度（$M = .13$）と180度（$M = .39$）で有意差があり（$p < .05$），180度での成績が高くなった。また180度では GCT と BCT との差は無かった。

　ノンローテーター群で，同じく角度×課題の種類の2要因分散分析を行ったところ，角度を要因とする主効果に有意差が認められ（$F(3, 144) = 5.603, p < .05$），課題の種類を要因とする主効果では有意差が認められなかった。角度×課題の種類の交互作用は認められた（$F(3, 144) = 4.146, p < .01$）。メンタルローテーター群と同じく BCT では勾配とともに正反応が減少したが，GCT では135度（$M = .11$）と180度（$M = .53$）での間で差が認められ（$p < .05$），180度で成績が逆に上昇する傾向が示された。180度では GCT（$M = .53$）と BCT（$M = .16$）の間で有意差が認められ，（$p < .01$），GCT が BCT より高かった（図4-2-4b）。

第4章 実験系列3 反応時間を用いた幼児のメンタルローテーション実験 273

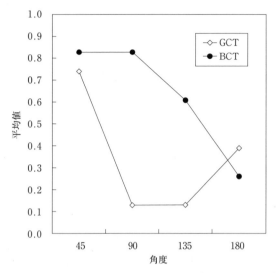

図4-2-4a メンタルローテーター群の構成課題プロフィール

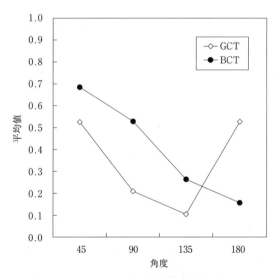

図4-2-4b ノンローテーター群の構成課題プロフィール

メンタルローテーター群とノンローテーター群ともに，BCT ではローテーション効果が認められたが，GCT では180度での成績上昇が現れた。

4）RT 課題と構成課題の相関関係

　実験3-1 と同じくメンタルローテーター群の子どもだけを対象とし，刺激別に各課題における変数間の相関を検討した。実験3-1 と同じ整理を行い，Pearson の相関係数を求めた上で無相関検定を行った。GCT，BCT およびその合計であるG＋Bと，反応時間のRT，誤反応のRT エラーについて，相関係数行列を表4-2-1〜4 に示した。InsectS のデータ数は20（5名×4試行），OldmanS は44（11名×4試行），RobotS は32（8名×4試行），SnowmanS は20（5名×4試行）であった。

　本実験条件では GCT と RT との相関は得られなかった。BCT と RT との間の相関は，OldmanS（$r = -.394$, $p < .05$）および RobotS（$r = -.388$, $p < .05$）でみられた。GCT と BCT との相関がみられたのは InsectS だけで（$r = .535$, $p < .05$），他の3刺激では相関がみられなかったが，GCT や BCTとG＋Bとの間では4刺激とも相関がみられた。構成課題における内部相関の高さが示された。GCT や BCT と RT エラーの相関は，RobotS においてBCT と RT エラーとの間（$r = -0.591$, $p < .01$）と，G＋B と RT エラーの間（$r = -.491$, $p < .01$）で相関がみられた。

5）NN 条件（実験3-1）と NS 条件との比較

　実験3-1 は標準刺激と比較刺激ともにノーマルな刺激を用いたが（NN 条件），本実験では比較刺激を輪郭情報だけのシルエットで呈示した（NS 条件）。そこで両実験条件を比較する上で，4種類の刺激別に反応時間に差があるかどうか検討することにした。条件（NN，NS 条件）を要因とする一元配置分散分析を行ったところ，いずれの刺激においても有意差が得られなかった。つまり，両実験条件間に差は無いという結果となった。

第 4 章　実験系列 3　反応時間を用いた幼児のメンタルローテーション実験　　275

表 4-2-1　InsectS の相関分析表

変数	データ数	相関係数	t 値	p
GCT, BCT	20	0.535	2.68328	*
GCT, G + B	20	0.885	8.04984	**
GCT, RT	20	− 0.155	− 0.66702	—
GCT, RT エラー	20	0.115	0.48990	—
BCT, G + B	20	0.867	7.37902	**
BCT, RT	20	0.157	0.67654	—
BCT, RT エラー	20	0.061	0.26062	—
G + B, RT	20	− 0.005	− 0.02004	—
G + B, RT エラー	20	0.101	0.43276	—
RT, RT エラー	20	0.401	1.85851	—

注）*は 5 %，**は 1 %の危険率で相関が有意であることを示す。各課題での変数間における無相関検定（p）では片側検定を用いた。データ数は 5 名×4 角度を対象とした。

表 4-2-2　OldmanS の相関分析表

変数	データ数	相関係数	t 値	p
GCT, BCT	44	0.145	0.94958	—
GCT, G + B	44	0.761	7.59668	**
GCT, RT	44	− 0.118	− 0.77083	—
GCT, RT エラー	44	− 0.114	− 0.74044	—
BCT, G + B	44	0.752	7.40379	**
BCT, RT	44	− 0.394	− 2.77508	**
BCT, RT エラー	44	− 0.015	− 0.09655	—
G + B, RT	44	− 0.337	− 2.31834	*
G + B, RT エラー	44	− 0.085	− 0.55506	—
RT, RT エラー	44	− 0.084	− 0.54665	—

注）データ数11名×4角度を対象とした。

考察

　RT 課題で図柄情報を除いた条件を設け，図柄の果たす役割を明らかにすることを目的とした。

表 4-2-3　RobotS の相関分析表

変数	データ数	相関係数	t 値	p
GCT, BCT	32	0.246	1.39272	—
GCT, G＋B	32	0.793	7.12606	**
GCT, RT	32	－0.149	－0.82476	—
GCT, RT エラー	32	－0.187	－1.04284	—
BCT, G＋B	32	0.786	6.96358	**
BCT, RT	32	－0.383	－2.27322	*
BCT, RT エラー	32	－0.592	－4.02186	**
G＋B, RT	32	－0.336	－1.95408	*
G＋B, RT エラー	32	－0.491	－3.09098	**
RT, RT エラー	32	0.468	2.90445	**

注) *は 5 ％，**は 1 ％の危険率で相関が有意であることを示す。各課題での変数間における無相関検定 (p) では片側検定を用いた。データ数は 8 名× 4 角度を対象とした。

表 4-2-4　SnowmanS の相関分析表

変数	データ数	相関係数	t 値	p
GCT, BCT	20	－0.174	－0.75000	—
GCT, G＋B	20	0.577	3.00000	**
GCT, RT	20	0.167	0.71993	—
GCT, RT エラー	20	0.061	0.25725	—
BCT, G＋B	20	0.704	4.20000	**
BCT, RT	20	0.174	0.74972	—
BCT, RT エラー	20	0.032	0.13416	—
G＋B, RT	20	0.265	1.16609	—
G＋B, RT エラー	20	0.070	0.29723	—
RT, RT エラー	20	0.691	4.06117	**

注) データ数は 5 名× 4 角度を対象とした。

1) メンタルローテーターの抽出

　5 ～ 6 歳にかけての子どもを対象とした場合，実験 3-1 と同じく決定係数を用いてメンタルローテーターを抽出すると，その出現比率が低いことが確認された（17%～37%）。比較刺激がシルエットの場合であると，もう少し低

くなるだろうと予測されたが，実験3-1の結果と比べるとほぼ同じ出現率であった。また反応時間における差は実験3-1と本実験3-2との間で認められなかった。比較刺激がシルエットで呈示されようとノーマルな刺激で提示されようと，回転に気づく子どもの率は変わらないし，符号化も含めてその判断や処理も変わらないということが推測される。

　では，何を見ていたかという問題が残る。Marr（1982/1987）は対象のシルエットから対象の同定に必要な主軸を割り出し，対象中心枠（object-centered frame of reference）が提供されるという考えを示している。またメンタルローテーションにおいて，内的ディテールが主軸の抽出に役立っているとする研究もある（Mitsumatsu & Yokosawa, 2002）。おそらくメンタルローテーターと区分した子どもは，比較する対象の内部の情報が欠けていても，輪郭と図柄情報の両方を標準刺激から呼び込み，比較刺激の主軸を割り出していたのではないだろうか。それらの子どもは比較する対象に図柄がなくても，対象の傾きを算出する上で大切な主軸（Marr, 1982/1987）あるいは内的軸（Corballis, 1988）を割り出していたと考えられる。ということは，以下のような推測も成り立つかもしれない。つまり標準刺激をワーキングメモリーのような一時的な作業記憶にとどめ，図柄のないシルエットだけの刺激の中に内的軸を発見する上で，ワーキングメモリー内の標準刺激の輪郭や図柄情報を補足的に用いていたのかもしれない。輪郭と図柄情報の結びつきが弱くなり，その結果，刺激の傾きの度合いに従って判断までの時間がかかり，誤った照合の原因になったのではないだろうか。

2）反応時間の条件分析

　RT課題で同じと判断する時間の方が異なると判断する時間より早いという，速「同」効果（Corballis & Nagourney, 1978；Corballis et al., 1985；Corballis & Beale, 1976；Koriat et al., 1991）が確認された。この速「同」効果は実験3-1では確認されなかった。処理モデルの点で，Cooper & Shepard

（1973）のフローチャートに示したモデル（図1-7-1）では，刺激が同じ場合も鏡映像である場合も，同じ率でなければならない。しかし Kail et al. (1980) や Carter et al. (1983) によるデッドラインモデルでは，比較しているペアが異なった場合に，別の回転の仕方で同じになるかどうかを再度試そうとするため，時間が余計にかかるという。シルエットで呈示された比較刺激は実験3-1の比較刺激に比べて情報量が少なかったために，子どもの側で確信が持てず再度繰り返してチェックしていただろう可能性が考えられる。正誤の判断に時間差が生じたものの，実験3-1と実験3-2の間で差が生じるまでには至らなかったと推測される。

　また刺激に対する平均反応時間の順位については，実験3-1と同じくRobotS が最も反応に時間がかかり，InsectS が最も早かった。しかし実験3-1と異なり OldmanS が InsectS と同程度に早く反応された。おそらく，実験3-1と同じく，シンメトリー性の特徴を持つ RobotS が最も符号化しにくい刺激であったのだろう。そして虫の本体と旗とで形成される矢印型での特徴が，左に45度傾いているため，ピークが180度から225度にかけて現れるプロフィールになったのだろうと思われる。この実験結果は，本研究における実験系列1の実験1-3や実験系列2の実験2-3において，標準刺激を傾けた際に，その傾きに準じて，反応プロフィールが傾いた分だけずれたこととも共通すると推察される。

3）構成課題との関係

　実験3-1と同じく，メンタルローテーター群，ノンローテーター群ともに，鳥型構成課題（BCT）ではローテーション効果が示されたが，幾何構成課題（GCT）では180度で跳ね上がるプロフィールとなった。実験3-1で詳細に考察したように，GCT が幾何図形であるために，上下が明確に意識されぬまま対象を比較し，90〜135度までは全体を回転する変換がとられるが，180度では標準刺激の0度と内的軸とが一致するので内的軸が見出されやすく，部

分特徴の符号化が容易に進行した結果，成績の上昇が見られた可能性が考えられる。同様のことは，Jolicoeur（1990）も指摘していて，180度近くでは，全体による回転ではなく，部分的特徴の照合へとシステムが変化したために，質的に異なる解決がなされたと推測できる。一方，具体的な鳥の形をした上下の規定の明確な BCT は課題構造上，角度に従い部分間の結びつきが弱まりやすい刺激であったと思われる。

　また，実験3-1 と同じく構成課題ではローテーター群・ノンローテーター群ともに GCT の135度までは成績が勾配に従い減少したが，180度で成績が上がるという結果を得た。そもそもローテーター群は全体を一定速度で回転させたイメージによる解決を行った群であるが，ノンローテーター群は，むしろ知覚的な参照による方法をとっていたと推測される群である。しかし両群ともに，実験3-1 と同じく，構成課題は 0 度から135度まで成績が低下し，180度で上昇するという共通のプロフィールを得た。0 度から90度までは身体マッピングが働いただろうことは推測される。また180度は標準刺激 0 度と比較し上下逆さの呈示となり，それぞれの刺激の内的軸が共通の方向に揃う。それが成績の上昇を招いたと推測される。容易に見出した内的軸から図柄情報を取り入れやすかったのではないだろうか。もちろん，Jolicoeur（1990）が示す180度において，ローテーション方略に加えて刺激の特徴に注目し，部分的に見比べる特徴基盤システムへと切り替わった可能性も考えられる。しかし，前者の内的軸が共通の方向という場合，135度がなぜ最も困難な角度となるかという問題が残る。おそらく135度では，身体マッピングも共通する内的軸による解決も出来なかったためという可能性が考えられる。

4）相関関係

　GCT と RT との相関が得られなかった。これは，GCT が180度で跳ね上がるプロフィールを示したように，上述したような異なる方略が用いられたことが推測される。またデータ数が少ないことも，GCT と RT の無相関と

いう結果を助長したと思われる。また BCT は実験 3-1 と異なり OldmanS や RobotS と相関が得られた。逆に InsectS や SnowmanS を行った子どもが構成課題で部分特徴に基づいて解いた可能性もある。

前項での構成課題とメンタルローテーターあるいはノンローテーター群の比較は，４刺激を込みにしている。ここではメンタルローテーターだけに限定し，さらに刺激別に検討しているために，人数が少なくなり，点数の刻みの大きな構成課題との相関関係は安定したかたちで現れにくいものとなったといえる。

5）実験 3-1 との関係

実験 3-1 では標準刺激も比較刺激も輪郭情報と図柄情報を備えたノーマルな刺激を用いた。一方で，本実験では比較刺激の内部をシルエット化した。つまり輪郭だけを残し図柄情報を消して用いた。標準刺激はノーマルな刺激として呈示している。結果は，両実験条件間で各４種類の刺激において反応時間に有意差がなかったのであるから，輪郭と図柄情報のあるノーマル刺激（実験 3-1）を用いようとも図柄のない輪郭だけのシルエット（実験 3-2）を用いようとも内的な処理は同等であろうと予想される。おそらく標準刺激の輪郭や図柄情報が短期記憶に残り，そのイメージを用いて，シルエットになっている比較刺激に重ねるようにして用いたのではないだろうか。ひきうつし行為が認められるのも，そうした内的処理が働いていたからではないかと推測される。その意味で元になる刺激つまり標準刺激に輪郭や図柄が備わっていれば，それをそのまま不十分な情報しか持たない比較刺激に転写し，輪郭の一致が図られ，その上で予想される各図柄の位置を計算して，異同判断が行われたと予想される。また刺激が人型であったので図柄の内部での配置が容易に予想され，シルエットとはいえ標準刺激内の図柄をあてはめやすく，実験 3-1 と実験 3-2 の間で差が出なかったともいえる。輪郭や図柄が人型のような典型ではなく，幾何的な形状であると差が生じた可能性も考えられる。

6）配置の要因について

　マーカーを配する際に，90度や135度での比較刺激の提示のされ方が原因しているという見方もある。例えば，実験3-1と実験3-2のGCTでは比較刺激に45度のずれがある。それ故，配置の影響を受けているとしたら，成績も45度のずれが生じてくることが推測される。しかし結果はそうではなかった。よって配置の効果ではない要因が考えられる。

第3節　実験3-3　構成課題とRT課題：シルエット・シルエット(SS)条件（シルエットによる輪郭だけの条件）での分析

目的

　前節実験3-2の結果から，シルエットの場合は図柄を補って処理していた可能性が指摘された。では，呈示場面で統合すべき図柄情報を完全に取り去り，輪郭情報だけのシルエットで標準刺激と比較刺激とを呈示したならば，統合する処理が出来ないために，内的軸の発見やそれに続く傾きの検出に遅れが生じるだろうと予測できる。

　本実験では図柄情報を完全に除くことで，難度の上がったRT課題で抽出されたメンタルローテーターやノンローテーターが構成課題でどのような方略を用いるか明らかにすることを目的とした。また，シルエットだけで呈示した場合（SS条件）と，それまでの実験3-1（NN条件）や実験3-2（NS条件）とを比較することで，何が輪郭情報と内的ディテールである図柄情報とを統合する上で働いているか明らかにすることを目的とした。

方法

被験児：前節の実験2-1，実験2-2の結果から，5歳よりも6歳の方が多くのメンタルローテーターを抽出できた。またその後の分析では，年齢に関係なくメンタルローテーターかノンローテーターかという区分に従って進めるので，本実験では6歳児だけを対象にすることにした。千葉県内の幼稚園，

保育園から 6 歳を抽出し個別に行った。

6 歳児：37名（男児18名，女児19名），

平均年齢　6 歳 6 ヶ月（5 歳11ヶ月〜6 歳11ヶ月）

材料

　RT 課題と構成課題は前実験 3-2 に同じ。ただし RT 課題での標準刺激と比較刺激は 4 種類とも輪郭線で表現されたものを使用した。背景が黒であるので，白いシルエットで呈示された（図 2-3-5）。刺激の名称は実験 3-1 や実験 3-2 と違えるために，それぞれ末尾に SS を付け InsectSS, OldmanSS, RobotSS, SnowmanSS とした。

手続き

　RT 課題と構成課題は前実験 3-2 に同じ。試行刺激は実験 3-1 と同じく，ひとりの子どもに対して，少なくとも 2 刺激の RT 課題を施行した。参加した子どもは 2 組に分けられた。InsectSS と OldmanSS 刺激の対象となった子どもの数は23名，RobotSS と SnowmanSS 刺激は23名，両方とも参加した子どもは 9 名いた。

結果

1）メンタルローテーターの抽出

　実験 3-1 と同じ基準で整理した。基準テストで除かれた子どもは 3 名いた。対象となったのは34名であった。実験 3-1 と同様の手続きで行った。決定係数は.44以上の者をメンタルローテーターとし，それ未満はノンローテーターとした。InsectSS でメンタルローテーターを示したのは 7 名（30.4％），OldmanSS で 5 名（21.7％），RobotSS で 8 名（34.8％），SnowmanSS で 6 名（26.1％）であった。全体では16名がメンタルローテーター（平均年齢は 6 歳 7 ヶ月），18名がノンローテーターとなった（平均年齢は 6 歳 6 ヶ月）。

第 4 章　実験系列 3　反応時間を用いた幼児のメンタルローテーション実験　　283

2）反応時間の条件分析

RT について刺激（InsectSS, OldmanSS, RobotSS, SnowmanSS）×異同×角度（8 角度）の 3 要因分散分析を行った。刺激を要因とする主効果には有意差が認められたが（$F_{(3, 21)} = 3.387$, $p < .05$），異同を要因とする主効果では有意差が認められなかった。また角度を要因とする主効果では有意差が認められた（$F_{(7, 21)} = 6.792$, $p < .001$）。交互作用は無かった。Fisher の最小有意差法による多重比較の結果，SnowmanSS（$M = 3.17$）と OldmanSS（$M = 4.34$），RobotSS（$M = 4.01$）との間で有意差が示された（$p < .05$）。図 4-3-1a〜d に示すように SnowmanSS が OldmanSS や RobotSS に比べ反応時間が早かった。角度を変数とした場合も実験 3-1 や実験 3-2 と同様に，180 度をピークとした山型のプロフィールが得られ，角度と反応時間のリニアーな関数が得られた。ただし，刺激別に検討すると変則的で，InsectSS では 135 度でピークを示し，SnowmanSS では 135，180，225 度を対象に角度を要因とした分散分析を行ったところ反応時間に差が無く，同程度の反応時間がピークとして現れた。また多重比較によりプロフィールの形状を詳細に検討すると，実験 3-1（NN 条件），実験 3-2（NS 条件）と同じく 0，45，90 度の間で有意差がみられず，また 225，270，315 度の間で有意差がみられなかった。プロフィールの両端がフラットであったことが示された。

3）構成課題との関係

メンタルローテーター群とノンローテーター群ごとに構成課題の成績変化を検討した。まず GCT, BCT で正反応が示されていれば角度ごとに 1 点を与えた。メンタルローテーター群で，角度（45，90，135，180 度）×課題の種類（GCT, BCT）の 2 要因分散分析を行ったところ，角度を要因とする主効果に有意差が認められ（$F_{(3, 120)} = 6.489$, $p < .001$），課題の種類を要因とする主効果でも有意差が認められた（$F_{(1, 120)} = 7.819$, $p < .01$）。角度×課題の種類の交互作用で有意であった（$F_{(3, 120)} = 3.457$, $p < .05$）。Fisher の最小有意

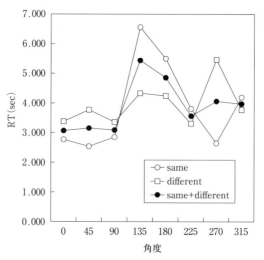

図 4-3-1a　InsectSS を刺激として用いた場合の RT プロフィール

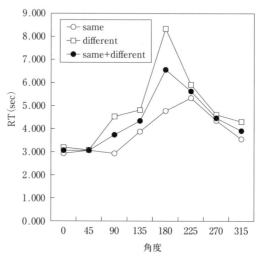

図 4-3-1b　OldmanSS を刺激として用いた場合の RT プロフィール

第4章 実験系列3 反応時間を用いた幼児のメンタルローテーション実験　285

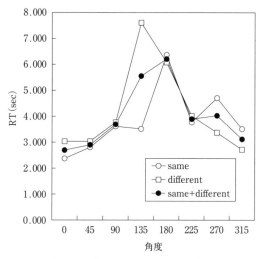

図 4-3-1c　RobotSS を刺激として用いた場合の RT プロフィール

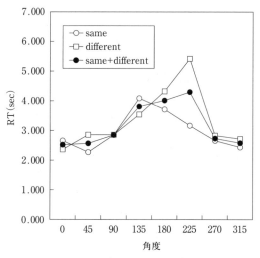

図 4-3-1d　SnowmanSS を刺激として用いた場合の RT プロフィール

差法による多重比較の結果，BCT（$M = .51$）の方が GCT（$M = .30$）より成績が良く，実験3-1や実験3-2と同様に，BCT では勾配に従って正反応が減少する傾向が得られた（図4-3-2a）。しかし GCT のプロフィールでは90度から180度にかけて正反応が有意傾向を示し（$F(2, 45) = 3.058, p = .06$），勾配とともに増加する傾向が示された（図4-3-2a）。

ノンローテーター群で，同じく角度×課題の種類の2要因分散分析を行ったところ，角度を要因とする主効果に有意差が認められ（$F(3, 136) = 8.288, p < .001$），課題の種類を要因とする主効果でも有意差が認められた（$F(1, 136) = 7.339, p < .01$）。角度×課題の種類の交互作用は認められた（$F(3, 136) = 6.840, p < .01$）。Fisher の最小有意差法による多重比較の結果，BCT（$M = .51$）の方が GCT（$M = .32$）より成績が良く，メンタルローテーター群と同じく BCT では勾配とともに正反応が減少した（図4-3-2b）。しかし，GCT では90度から180度にかけて，Cochran's Q Test の結果，増加傾向が確認された（$\chi^2(2, N = 36) = 9.250, p < .01$）。180度での GCT と BCT の間では有意差は認められなかった。

4）RT 課題と構成課題の相関関係

実験3-1と同じくメンタルローテーター群の子どもだけを対象とし，刺激別に各課題における変数間の相関を検討した。実験3-1と同じ整理をおこない，Pearson の相関係数を求めた上で無相関検定を行った。GCT，BCT およびその合計である G＋B と，反応時間の RT，誤反応の RT エラーについて，相関係数行列を表4-3-1〜4に示した。InsectSS のデータは28（7名×4），OldmanSS は20（5名×4），RobotSS は32（8名×4），SnowmanSS は24（6名×4）であった。本実験の結果では BCT と RT の相関は無く，GCT と RT の相関は RobotSS（$r = .353, p < .05$）と SnowmanSS（$r = -.375, p < .05$）でみられた。また，内部相関を示す GCT や BCT と G＋B との間の有意な相関については，GCT と G＋B との間や BCT と G＋B との間の相

第4章 実験系列3 反応時間を用いた幼児のメンタルローテーション実験　287

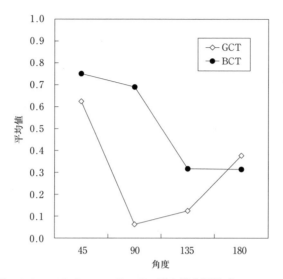

図4-3-2a　メンタルローテーター群の構成課題プロフィール

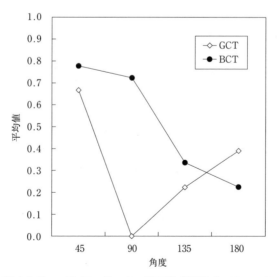

図4-3-2b　ノンローテーター群の構成課題プロフィール

表 4-3-1　InsectSS の相関分析表

変数	データ数	相関係数	t 値	p
GCT, BCT	28	0.212	1.10571	—
GCT, G + B	28	0.727	5.39844	**
GCT, RT	28	− 0.026	− 0.13071	—
GCT, RT エラー	28	0.196	1.01765	—
BCT, G + B	28	0.825	7.44725	**
BCT, RT	28	− 0.064	− 0.32640	—
BCT, RT エラー	28	− 0.098	− 0.50172	—
G + B, RT	28	− 0.060	− 0.30495	—
G + B, RT エラー	28	0.044	0.22631	—
RT, RT エラー	28	0.101	0.51547	—

注）*は 5 ％，**は 1 ％の危険率で相関が有意であることを示す。各課題での変数間における無相関検定（p）では片側検定を用いた。データ数は 5 名× 4 角度を対象とした。

表 4-3-2　OldmanSS の相関分析表

変数	データ数	相関係数	t 値	p
GCT, BCT	20	0.126	0.53882	—
GCT, G + B	20	0.734	4.57994	**
GCT, RT	20	0.098	0.41841	—
GCT, RT エラー	20	− 0.355	− 1.61126	—
BCT, G + B	20	0.767	5.06487	**
BCT, RT	20	− 0.067	− 0.28558	—
BCT, RT エラー	20	− 0.224	− 0.97353	—
G + B, RT	20	0.018	0.07435	—
G + B, RT エラー	20	− 0.383	− 1.75919	*
RT, RT エラー	20	0.442	2.09269	*

注）データ数は 5 名× 4 角度を対象とした。

関で，4 刺激とも有意な相関係数が得られた。また RT と RT エラーの相関については，OldmanSS と SnowmanSS で有意な相関が得られた。

第 4 章　実験系列 3　反応時間を用いた幼児のメンタルローテーション実験　289

表 4-3-3　RobotSS の相関分析表

変数	データ数	相関係数	t 値	p
GCT, BCT	32	0.346	2.01989	*
GCT, G＋B	32	0.825	8.00185	**
GCT, RT	32	0.353	2.06782	*
GCT, RT エラー	32	0.021	0.11546	―
BCT, G＋B	32	0.815	7.71700	**
BCT, RT	32	0.079	0.43504	―
BCT, RT エラー	32	－0.223	－1.25067	―
G＋B, RT	32	0.266	1.50866	―
G＋B, RT エラー	32	－0.121	－0.66774	―
RT, RT エラー	32	0.169	0.93809	―

注）*は 5 ％，**は 1 ％の危険率で相関が有意であることを示す。各課題での変数間における無相関検定（p）では片側検定を用いた。データ数は 5 名×4 角度を対象とした。

表 4-3-4　SnowmanSS の相関分析表

変数	データ数	相関係数	t 値	p
GCT, BCT	24	0.183	0.87099	―
GCT, G＋B	24	0.776	5.77030	**
GCT, RT	24	－0.375	－1.89501	*
GCT, RT エラー	24	0.027	0.12770	―
BCT, G＋B	24	0.762	5.51626	**
BCT, RT	24	－0.286	－1.40204	―
BCT, RT エラー	24	0.335	1.66995	*
G＋B, RT	24	－0.431	－2.23739	*
G＋B, RT エラー	24	0.233	1.12436	―
RT, RT エラー	24	－0.474	－2.52320	*

注）データ数は 6 名×4 角度を対象とした。

5）実験 3-1～3 を通じての分析

　実験 3-1～3 を通して刺激の図柄（detail）を操作した。実験 3-1 の刺激条件では，輪郭も図柄もあるノーマルな刺激どうしを比較した。これを NN 条件とした。実験 3-2 の刺激条件では，標準刺激がノーマルであるが，比較

刺激は図柄の無い白いシルエットだけの刺激であった。これを NS 条件とした。実験 3-3 はシルエットどうしの比較を行っている。これを SS 条件とした。

　この図柄に関する 3 条件を比較するために，RT について 4 種類の刺激と図柄条件（NN, NS, SS）の 2 要因分散分析を行った。刺激を要因とする主効果には有意差が認められたが（$F_{(3, 180)} = 9.484$, $p < .001$），輪郭条件を要因とする主効果では有意差が認められなかった。また交互作用は認められた（$F_{(6, 180)} = 4.071$, $p < .001$）。Fisher の最小有意差法による多重比較の結果，Robot を原型にしている刺激（$M = 4.40$）と Insect（$M = 3.04$），Oldman（$M = 3.47$），Snowman（$M = 3.44$）との間で差が見出された（$p < .01$）。また，図柄条件のうち，NS 条件（$M = 3.34$）と SS 条件（$M = 3.85$）の間で有意差が得られた（$p < .05$）。交互作用があったので，刺激別に図柄条件の違いを検討することにした。Insect を原型にしている刺激において，図柄条件の分散分析を行ったところ主効果に有意差が認められ（$F_{(2, 45)} = 11.124$, $p < .001$），図 4-3-3 に示すように，SS 条件（$M = 3.90$）が NS 条件（$M = 2.61$）や NN 条件（$M = 2.59$）より反応時間が有意に長かった（$p < .01$）。また Oldman を原型にしている刺激において，同様に図柄条件を分散分析にかけたところ，主効果に有意差が認められ（$F_{(2, 45)} = 6.473$, $p < .01$），SS 条件（$M = 4.34$）が NS 条件（$M = 2.71$）や NN 条件（$M = 3.37$）より有意に反応時間が長かった（$p < .05$）。ところが，同様にして Robot や Snowman を原型とする刺激に対して，図柄条件の分散分析を行った結果では，有意差は認められなかった。

考察

　難度の高いと予想される RT 課題で抽出されたメンタルローテーターとノンローテーターとの構成課題における方略を検討することが目的であった。また実験系列 3 の分析をつなげ輪郭と図柄情報がいかに統合されるか目的とした。

第4章　実験系列3　反応時間を用いた幼児のメンタルローテーション実験　291

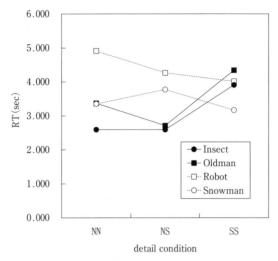

図4-3-3　図柄情報の有無による RT の違い
3つの実験のデータをまとめたものである。NN 条件とはノーマルな刺激どうしを比較した実験3-1, NS 条件とはノーマルな標準刺激に図柄（detail）の無いシルエットだけの比較刺激を用いた実験3-2, SS 条件とはシルエットによる刺激どうしを比較した実験3-3のデータである。Insect と Oldman がシルエットだけの SS 条件になると他の条件に比べ RT が長くなった。しかし Robot や Snowman では3条件で差が無かった。SS 条件になったことで，失われた図柄情報の内 Insect と Oldman に共通し，Robot と Snowman とが共通して持っていなかった図柄の要素に「眼の向き」があった。

1) メンタルローテーターの抽出

　基準テストを通過しても，また練習を行っても，リニアーに対象を回転させていくことの出来る子どもは，22〜35％程度しか現れなかった。すでに実験3-1や実験3-2で述べたように，この年齢の子どもの全員が回転に気づいているのではない。Marmor (1975, 1977) 以降の多くの子どもの研究では，決定係数を基準として導入していない。おそらくそうした研究では，部分特徴への注目によるマッチングが解決の方略として，相当多く混在しているだろうと予測される。Dean & Harvey (1979) は，Piaget & Inhelder (1971) の回転する四角形課題から刺激を用いて，Marmor の手続きに基づき実施し

てみたところ，訓練した4歳から6歳の子どもで，Marmorと同じ結果を得ることが出来なかった。また，エラー率の低い7歳から14歳の子どもでさえ，リニアーな傾向を示す子どもとそうでない子どもに分かれると報告している。

2）反応時間の条件分析

　実験3-2で確認された，速「同」効果は得られなかったが，勾配と反応時間とのリニアーな関数が明確に得られた。ただし，刺激別に見ると180度をピークとしないものがあった。insectSSでは135度でのピークが示され，225度でピークを示した実験3-1や2と異なった。このことは，標準刺激と比較刺激ともにシルエットで呈示され，その結果として内的軸の割り出しに誤りが生じたのではないだろうか。また，SnowmanSSでは，明確なピークを示さず135度から225度で反応時間が長くなり，225度でピークを示すというプロフィールであった。InsectSSとSnowmanSSはともに体の外に明白にモノを持っていることがシルエットから読み取れる刺激であった。RobotSSは何も持っていない。OldmanSSはブドウを抱えているが，シルエットとなるとブドウと身体とが一体化して見分けがつかない。その点でInsectSSとSnowmanSSは刺激の身体のそれぞれ左と右にモノのシルエットがある。反応時間のピークがInsectSSでは中央の180度から左寄りの135度，SnowmanSSが右寄りの225度となっている。通常の人型であると内的軸は左右のバランスのとれた正中線上に想定されるが，もしも，シルエットからなる刺激の内的軸が左右のどちらかに偏っていたならば，反応時間のピークも内的軸の偏向に連動して左右に振れた可能性が考えられる。実験系列1の実験1-3では標準刺激の旗型の向きを傾けると，それに合わせてプロフィールもずれた。また実験系列2の実験2-3でも同様に標準となる鳥型刺激を45度傾けると，標準刺激から45度分ずれてプロフィールが描かれた。つまり与えられた標準刺激の傾きに準じて反応がなされていることが示されてきた。InsectSSとSnowmanSSの偏りのあるシルエットが同じ効果を生んだので

第4章　実験系列3　反応時間を用いた幼児のメンタルローテーション実験　293

はないかと推測される。シルエットから得られる内的軸が必ずしも重力方向と一致するとは限らず，むしろ傾いた内的軸が検出されれば，その傾きに基づいて反応が決定されたものと思われる。

　また，実験3-1や実験3-2と同様に，0度，45度，90度の間で差が見られず，270度と315度間でも差がみられなかった。±90度の境がここでも確認された。これは順次回転させて判断したというより，Roberts & Aman（1993）による左右マッピングやPlatt & Cohen（1981）の指摘した，同じ側―異なる側（same-different side）ルールの適用が行われた可能性が高いと考えられる。±90度まで，つまり0度から90度までと270度から360度までは子ども自身の左右を対象にマッピングするだけで容易に解決できるが，±90度以上になると対象の左右と子どもの左右の位置関係が逆になってしまうので混乱し，それまで用いていた自分の身体を対象にそのまま写すといった方法，あるいは同じ側といった言語表象に基づく方法が取れなくなり，別の方略を探すまでに要した余分な時間が含まれているのではないかと推測される。ただし，SnowmanSSとInsectSSは，ともに0度から90度までと，225度あるいは270度から315度までのRTに変化が無くフラットであったことから，その間は知覚的直立（Hock & Tromley, 1978）のレベルにあった可能性もある。

3）構成課題との関係

　構成課題のプロフィールを見れば明らかなように，BCTは勾配とともに減少するローテーション効果を示した。しかしGCTでは，90度を境に異なるモードが働いていたようだ。メンタルローテーター群・ノンローテーター群ともに45，90度と減少していくが，90度以降は逆に増加傾向にあった。しかしこのデータのあり方は見方を変えると，それまでの実験結果と同じく90度と135度とがともに低い値を取り，180度で再び増加するというパターンともいえる。前実験でも触れたが，GCTのような上下の規定されない具象性の低い幾何図形を用いた刺激の場合は，一部分共通した要素を見い出せば容

易に内的軸を利用すると思われるが，その上下の向きは文脈によって変化することもあると考えられる。そのことが影響して上下が明確な BCT とは違うプロフィールになったのだろうと思われる。

シルエットだけの比較でメンタルローテーターとされた子どもは，実験 3-1 や実験 3-2 でメンタルローテーターと区分けされた子どもよりも，刺激を識別する難しさが加わるという点で，他の実験課題より空間視覚化能力の高い子どもといえる。にもかかわらず，実験 3-3 における BCT では，メンタルローテーターだけでなくノンローテーター群でも，実験 3-1 や実験 3-2 の子どもと同じように，正反応が勾配に従い減少していくローテーション効果を示した。既に指摘したように，構成課題の場合は，時間の縛りがないために，時間を充分にかけて，いくつかの方略を何度か試みに用いることで，同じであることを見出すことができる。ところが RT 課題の場合は，同じか異なるかと答える反応速度が，一定に保たれていないと，決定係数でノンローテーターと振り分けられてしまう。課題の性質上，一定の速度に保つためには様々な方略の試用をするのではなく，最初から回転という方略の適用が求められる。つまり，メンタルローテーターとノンローテーターの方略上の相違は，メンタルローテーションを主に用いたかどうかの相違を反映しているといえる。重要なことは RT 課題の難度が上がったことで，抽出されたメンタルローテーターの GCT での180度で示した成績上昇プロフィールがノンローテーターと同じパターンであったことだ。難度の点から優れたメンタルローテーターの子どもであっても，必ずしもメンタルローテーション方略を用いたわけではないことを示している。

4）輪郭と図柄を結びつけるもの：実験 3-1〜3 を通じての分析

実験 3-2 で指摘したが，刺激が人形型であるので，幾何刺激に比べて輪郭内部が空白であっても部分の配置がある程度の予想がつくと思われる。しかし条件により差異が存在した。刺激別の分散分析の結果，Robot と Snowman の RT が 3 条件で変化がなかったが，Insect と Oldman の場合は NN 条件と NS 条件で変わらず，SS 条件になって RT が遅くなるという変化が生じた（図 4-3-3）。SS 条件は標準刺激も比較刺激もシルエットで呈示され輪郭情報だけだったが，NN 条件や NS 条件ではノーマルな刺激が呈示され，輪郭情報に加えて図柄情報も与えられていた。つまり，NN 条件や NS 条件において Insect と Oldman にあった図柄情報が，SS 条件で無くなってしまい，輪郭情報だけとなった。それぞれの刺激の持つ輪郭情報を検討してみると，全ての刺激には目が備わっているが，備えている目のあり方に違いが有ることがわかる。Robot や Snowman の場合だと黒目であるため，どこをみているかわからない。しかし Insect と Oldman では，白目と黒目があるので視線の向きが明確である。つまり視覚的な図柄の域にとどまるのでなく，どこを見ているかという次元の異なる情報が，Insect と Oldman で示されている。描かれた人がどこを見ているかという，認知対象の視線の理解は，2 歳半から可能であり（McGuigan & Doherty, 2002），最近では乳児の白目と黒目との明度差への反応も指摘されており（Farroni et al., 2005），かなり早期から対象の目に対する注意が促進されていることがわかっている。それらのことからすると，対象となった 5 歳から 6 歳の子どもは，刺激の目の向きに反応していた可能性が高い。目の向きが手がかりになっていた NN 条件や NS 条件と比べると，シルエットだけの条件（SS 条件）では，対象を統合しにくかったものと推測される。

　内的ディテール（Riddoch & Humphreys, 1987）とも呼ばれている図柄情報が，主軸（Marr, 1982/1987）を抽出する手がかりとして機能する，と指摘されていたが（Mitsumatsu & Yokosawa, 2002），本実験から，黒目の向きという図柄情報が重要な働きをしていることが認められた。刺激内には目以外にも各部分の色や形，質感や平面，立体等の多くの情報がある。しかし，Insect や Oldman に共通し，Robot や Snowman になかったものは，黒目の向きであった。おそらく，輪郭情報と目の向きとが結び合って，内的軸を発見し，

296

傾きを検出したのだろうと推測される。最初から目の向きを持たない Robot
や Snowman は，どの条件でも処理に時間がかかり，遅い RT の結果として
反映したのであろう。こうして，主軸（Marr, 1982/1987）あるいは内的軸
（Corballis, 1988）の算出に，最も利用されていた図柄情報として，「目の向き
（direction of eye）」が位置づけられると思われる。

5）実験 3-1〜3 を通じての分析 II（図柄情報の役割とイメージのしやすさ）

　3 つの実験を通じて RT 課題と構成課題との相関の有無を整理すると，あ
る傾向が得られた。実験 3-1 では Robot と Oldman における RT 課題と
GCT との間を除き，全ての刺激と課題の組み合わせで有意な相関が得られ
た。実験 3-2 では RT 課題と BCT との間で，すべて相関が得られたが，
GCT との間では得られなかった。実験 3-3 になると，Robot と Snowman
における RT 刺激と GCT との間を除き，全ての刺激と課題の組み合わせで
相関が得られなかった。まず，NN 条件，NS 条件，SS 条件の順に構成課題
との相関を示す刺激の数が減少していくことが示された。

　構成課題はそもそも比較刺激の欠けているところをイメージしなければな
らなかった。それ故，Lohman（1979）が指摘する空間視覚化（spatial visual-
ization）というイメージを思い浮かべる力が求められている。構成課題では
対象を変換する能力も要求されるのだが，まずはイメージする部分が課題遂
行で多くを占めると思われる。図柄情報が仮に輪郭と結び合って，適切な対
象のイメージを形成しているとするならば，実験 3-2 や実験 3-3 のように，
比較する刺激の側の図柄情報が欠けていると，イメージを思い浮かべにくく
なる。まして実験 3-3 のように輪郭だけからなる刺激の場合，反応時間のピ
ークが180度ではなくその左右に偏るということが生じていた。実験 3-2 で
も詳しく議論したがイメージを思い浮かべにくくなるということの原因の一
つには，内的軸を見つけにくくなる，あるいは誤った内的軸を見出してしま
うことに起因するのではないだろうか。RT 課題が図柄の情報が減少するに

第4章　実験系列3　反応時間を用いた幼児のメンタルローテーション実験　　297

従い構成課題との相関を示す刺激が少なくなっていくことは，逆に構成課題
では内的軸がある程度，安定して発見されていたと推測される。

6）実験3-1〜3を通じての分析Ⅲ（RT課題におけるフラット性と構成課題）

　また，RT課題におけるプロフィールの両端のフラット性であるが，180
度を中心に反応時間のピークが描かれる一方で，概ね±90度を境にフラット
になっている傾向が示された。そしてその傾向は，NN条件，NS条件，SS
条件の順に，両端がフラットになる程度が明瞭になってくる。図柄情報が欠
けていくと，異なる種類の方略が生じやすくなると推測される。図柄情報が
減少するということは，輪郭の比重が高くなることであり，輪郭情報だけで
あると内的軸は不安定で傾きが変わると軸の位置も変化しやすくなる。しか
し輪郭と図柄情報の両方が備わっていて，結び合っていれば，内的軸は比較
的安定しているのではないだろうか。輪郭だけのSS条件では情報が不足し
ているので，子ども自身の身体を基盤にした左右を投影する必要が生じ，
NN条件の場合は，輪郭と図柄情報の両方が備わっているので最初から対象
化した扱いができるのではないだろうか。

　つまりRT課題は情報量の少ない条件になればなるほど，身体を基盤にし
た左右のマッピングあるいは知覚的正立による解決を±90度近辺まで適用し，
成績の変化が無い結果を生んだと推測され，以降は反応時間が急激に増加し
たので，判断が困難な状況にあったと推測される。回して解くというローテー
ション方略が使い分けられたのではないだろうか。構成課題では欠けたイ
メージの補足が求められていたので図柄と輪郭の結びつきが最も弱くなるだ
ろう180度近辺で特徴分析的な方略に切り替わったのではないだろうか。そ
の意味で，90度を境にしてRT課題と構成課題とでは，子どもが用いた認知
的方略の違いがあったものと推測される。

第4節　実験系列3から導かれた発達の側面

実験系列3では幼児（5〜6歳）を対象に，1）反応時間によるRT課題と構成課題との対応関係，2）図柄情報の有無による反応時間（RT）の相違を検討した。RT課題では，連続的に回転させる心的働きを求めているが，実験系列1の旗型課題や実験系列2の構成課題では，照合までに回転による方法だけでなくそれ以外の様々な方法が取られたといえる。こうした課題の性質の違いはメンタルローテーションで求められる心的な操作と，形知覚で求められる認識のあり方の違いに由来するものと考えられるが，RT課題であっても知覚的解決を行っている可能性もあると思われる。

それまで議論してきたように，刺激の情報に基づく構造化が行われ，顕在化したあるいは内化された身体的かかわりにより，刺激の空間的な変換が行われるものと考えられる。おそらく未熟な段階にある場合は表象上でのイメージ回転だけではなく，視覚的なあるいは身体的な方略を明確に用いていることが推測される。

構成課題とRT課題とを比較検討することが両者の共通性と異質性を明確にすると考えられた。具体的には，メンタルローテーターとノンローテーターに分け（決定係数基準：$r \geqq .44$），構成課題における正反応の角度に対する現れ方を調べたところ，極めて類似した反応結果を得た。すなわち同じ方略を用いている可能性が示された。

また，すでに実験系列1や2において，対象の主に輪郭情報が図柄情報に発達的に先行することを指摘したが，実験系列3では図柄情報と輪郭情報との結びつきが反応時間に影響することが明らかになった。そこで対象に含まれる図柄情報の何が重要な働きをしているかを調べたところ，対象内にある図柄として定義できる「眼の向き」が有効な成分であることが判明した。

実験3-1では，RT課題を併用して構成課題で行われている認知的処理を明らかにすることを目的とした。RT課題を行い，メンタルローテーターと

ノンローテーターとに分け，構成課題における正反応プロフィールを比較検討した。まずメンタルローテーターを抽出し，RT 課題と構成課題との相関を検討したところ，鳥型構成課題と RT 課題で用いた４種全ての刺激とのあいだで相関があり，幾何構成課題の場合は２種類の刺激との間で相関があった（全体の75％）。しかしながら，鳥型構成課題における正反応は，メンタルローテーター，ノンローテーター両群ともに角度に従い減少するという結果となったが，幾何構成課題では両群とも180度で成績の急上昇が認められた。鳥型構成課題は上下が明確で幾何構成課題は明確ではなかった。鳥型構成課題は上下方向が明確であるので全体として捉えられやすいが，それゆえ角度に従い部分の結びつきが弱まったことが予想される。一方，幾何構成課題は正方形の要素の集合でもあるので，特徴分析的な方略が用いられやすかったことで成績の違いを生じた可能性が考えられる。実験系列１でも議論したが180度では特徴分析的な方略つまり特徴基盤システムへの切り替わり（Jolicoeur, 1990）が生じた可能性が考えられる。180度では，図柄情報は異なるが輪郭情報はシンメトリックな方向で一致するので認知的負荷が軽減され，成績が好転したものと考えられる。恐らく図柄特徴と輪郭とが統合されやすくなったものと推測される。

　RT 課題では一次関数の上ではリニアーな変化といえども，±90度までフラットを示していた。RT 課題のプロフィールから，±90度までは左右の符号化（Roberts & Aman, 1993）と同じく身体マッピングあるいは知覚的正立（Hock & Tromley, 1978）といった，比較的勾配の影響を受けない方略が適用され，±90度以降の角度については全体を回転させるという方略を取ったと考えられる。

　しかし，RT 課題では回して解くように教示したが，参照を何度も許している課題状況からすると角度差が生じないはずである。勾配に従った反応時間差の原因であるが，実験系列１で示したように，判断の修正に対する見切りとしてのデッドライン（Carter et al., 1983）が，例えば参照回数といった内

的規約に従うとしたら，参照回数により勾配差が生じてくる可能性はある。デッドラインの引き方については議論があるところだが，「このへんでいいかな」という判断の終結は子どもに任されていた。デッドラインまで行われていることは部分間の参照活動であり，回転に要する作業ではない。メンタルローテーションの処理の流れとして最初に「刺激の符号化（encoding stimulus）」が想定され，その後に刺激の特徴を比較する行為と回転させる行為とを一緒にした Cooper モデル（Cooper & shaped, 1973）があるが，それでは断続的な特徴分析による試行錯誤の側面を捉えにくく，意図的に回転させるという教示に乗れた子どもだけが，一般的な Cooper モデルに従うといってよい（Carter et al., 1983）と推測される。

　これらのことから RT 課題でのノンローテーターは意識的に一定の速度で回転させることに気づいていない，あるいは出来ないだけであって（Estes, 1998），構成課題においてはメンタルローテーター，ノンローテーターの子どもは共に，時間に関係なく対象を何度も参照し（マッチングを繰り返し）ていたと想定される。鳥型構成課題（BCT）では課題構造上は鳥というよく知られた全体として典型的な形が提供されている。それ故，輪郭情報と図柄情報との結びつきがよいと考えられるが，それが勾配に従い傾くと認識の困難度が単純に増加するものと推測される。一方，幾何構成課題（GCT）では実験系列 2 でも議論したが課題構造上，上下の規定がないとか，格子模様なので内的軸の算出のしやすさが生じ，180度で異なる方略が用いられた可能性が考えられる。

　こうして，発達の過程では，身体の左右マッピング，特徴分析の 2 種類の方略が順次勾配とともに使い分けられ，発達とともにローテーション方略の利用可能性が広がるものと考えられる。図 4-4-1 の下側に方略と角度との関係を整理した。左右符号化や特徴分析とローテーション方略の使用は重なっているが，子どもの認知的なレベルにより，どちらの使用となるかが決まってくると思われる。刺激の輪郭情報と図柄情報とを結び付け統合した状態で

第4章　実験系列3　反応時間を用いた幼児のメンタルローテーション実験　　301

回転させることがローテーション方略では求められるので，左右符号化や特徴分析を用いる子どもは両者の情報が乖離した状態である可能性が高いと思われる。刺激の傾きが標準刺激の方向に近ければ課題負荷が軽減され，±90度までで左右符号化を用いる子どもは自己準拠である一方，逆さまではあるが輪郭の方向は同じ180度では特徴分析という対象準拠による解決が果たされたものといえる。自己準拠から対象準拠への切り替わりについては検討しないとならないが，課題の方向における困難さがトリガーになるのかもしれない。重なりを許して各方略が特徴的に現れてくる角度の帯域を表示した。

　実験3-2では，刺激から図柄情報を除き，その効果を検討することが目的であった。RT課題においてノーマルな刺激（実験3-1）を標準刺激として，ノーマル刺激の図柄領域を白いシルエットにした比較刺激を用いた。RT課題と構成課題との相関分析の結果，有意な相関を示した割合は実験3-1に比べ25％に減少した。しかし鳥型構成課題の正反応では，メンタルローテーターとノンローテーターそれぞれで勾配とともに減少するローテーション効果を示した。前実験と同じく困難度は勾配に従い増加することが示された。また実験3-1と実験3-2の間でRTに差は認められなかった。つまり比較刺激の内部にある図柄情報が欠けている場合でも，ノーマルどうしの比較と同じ処理が生じていたと考えられた。たとえ比較する側に充分な情報が無くとも，実験系列2の構成課題と同じくなんらかのイメージの補完が起きて，そこに図柄があるのと同じようにイメージの重ね合わせが生じた可能性が指摘される。

　一方，実験3-2ではノンローテーターだけではなくメンタルローテーターでも幾何構成課題で180度での成績上昇が確認された。そもそもメンタルローテーターは一定の速度で回転する能力のある子どもを指している。しかし，まだ方略使用という点で安定した段階に達していないとするならば，上記の実験3-1で議論したノンローテーターと同じく多様な方略の内，特徴分析的な方略も用いた可能性は高い。安定的に一定速度で回転できるようになる年

齢が，9〜10歳以上とされている点からも（Kail, 1991；Kail, Pellegrino, & Carter, 1980），たとえ RT 課題でリニアーな関数が示されても，時間的に何度も参照することが充分に許される構成課題では，180度においてローテーション方略から，図柄だけの特徴分析的方略への切り替えが生じたものと想定される。

　実験3-3 は，RT 課題の難易度をあげ，その効果を検討することを目的とした。標準刺激・比較刺激ともにシルエットによる刺激を用い，図柄の無い輪郭情報だけの刺激による異同判断を行った。実験3-2 と同じく，RT 課題と構成課題との有意な相関を示した割合は25％であった。また前実験と同じく鳥型構成課題（BCT）の正反応は，メンタルローテーター，ノンローテーターともに勾配とともに減少し幾何構成課題の180度で成績上昇が認められた。このことから図柄が無いシルエットだけの情報量の少ない課題であっても，メンタルローテーター，ノンローテーターに関わりなく充分な参照が行われ，180度で方略の切り替えが生じたと推測できた。つまり部分間の関係を180度近くまでは保持するが，180度近くになると標準刺激と輪郭上の配置が一致することが原因して（実験系列1），図柄だけの負荷の少ない状態となり，成績が上昇したものと考えられる。

　また実験3-3 の RT 課題では，反応時間のピークとなる角度がずれるということが生じた。180度ではなく135度あるいは225度でピークを示した。刺激の輪郭情報と内的軸との関係だが，輪郭だけ見るとどこからどこまでが対象それ自体の輪郭であり，どこからが付属物（手にしている旗や棒，楽器など）の輪郭であるかわからない。おそらく刺激の輪郭が原因して，内的軸それ自体が傾いて算出され基準がずれたのだろうと思われる。標準刺激のシルエットから抽出された内的軸が傾いていることから，傾いた標準刺激を用いた実験1-3 や実験2-3 と共通し，表象上で鉛直方向に修正されることなく知覚的に傾いた標準刺激に対する準拠が行われたものと推測される。

　また反応時間（RT）について，実験3-3 とそれまでの2つの実験（実

験3-1と実験3-2)との比較を行った。つまり刺激の輪郭や図柄情報がノーマル(N)であるか,輪郭情報だけのシルエット(S)であるかの組み合わせにより,実験3-1をノーマル条件(NN),実験3-2をノーマル・シルエット条件(NS),実験3-3をシルエット・シルエット条件(SS)として検討を行った。刺激の種類による反応時間(RT)の変化を比較検討したところ,SS条件つまりシルエットだけの呈示になると,ノーマル条件(NN)やノーマル・シルエット条件(NS)に比べてInsectやOldmanの処理時間が長くなり,他のRobotやSnowmanでは処理時間の変化は認められなかった。このことは刺激の「眼の向き」という図柄の違いが原因していると考えられた。単にRobotやSnowmanは眼があるだけだが,InsectやOldmanには白目と黒目があり,刺激内の「眼の向き」が,図柄の処理を容易にする重要な役割を果たしているものと考えられた。内的ディテール(Riddoch & Humphrey, 1987)とも呼ばれている図柄情報が,主軸(Marr, 1982/1987)を抽出する手がかりとして機能すると指摘されていたが(Mitsumatsu & Yokosawa, 2002),おそらく「眼の向き」という図柄情報が輪郭情報とその他の図柄情報との統合にも作用し,内的軸の発見を促進させ対象の認識を容易にするなんらかの働きを担っているのではないかと考えられた。特に「眼の向き」という特別な図柄の場合は,描かれた人の眼がどちらを向いているかという視線理解が3歳で既に行われているとする研究や(Doherty & Anderson, 1999;Lee, et al., 1998),2歳半でも描かれた人がどちらを見ているか理解しているという研究(McGuigan & Doherty, 2002)があることから,早期から目に対する認識レベルは高く,図のなかにある目の状態を読むことが認識を促進している可能性もある。その意味で「眼」は本研究での図形認識の基盤となる輪郭情報と図柄情報とを統合する重要な働きを担っているようだ。

　こうして不規則な輪郭情報から内的軸が算出され,図柄情報が適切に加わることにより速やかな処理が進むよう働くことがわかった。おそらく対象どうしを比較する上で内的軸に基づいた傾きの算出の後に,輪郭の同定処理が

進行するのだろう。

　図4-4-1に刺激の傾きを表す角度（0〜±180度）と実験条件（実験系列3における NN, NS, SS 条件）とを変数にした図式を整理した。X軸で示したように，勾配に従って輪郭情報と図柄情報との結びつきの程度が変化すると想定した。この程度の差は，輪郭と図柄との直接的な空間関係によると考えられる。ただし180度は特別な角度で，輪郭が0度と一致することから容易に輪郭と図柄とが結びつきやすく，早期に統合されるといえる。使用された方略は，±90度まで身体の投影によるマッピングが許されるが，それ以降は特徴分析的な方略が用いられたものと想定できる。ただし，教示に左右される

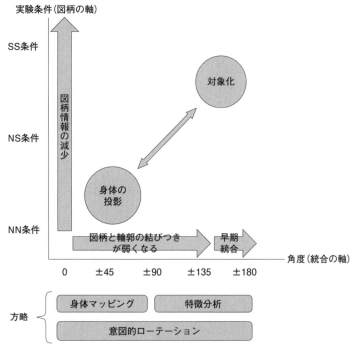

図4-4-1　図柄情報の減少と勾配の増大に伴う輪郭と図柄との結びつきの変化は，同時に対象へのかかわりを身体から対象化へと要請することを示す

第 4 章　実験系列 3　反応時間を用いた幼児のメンタルローテーション実験　　305

が，意図的なローテーションによる方略が用いられることもあるといえる。それは実験系列 1 から 8 歳以降でローテーション方略が用いられる傾向にあるが，意図的に回転運動を意識する必要があるといえる。Y 軸は実験系列 3 の実験条件に従い記載したが，ノーマル条件（NN）からノーマル・シルエット条件（NS）そしてシルエット・シルエット条件（SS）と変わるに従い，扱うことのできる図柄情報が少なくなり輪郭情報に限られていくことを示す。この並び方は実験条件の難易に対応したもので，図柄の情報量が少なくなれば輪郭に頼らざるを得なくなり，内的軸の発見が困難となり刺激とは別の外在的な基準が必要になってくると考えられた。そもそも内的軸は左右を特定する為に利用されるが（Corballis, 1988），子どもの場合は対象に自らの左右をあてはめて捉えようとする傾向が強く認められる（Corballis & Beale, 1976/1978；Piaget, 1948/1956；Roberts & Aman, 1993）。しかし図柄情報が減少し対象の情報が少なくなってくると，子ども自身の身体的な座標の割り当てが難しく，身体とは切り離した対象そのものの記述が重要な作業となってくると予想される。

　この身体の投影から対象化へと向かう傾向は，先述した勾配による方略の変化と対応する。傾きの少ない段階では，容易に身体の左右マッピングによる方略が行われ（Roberts & Aman, 1993），輪郭と図柄の結びつきも強いので成績も良い。しかし±90 度近辺より身体的投影では対応しきれず特徴分析的な方略に切り替わっていくと推測される。一方，意図的ローテーション方略では回転の度合いが進めば輪郭情報と図柄情報との結びつきが弱くなっていく為に，RT 課題での処理に要する時間もかかるようになると解釈される。135 度という角度での解釈がローテーションか特徴分析的であるかは問題として残されたが，今後の検証を待つことになる。

　こうして図 4-4-1 に身体の投影という対象と一体化したレベルから，対象化という対象そのものを自らとは別のものとして記述しようとする状態を 2 極の円で示し，勾配と課題の難易に従い，身体の投影から対象そのものを扱

う対象化が要請される段階へと発達する姿を想定した。

実験 3-1 のまとめ

1）決定係数で得られたメンタルローテーターは一定の速度で全体を回転させた子どもであるが，ノンローテーターの解決に要した速度は一定ではない。それ故，他の方略を用いただろうことが予想される。出現率からすると幼児の23〜42%がメンタルローテーターであった。

2）ただし全体を回転させるのではなく，0度から±90度までは左右判断が行われやすく，符号化等のマッチング方略がとられ，±90度から180度までは，全体を回転させるローテーション方略をとっていたのではないかと推測された。それは身体の左右との関連から生じたとみなされた。±90度までは知覚的正立の範囲にあった刺激で，それ以降にローテーション方略が取られたのではないかという可能性も示される。

3）構成課題での反応パターンからメンタルローテーター群もローテーター群も同じ方略を用いていたことが推測されたが，BCT と GCT ではそれぞれに適用した方略が異なっていたと推測される。

4）構成課題 GCT において勾配に従い成績が減少したが，180度で急激に成績が上昇した。方略の変化が生じたと推測され，内的軸の発見のしやすさが180度で生じ符号化に成功したのか，Jolicoeur（1990）の指摘する全体を回転するシステムではなく部分を照合するシステムに切り替わったので上手くいったのか，いずれにしても180度近辺では異なる方略が用いられた可能性が指摘できる。

5）BCT と RT との相関があったが，GCT とは4刺激の内2刺激としか相関が無かった。それは上下軸が明確かどうかと関連していると考えられる。

実験 3-2 のまとめ

1）ノーマル条件（実験 3-1）とノーマル・シルエット条件（実験 3-2）との間で反応時間に差が見られなかった。ノーマルな標準刺激から，図柄や輪郭の情報をシルエットつまり輪郭だけの比較刺激に写し直している可能性が指摘される。

2）標準刺激を一時的な作業記憶にとどめ，それとの比較参照から内的軸を発見しようとするが，輪郭や図柄情報は内的軸を発見する上での補足的な役割を果たしていると考えられる。そして，イメージを回転する準備というプロセスにおいて，内的軸が傾きを検出する役割を担っているのではないかと考えられる。

3）刺激の傾きの度合いに従って，輪郭と図柄情報の結びつきが弱くなることで，誤った内的軸が見出される原因になるのではと考えられる。

4）実験 3-1 では得られなかった速「同」効果が確認されたが，刺激の情報が減ったために難度が上がり，異同判断の際，同じかどうかの確認のためのループが余分に長く生じたと解釈される。

5）実験 3-1 と同様に GCT における180度での成績上昇が確認された。

6）幾何図形を用いた構成課題では左右のマッピングだけではなく，内的軸が課題の成否を決定していると推測される。

実験 3-3 のまとめ

1）左右にそれぞれ小さな対象物が付随している InsectSS と SnowmanSS の反応時間におけるピークが180度から規則的に左右にずれた。それは実験 1-3 や実験 2-3 と同じく，標準刺激の傾きのずれにより説明できるのではないかと考えられる。つまり，付随物（旗や楽器）と人形型刺激本体とが一体化することで，輪郭だけからなる刺激の内的軸が傾いて認識されたと推測される。

2）実験 3-1 や実験 3-2 と同じく，RT 課題の場合 ±90度以前と以降で異な

る方略がとられた可能性があった。±90度までは左右マッピングあるい
は知覚的正立が行われ，±90度以降は回転による方法がとられたと推測
される。

3）刺激内部の主要な図柄でもある眼の存在が処理の速さと関連することが
示された。瞳のある刺激では，輪郭だけになると瞳のある場合に比べて
反応時間が長くなった。輪郭情報と目の向きとが結び合って内的軸を発
見しやすくなったものと推測される。

4）実験3-1や実験3-2と同様にGCTの180度における成績上昇が確認さ
れた。

5）実験3におけるRT課題で用いた刺激の図柄情報が低下するに従って
（NN条件，NS条件，SS条件の順に）構成課題との有意な相関を示す刺激
の数が減少していった。図柄情報が両課題を結ぶ重要な働きを担ってい
ると考えられる。

6）RT課題は一定の速度で心内を回転させていくが，構成課題では時間制
限がないために用いる方略が異なると捉えられた。それだけでなく，
RT課題からは左右マッピングあるいは知覚的正立が，±90度近辺まで
行われ，それ以降となるとRT課題では回して解くという方略の可能性
が高いが，構成課題では図柄と輪郭の結びつきが弱まっていき180度近
辺で特徴分析的な方略に切り替わったのではないかと考えられる。

第5章　実験系列4
身体を用いた比較方略

第1節　実験4-1　手操作課題の検討

目的

　構成課題においても旗型課題でのひきうつし行為と同じく，標準刺激と比較刺激とを構成用プレートを用いて，調べようとしていた。標準刺激にプレートをあてがったり，比較刺激にひきうつそうとしたり，繰り返し両方の刺激を測定するようにプレートを用いたりしていた。構成プレートの用いられ方を分析することで，「対象の延長としての道具」が，どのような使われ方をして，別の対象へ変換するのかを明らかに出来ると思われる。また，この行動観察を通じて得られる資料は，視覚的にガイドされた行為がいかに効率よく行われるようになっていくかを明らかにすると思われる。そこで，傾いた刺激が並べて掲示した刺激と同じかどうかプレートを用いて調べる課題を行った。同じという言葉を与えた際にその解釈が発達の水準で異なってくると考えられる。プレートを用いて練習を行っても，練習と「同じ」状態を再現出来ずに，様々な誤反応が現れると予想される。そのプレートをいかに用いるかに焦点をあて，子どもの異同の調べ方を分類することを目的とした。

方法

被験児：千葉県内の保育園から4歳児，5歳児，6歳児を抽出し個別に行った。

4歳児：5名，平均年齢4歳8ヶ月

5歳児：27名，平均年齢5歳5ヶ月

6歳児：24名，平均年齢6歳5ヶ月

材料と手続き

　手操作課題：それぞれ横並びに立て掛けた円盤状の台の上に標準刺激と比較刺激とを掲示した。標準刺激は固定されているが，比較刺激は手動で45度ごとに回転出来るようになっている。比較刺激には正と誤とがある。正は標準刺激の輪郭と図柄とも同じ図形。誤刺激は輪郭が同じでも図柄が逆になる図形。刺激条件として①旗形図形条件（実験系列1で使用した項目1に相当する）と②凸形図形条件（実験系列2で用いた幾何図形刺激に相当する）の2種類を用意した。異同を調べるための「測定」用具として，標準刺激と輪郭・図柄ともに同じ図形プレートを用意した。練習では検査者はプレートが標準刺激と同じであることを子どもに確認した上で，「これ（標準刺激）とこれ（比較刺激）とは同じかどうか調べましょうね」と検査者は標準刺激と0度正立の同刺激での比較刺激とを交互に指さし実際にプレートを標準刺激から比較刺激へとスライドさせるデモンストレーションを行い，子どもにプレートを渡して再び調べて口頭で同じか違うかを答えさせた。解答に対するフィードバックは行った。本検査として残りの角度や異同の刺激について，標準刺激と比較刺激とが同じか違うか，プレートで同じように調べるよう求めた。調べた異同の結果は口頭で言わせた。0，45，90，135，180度の5角度を正誤とも調べるセッションを2種類の図形で行ったので，20試行実施した。

　観察準備と検査状況：検査記録者はそれぞれの課題ごとに1名の計2名であたった。園内の一室で個別に行った。手操作課題の観察では，検査者が観察記録を取る一方で，VTRによる記録も同時に行った。また記録用紙には，想定された手操作行為を項目別にチェックでき，新たな事項も記載できる様式のものを用意した。

結果

1）反応の分類と整理

　VTR 記録をモニターし，子どものプレートの用い方を分析した。対象の異同を調べる上で，与えられたプレートを使いかかわろうとすることがわかった。図形の異同を調べる行為を，輪郭と図柄及び向きの3側面から，図 5-1-1 に示す6カテゴリーに分類した。初発反応はその子どもが慣れ親しんだ自然に用いる方略であり，最も主要な行為であるとして採用した。「保

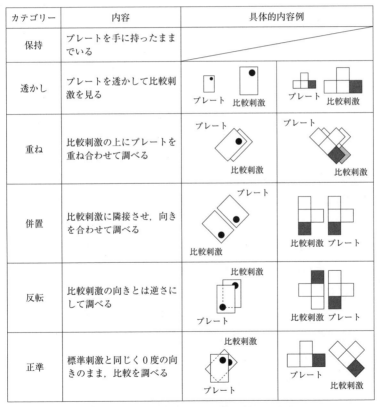

図 5-1-1　プレートにより異同を調べる方法
プレートは標準刺激や比較刺激と同じものを使用したが，裏側には何も描かれていない。

持」はプレートを手に持ったままで，呈示されている刺激へのアプローチがない場合である。「透かし」は，プレート自体は透明ではないが，プレートを透かし見る行為を指す。「重ね」は，輪郭や図柄がきちんと合うように，刺激の上にプレートを重ね合わせた場合を指す。「併置」は刺激の傾きに合わせて，刺激に隣接させて調べようとした場合を指す。「反転」は，輪郭や向きは合わせるのだが刺激の図柄とは逆さに向けて調べた場合で，一見すると重ねや併置であるが逆さまにそれらを行った場合を指す。「正準（uprightness)」は，標準刺激と同じく，０度に直立した向きのままで比較刺激を調べようとした場合を指す。上記以外の反応カテゴリーは「その他」とした。

　年齢で分けるのではなく，課題に対する正確さの次元で子どもを分けた方が，プレートの使い方の変化を明確に捉えることができるのではないかと考え，課題の成績に従って群に分けることとした。まず，課題の得点化とその整理を行った。口頭で答えさせた異同について，正解の場合は角度ごとに１点を与えた。同じペアを呈示した最初の０度の場合を除き，残りの試行を対象とした。異と同について０，45，90，135，180度あるので１～９点の得点幅となった。得点による度数分布をみると，旗型図形条件の場合は４～９点にかけて分布するが，２つの山を持つ分布となった。幾何図形条件の場合は２～９点にかけて分布するが，得点が高くなるほど多くの度数が偏った分布となった。そこで累積度数分布により，25％をはじめて超えるまでの群（レベル１）と，それ以降の75％未満までの群（レベル２），そしてそれ以降の群（レベル３）に区分けすることとした。旗型，幾何図形条件ともに各レベルの得点幅は，２～５点をレベル１，６～８点をレベル２，９点をレベル３とした。人数及び平均年齢については，旗型図形条件のレベル１が21名（平均５歳９ヶ月），レベル２が20名（平均５歳10ヶ月），レベル３が15名（平均５歳10ヶ月）となった。また幾何図形条件のレベル１が28名（平均５歳８ヶ月），レベル２が13名（平均６歳０ヶ月），レベル３が15名（平均５歳10ヶ月）となった。参加した子どもの平均年齢が５歳10ヶ月であったので，各レベルに均等に分

かれたといえる。

2）反応の出現頻度

7カテゴリーに分類された反応の現れ方に違いがあるかどうか検討した。一人の子どもの1課題に対する試行回数は5角度×異同であるので10試行となる。度数は繰り返して得られたデータの総計を示している。各課題の7カテゴリーについて，同じ割合で生じる期待値を想定して適合度の検定を行った。旗型図形条件の場合（$\chi^2(6, N=560)=117.35, p<.001$），幾何図形条件の場合（$\chi^2(6, N=560)=350.775, p<.001$）ともにカテゴリー度数の間で有意差が認められ，図5-1-2に示すように保持や重ね，併置が多く現れた。正確さの程度の違いで，カテゴリーの現れ方が違うかどうかを検討するために，レベルでの度数変化を調べた。該当するカテゴリーとそれ以外のカテゴリーについて，レベル間に違いがあるかどうか，独立性の検定を実施した。まず，保持について旗型図形条件では差が認められたが（$\chi^2(2, N=560)=11.673$，

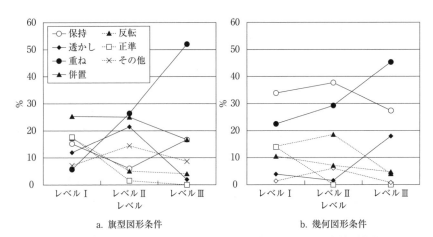

a. 旗型図形条件　　　　　　　b. 幾何図形条件

図5-1-2　プレートにより異同を調べる方法のレベル別・条件別変化

複数のカテゴリーが同程度の比率を示しており接近しているので，わかりやすくするために，縦軸の比率の幅を0〜60%に限定して表示してある。

$p < .01$）．幾何図形条件では差は無かった。カテゴリー別に詳細にみると，保持では旗型図形条件ではレベル1からレベル2にかけて減少し（$\chi^2(1, N=310)=9.126$, $p<.01$），レベル2からレベル3にかけて増加した（$\chi^2(1, N=350)=10.316$, $p<.01$）。透かしは，旗型図形条件でレベル1から2にかけて増加し（$\chi^2(1, N=410)=6.817$, $p<.01$），レベル2から3にかけて減少した（$\chi^2(1, N=350)=26.869$, $p<.001$）。幾何図形条件ではレベル2から3にかけて増加した（$\chi^2(1, N=280)=18.592$, $p<.01$）。重ねは，旗型図形条件でレベル1から3にかけて増加傾向を示し（$\chi^2(2, N=560)=98.736$, $p<.001$），幾何図形条件も同様に，レベル1から3にかけて増加傾向を示した（$\chi^2(2, N=560)=24.240$, $p<.001$）。併置は，旗型図形条件では有意差が認められなかったが，幾何図形条件で，レベル1から3にかけて減少傾向を示した（$\chi^2(2, N=560)=14.821$, $p<.001$）。反転は，幾何図形条件ではレベル1から3にかけ減少傾向を示した（$\chi^2(2, N=560)=24.727$, $p<.001$）。また旗型図形条件で差は認められなかった。正準は旗型，幾何図形条件のいずれでも差は認められなかった。

考察

　刺激の異同を判断するのに，刺激の代理であるプレートをどのように利用するか，明らかにすることを目的とした。

　保持と重ね，併置でほとんどの反応は占められた。旗型図形条件ではそれら3種類の反応合計が60.7%，幾何図形条件では75.6%であった。その内，保持は条件で異なる傾向を示した。旗型の場合は，レベル2で一旦落ち込んでから再びレベル3で上昇するというパターンを示した。これはレベル1とレベル3で保持の意味が異なっていたのかもしれない。つまり，レベル1ではよくわからなかったから，持ったままでいた子どもが，レベル3になると，プレートを使わなくても対象の異同が分かってきたので，持ったままでも大丈夫になったのかもしれない。しかし幾何条件の場合だと，3レベル間で出

現度数に違いは無く，保持の解釈は，旗型で示したと同じとは言えない。だ
が，保持には2通りの意味があると推測される。重ねについては，両条件と
も正確度のレベルが上がると，反応が増加する傾向にあった。このことは，
重ねという反応カテゴリーは，図柄や輪郭の違いに関係なく，正しく教示を
理解するに従って頻繁に使われるようになる方法だということを示している。
しかし，エラーの反応には特定のパターンがあることから，比較刺激の上に
正しく重ね，同じかどうかを調べるという方法を受け入れる前に，教示とは
異なる反応を生み出す幼児期特有の知覚的な特性があると推測される。輪郭
に注意を払った後に図柄の識別が行われるのだろうが，まずは輪郭に注意を
払うという点で，輪郭だけに注目して図柄を無視した同同反応（実験系列1），
同輪郭反応（実験系列2の同輪郭反応（F））などを産出するのと同じ精神機能
が働いているかもしれない。一方，併置は刺激とプレートを直接比較できる
という点では，有効な方法であると考えられる。しかし条件で違う反応傾向
であった。旗型であると出現率は17〜25％ほどのあいだにあり変化が無かっ
たが，幾何の場合では，レベル2から3にかけて急に減少している。このこ
とは，刺激の形状とも関係してきているのかもしれない。並べて比較するの
で，並べ易さも関係してくるだろう。つまり矩形である旗型条件のプレート
と，凸型の形状である幾何条件の違いが，使いやすさに反映したかもしれな
い。結果として，使い易かった矩形の旗型条件では，レベル3まで使用に耐
えたのではないだろうか。透かしは，ある意味で重ねと似たところがあると
思われる。つまり，刺激とプレートとを遠近や距離の違いはあるにせよ，上
から比較するようなかたちで，それらを比較しようとしているのではないだ
ろうか。観察していると，プレートを透かして刺激に投影しているような行
為であった。併置が直接的な比較であるなら，透かしや重ねは間接的な比較
といえるだろう。反転は，実験系列1のRe反応や実験系列2の鏡映反応
（M）と関係していると考えられ，平面回転をしなければならないところを，
左右の反転あるいは奥行き回転してしまうエラーと関連すると推測される

(Jolicoeur, 1990 ; Murray, 1995)。重ねたり，並べたりするのだが逆さまになってしまうのは，対象の裏表あるいは前後の概念が十分に出来ていないために生じるのだろう。一方で正準（uprightness）は，標準刺激の傾きに準拠して解こうとするために傾いている比較刺激に，0度正立のままプレートをあてたのだろうと解釈される。わずかながら存在しており，これを用いた子どもは，同じということの意味を，正しい向きの次元にだけ限定した可能性が高い。刺激には多くの属性が含まれているが，対象が回っても変化しないということの理解が出来ていないために生じたのだろう。実験系列1で示した異異反応が傾きに過剰に反応したと同じ働きがあると推測される。

　観察の結果は，多くの子どもは対象が同じかどうかを調べる上で，何もしないのではなく積極的に「かかわる」ということをするようだ。まだこの年齢では心内で充分な回転が出来ないために，実験系列1で示した「ひきうつし」と同類と思われる重ねや併置また透かしといった比較を，ヒューリスティックに用いたのだろうと思われる。あくまでも充分なイメージ活動が出来ないための補助的な行為とみなせるが，プレートの操作の仕方の違いが対象の認識の違いを反映し，プレート自体が視覚的ガイドとしての役割を果たしていたと考えられる。

第2節　実験4-2　反応時間と手操作課題の分析

目的

　前実験では，異同判断の段階に焦点を当て，どのような調べ方をするかを明らかにした。課題の理解の程度が高くなると，重ねるという比較の仕方が増えてくることが判明した。

　しかし実際には，実験系列1～3で明らかになったように，傾いた刺激の異同判断や構成において，特に年少の子どもでは，回転による解決を行っている場合と，マッチングにより課題を解決している場合（Foulkes et al., 1989 ; Kerr et al., 1980）とが混在していた。実験4-1で検討したように，重ね

比較をしたとしても，単に輪郭に注意が向いただけで，それが図柄を含めた
比較ではないのかもしれない。

　反応時間課題と手操作課題の両方を行うことで，回転で解いた子どもと部
分特徴などの比較を行った子どもとの，対象に対する見方の違いを明らかに
出来ると思われる。

　そこで，メンタルローテーションを行っているメンタルローテーターと，
それ以外の方法によるだろうノンローテーターとに分け，異同判断の段階で
どのような調べ方をするのか，明らかにすることを目的とした。

方法

被験児：千葉県内の保育園，幼稚園から3歳児，4歳児，5歳児を抽出し個
別に行った。

3歳児：25名，平均年齢3歳10ヶ月（男児13名，女児12名）

4歳児：19名，平均年齢4歳10ヶ月（男児7名，女児12名）

5歳児：32名，平均年齢5歳11ヶ月（男児21名，女児12名）

材料

　手操作課題：先の実験4-1とは異なり，LCDディスプレー上（三菱製17イ
ンチ）に刺激を呈示して，その画面上の刺激をプレートで調べさせた。刺激
の呈示等は全てコンピュータで制御できるようにプログラムした。刺激は2
種類用意した。いずれもFlags（Thurstone & Jeffrey, 1956）から抽出した図形
を用いた。それらの刺激図形は，実験系列1で使用した旗型課題の項目1，
2と同じである（図2-1-1）。子どもはLCDから50～60cm離れて座り，刺
激の視角は2.2～2.6°であった。背景は黒で，5.0～6.1°の白地の円形内に
刺激を呈示した。左側に標準刺激，右側には比較刺激を配した。比較刺激は
0，45，90，135，180度でランダムに発生するようにした。また，刺激のオ
ンオフ，進行等を行うための，検査者の刺激制御用のコントロールボックス

として，入力用テンキーを加工したものを使用した。子どもが調べるための
プレートは項目 1，2 と同形同大のものを，発砲スチロール製のパネルを加
工し，その上に図柄を印刷したものを張り合わせ作成した。また，プログラ
ムには練習用のセッションも含まれているが，そこでの練習用プレートも用
意した。

　記録用紙：あらかじめ分類された手操作項目を，チェックする様式のもの
を人数分だけ用意した。

　反応時間課題：実験系列 3 で使用したプログラム（Rotation 2000）を元に
して，新たに作成した。手操作課題と同じ刺激を呈示し，その異同を判断す
るまでの反応時間を 100ms 単位で計測するプログラムである。手操作課題
と刺激の種類や大きさ，背景および LCD までの距離は同じである。ただし，
比較刺激の呈示角度は 5 歳と 6 歳では，0，45，90，135，180，225，270，
315度の 8 角度，4 歳では 0，45，90，135，180度の 5 角度とした。4 歳で
は，課題が長くなり最後まで出来なくなることを避けるために短縮した。練
習用のプレートだけ用意した。

　反応ボタンと信号処理：実験系列 3 で用いた反応用ボックスとは違う，小
型のボックスを新たに作成した。これは子どもが持ちやすくするためである。
汎用のテンキーを転用した。テンキーの数字の配列から 4 と 6 の箇所を選び，
それ以外のキャップをはずして，アクリル板に 2 つのボタンだけ配されるよ
うに接着した。これらボタンを塗装しアクリル板に「おなじ：○」と「ちが
う：×」とラベルした。テンキーからの信号なので，USB ケーブルを介し
てそのまま PC 上のプログラムで処理できるようにした。尚，LCD は，
NEC 社製15インチを使用したが，表示した刺激の大きさは手操作課題と変
わらない。

　観察準備と検査状況：検査記録者はそれぞれの課題ごとに 1 名，計 2 名で
あたった。保育園内の一室で個別に行った。手操作課題の観察では，検査者
が観察記録を取るだけでなく VTR による記録も行った。

第5章　実験系列4　身体を用いた比較方略　319

手続き

手操作課題を行った後に反応時間課題を実施した。

手操作課題：検査者は子どもの横に座り教示した。実験は2セッション×2刺激から成る。本検査とは図柄の異なる種類の傾いた刺激による練習，本検査の順番で行った。

1）ラポールをとった後，最初に練習用の刺激を呈示して，練習用プレートを渡した。そこで，同じかどうか調べてください，と求めた。答えが出るよ

a. 導入の開始

b. 手操作課題（項目2）

c. クラスと氏名の記録

d. RT課題

図 5-2-1　手操作課題と RT 課題における実験手続きの状況

実験系列3で使用した反応ボタンは小型に改良した。また記録と処理はノート型PCにより行った。検査者は子どもの必ず横に座って教示を与えた。図内のaやc.における装飾は子どもの課題への集中度を高めラポールを得るためのものである。図内のbは重ね比較を行っているが，呈示されている刺激は誤刺激である。

うに励まし最後は答えについてフィードバックした。刺激はそこで検査者の制御でLCD上から消える。2）次の刺激を呈示し，プレートを標準刺激が同じであることを確認させた後に，標準刺激と比較刺激とが同じかどうか，調べてみましょう，と求めた。回答は口頭で求めたが，同じかどうかを調べる手の動きを観察し，記録用紙に記載した。刺激項目1と2はカウンターバランスを取った（図5-2-1）。

　反応時間課題：検査者は子どもの横に座って教示した。練習と本実験から成る。練習，本検査での刺激は手操作課題と同じものを呈示した。プレートは練習でのみ使用し，本検査では用いなかった。また，練習は実験系列3と同じく，1）異同判断課題（4試行），2）基準テスト（10試行），3）回転判断課題（4試行）の3セッションから成る。本検査では（2種類の刺激×4角度×異同）で16試行行った。刺激項目1と2のカウンターバランスは取った。

結果

1）メンタルローテーターとノンローテーターの区分けと整理

　反応時間課題を途中で放棄した場合や基準に満たなかった者は，5歳児で1名，3歳で5名であった。決定係数は実験系列3と同じく，.44以上（Estes, 1998）をメンタルローテーター，未満をノンローテーターとする基準を適用した。45度から180度までの角度を説明変数，反応時間を目的変数として決定係数を求めた。3歳では20名中，項目1で3名（15.0%），項目2で5名（25.0%）が通過し，13名（52.0%）が通過しなかった。4歳では19名中，項目1で9名（47.4%），項目2で5名（26.3%）が通過し，項目1，2とも基準に満たなかった者は7名（36.8%）いた。5歳では31名中，項目1で16名（51.6%），項目2で13名（41.9%）が通過し，10名（32.3%）が通過しなかった。全体では，項目1を通過した者は28名，項目2が23名，両方とも通過しなかった者は30名いた。尚，項目1，2ともに基準を満たした者は3歳で4名，4歳で4名，5歳で2名いた。

2）プロフィールと年齢の違い

メンタルローテーターとして区分けできた子どもを対象に，反応時間の角度に対する違いを検討する上で，年齢別に角度要因と刺激の種類要因（項目1，2）の2要因分散分析を行った。3歳児は角度の主効果に有意差は認められず，刺激の種類における主効果で有意差が認められた（$F_{(1, 30)} = 5.347$, $p < .05$）。項目1の方が項目2よりも反応時間が短かった。尚，交互作用は無かった。4歳児は角度の主効果で有意差が認められ（$F_{(7, 96)} = 2.954$, $p < .01$），刺激の種類での主効果および交互作用で差が認められなかった。

5歳児においても角度の主効果に有意差が認められ（$F_{(7, 216)} = 103.11$, $p < .001$），また刺激の種類の主効果にも差が認められた（$F_{(1, 2169)} = 21.998 = p < .001$。交互作用は無かった。項目1の刺激の方が項目2より反応時間が短かった。4歳，5歳とも，反応時間が180度をピークとし，勾配とともにリニアーな関係を示す明確なローテーション効果が確認された。

また，3年齢群間の反応時間の違いを比較するために，まずメンタルローテーターの反応時間について，試行した角度変数が同じ4歳と5歳とを比べ，次に4歳児の0〜180度における反応時間に限定して，3歳と比較してみた。項目1について角度×年齢（4，5歳）の2要因分散分析を行ったところ，角度要因における主効果は有意で（$F_{(7, 184)} = 44.731$, $p < .001$），年齢要因でも主効果は有意であった（$F_{(1, 184)} = 29.085$, $p < .001$）。交互作用は無かった。また角度×年齢（3，4歳）の2要因分散分析の結果，角度要因の主効果は有意傾向（$F_{(4, 50)} = 43.887$, $p = .067$）で，年齢要因の主効果は有意であった（$F_{(1, 50)} = 77.545$, $p < .05$）。交互作用は無い。図5-2-2から，5歳の方が4歳より，また4歳の方が3歳より反応時間が短いことがわかる。

同様にして項目2について角度×年齢（4，5歳）の2要因分散分析を行ったところ，角度の主効果は有意差が認めら（$F_{(7, 1289} = 2.913$, $p < .001$），年齢の主効果も有意差が認められた（$F_{(1, 1289)} = 17.899$, $p < .001$）。交互作用が認められた（$F_{(7, 128)} = 3.616$, $p < .01$）。5歳の方が4歳より反応時間が

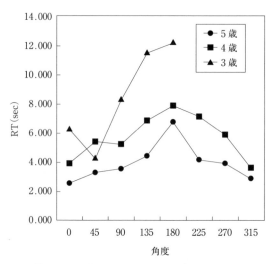

図 5-2-2　項目 1 における RT プロフィール
3 歳のデータは作業負荷を考量し 0 〜 180 度までしか行っていない。

短かった。4 歳と 3 歳についても同じく 2 要因分散分析を行ったところ，角度の主効果では有意傾向（$F(4, 40) = 2.158$, $p = .09$），年齢の主効果は有意であった（$F(1, 40) = 5.445$, $p < .05$）。4 歳は 3 歳より反応時間が長くなった。4 歳の子どもの中に（$N = 5$），リニアーな反応を示したのだが，非常に反応時間の長い子どもが一人いたので，それが原因して 3 歳と 4 歳の反応時間の逆転が生じた（図 5-2-3）。

3）手操作課題の反応カテゴリー

与えられたプレートを用いて，刺激の同一性をどのように調べたか，前実験 4-2 で得た 6 分類を用い整理した。その上で，これらの比較方略が，メンタルローテーターとそうでない子どものグループで違いがあるかどうか検討した。

項目 1 で決定係数等の基準に通過した子ども（F1）と，項目 2 の通過者

第5章 実験系列4 身体を用いた比較方略　323

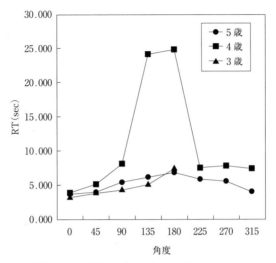

図 5-2-3　項目 2 における RT プロフィール

RT が長かった者が 4 歳に数名いたため，Y 軸の RT 幅を 30.000 秒までとった。RT 軸の幅を限定すれば 5 歳は逆 V 字型，3 歳は右上がりのプロフィールを示した。

(F2)，項目 1，2 の両方とも基準に満たなかった子ども（Fnon）に分け，それぞれの比較方略別に整理したものが表 5-2-1 であり，比率により比べたものが図 5-2-4 である。手操作課題では，一人の子どもに対して正誤あわせて 10 試行行っているので，人数×試行数で割ったものを％として示した。F1non とあるのは，基準に満たなかった子ども（Fnon）の内，項目 1 の刺激で得た各反応カテゴリーの結果，F2non は項目 2 の刺激で得た結果をそれぞれ示している。

　その他を除く 6 通りの比較の仕方のあいだで，現れ方に違いがあるかどうか，通過グループごとに検討した。適合度の検定の結果，項目 1 を通過した F1 グループ（$\chi^2(5, N=280) = 322.27, p<.001$），F2 のグループ（$\chi^2(5, N=224) = 179.232, p<.001$）で有意差が認められた。基準に満たなかった子どもの内（Fnon），項目 1 でのカテゴリーの現れ方を検討した結果，これも有意差が認められ（$\chi^2(5, N=300) = 519.92, p<.001$），項目 2 でも同様に有意差が得られ

表5-2-1 メンタルローテーターとノンローテーター別に整理した方略の頻度・割合

基準	群	重ね		反転重ね		併置		透かし		保持		正誤		その他		全体	
		SUM	%	SUM	%	SUM	%	SUM	%	SUM	%	SUM	%	SUM	%	SUM	%
基準通過	項目1 (F1)	120	0.43	5	0.02	8	0.03	36	0.13	111	0.40	0	0.00	0	0.00	280	1.00
	項目2 (F2)	81	0.35	2	0.01	18	0.08	42	0.18	80	0.35	1	0.00	6	0.03	230	1.00
基準不可	項目1 (F1non)	173	0.58	0	0.00	9	0.03	13	0.04	104	0.35	1	0.00	0	0.00	300	1.00
	項目1 (F1non)	164	0.55	0	0.00	12	0.04	9	0.03	104	0.35	0	0.00	11	0.04	300	1.00

注）上の段の基準通過は決定係数が基準を満たす場合（$r^2 \geq .44$）でメンタルローテーターとして区分される。下の段の基準不可は決定件数が基準未満であったためにノンローテーターとして区分された。項目1と2は実験系列1で用いた旗型の刺激と対応している。項目1は矩形に黒丸、項目2は矩形に十字の図柄が描かれたものである。SUMは該当するカテゴリーの度数を示す。%は対象となった総試行数（単純に5（0, 45, 90, 135, 180度）×2（正・誤）×N数）の内、そのカテゴリーの占める割合。

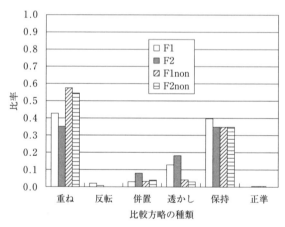

図5-2-4 メンタルローテーターとノンローテーターに分けた比較方略

た（$\chi^2(5, N=289) = 498.619, p < .001$）。

次にカテゴリー内の比較を行った。まず重ね比較とそれ以外に分け検討した。F1とF2の間では差が無かったが、F1とF1non（$\chi^2(1) = 12.707, p < .01$），

F2とF2non（$\chi^2(1) = 17.642$, $p < .001$）で有意差が認められた。すなわち重ね比較においては，基準に満たなかったグループ，つまりノンローテーターの方がメンタルローテーターより多く現れた。併置では，F1とF2で有意差が得られ（$\chi^2(1) = 6.444$, $p < .05$），項目1（F1）より項目2（F2）で併置が多く現れた。またF2とF2nonとの間で有意傾向が得られた（$\chi^2(1) = 3.569$, $p = .056$）。F2の方がF2nonより高い度数であった。透かしでは，F1とF1non（$\chi^2(1) = 6.444$, $p < .05$），F2とF2non（$\chi^2(1) = 6.444$, $p < .05$）との間で有意差が認められた。項目1，2とも，メンタルローテーターの方（F1，F2）がノンローテーター（F1non, F2non）より多くの透かし比較が出現していた。保持は高い割合（35〜40％）で出現したが，グループ間の差は無く，反転や正準は極めて少ない出現であった。

考察

メンタルローテーターとノンローテーターそれぞれが，刺激の代理となるプレートをいかに用いて異同を調べようとするか明らかにすることを目的とした。

1）処理モデルから

メンタルローテーションを行う上でイメージを重ね合わせるという点で考えると，重ね比較が最も多く用いられるだろうと予測された。重ね比較は前実験4-1で，正確さのレベルが上がれば増加した方略でもあった。しかし，項目1の刺激でも，項目2の刺激においても，ノンローテーターの子どもの方が多く現れた。このことの解釈として，充分に輪郭と図柄とを結び付けて回転させるという比較が出来ておらず，おそらく輪郭を比較することで異同判断しているような場合でも，重ね比較が，大いに用いられているだろうことが推測される。逆に重ね比較は，この時期の子どもにしたら最も一般的なヒューリスティックな方法であっても（実験4-1），輪郭にしか注意が行きわ

たっておらず，輪郭と図柄の両方の情報に基づいて，系列を意識し順次回転させていくことに気づかせること（Dean et al., 1983, 1986, 1987；Estes, 1998）は難しいといえる。しかし回転の理解に充分とはいえないが，きっかけにはなるのかもしれない。メンタルローテーションのフローチャートによるモデルでは，符号化と回転，比較の3段階を設けて説明している（Cooper & Shepard, 1973）。

だが重ね比較は，デッドラインモデルにおける追加的変換の項と同じ性質を持っているといえる。つまり，重ね比較を試みて，これでいいか（「同じか？　あっているか？」）の探索をしていることになる。プレートを持ったままでいた保持の子どもは，前実験でも述べたが，イメージ上での比較が出来るのでプレートで調べる必要がなかった場合と，何も出来なかった子どもに分かれる。イメージ操作の出来る子どもの場合は，「これでいいか」という追加的変換を試みる必要のないまま，異同判断したのだろう。そうした保持を除き，他の方略は，多かれ少なかれ探索的な働きを行っている点で，デッドラインモデルにおける追加的変換を行っていたと考えられる。その意味では，Cooper-Shepard モデルは完成された姿であり，成人を説明する上ではよいかもしれないが，むしろ参照活動をする発達途上にある子どもには追加的変換を示した Pellegrino & Kail（1982）モデルの方が適合しているといえる。

2）図柄情報と輪郭情報（符号化としての処理）

また，併置や透かしは，ノンローテーターよりメンタルローテーターにおいての方が，より多く現れる傾向が示されている。このことは，併置や透かしが重ねとよく似た関係にあることから（実験4-1）考えなければならないだろう。覆い被せるように重ねてしまうのではなく，比較する対象どうしを見比べられる点で，輪郭だけでなく図柄へも注意するという配慮があるのではないだろうか。もちろん刺激は単純な図柄なので，それを常に見ていなく

ても，左右の混乱は別として，すぐさまワーキングメモリーで扱われるようになるだろう。

　しかしながら本研究の前半部で，対象は，内側の図柄情報と外の輪郭情報とに分かれて処理されると想定した（実験系列1，2）。対象を符号化するには，最初に対象内にある内的軸を発見しておかなければならない（Corballis, 1988）。もし，対象の図柄を見ないで，プレートを重ねるだけで同じかどうか判断しているとしたら，左右の判断で用いられる内的軸を無視したことになる。すなわち，輪郭だけに注目してしまい，対象の図柄が左右逆や上下逆さであっても構わないことに繋がってしまう。特に用いた刺激は矩形であるため，上下左右がシンメトリックな性質を備えている。重ね比較の陥りやすいエラーとして，Re反応や奥行き回転での反転が予想される。つまり輪郭情報にひきずられてしまい，図柄情報を無視して，同じと答えてしまうかもしれない。平面と奥行き面とでは移動する距離が異なるため，勾配に従っての一貫したリニアーな関係が崩れることが生じるだろう。もしかしたら，ノンローテーターの子どもで重ね比較をしている場合，図柄無視だけでなく，こうした異なる面を混在して操作してしまい，結果としてリニアーな関係を残せなかった子どもが含まれている可能性がある。

第3節　実験4-3　旗型課題で用いられた方略：質問紙の分析

目的

　既にそれまでの実験（実験系列1）で，年齢により旗型課題で取られる方略が異なることがわかってきている。実験1-2では，固定された刺激の旗型に対し，対象のイメージを保持しながら位置の変換を試みようとしたのではないかと考えられる「ひきうつし」が重要な行為であると指摘した。また，いずれの実験（実験系列1～3）でも課題を解いている最中に頭や体を傾けて解こうとする子どもがいた。傾いた比較刺激に対して，標準刺激（実験系列1及び実験系列3）や，自分あるいは自分が持っている刺激（実験系列2の鳥形

課題で用いた胴体部分のプレート）に合わせるかのような素振りをしていた。なんらかの調整機能が働いているものと予想される。しかし，発達水準の高い年齢になると，そうした観察可能な外在的な行為がなくなってきた。

　本研究での空間課題は，観察者の外側に参照枠があり，それに観察者の枠組みを合わせる必要がある。空間課題は直接的なエゴセントリックな行為を含んでいないが，運動方略が用いられていて，それが視覚的にガイドされた行為として働き，課題を解いている最中に観察された「ひきうつし」のような調整的な行為が現れたと解釈できる。

　そこで旗型課題（実験1-2）で併用した5種類の解き方が，どのように年齢とともに変化するか明らかにすることを目的とした。それら5種類の解き方を数量化Ⅲ類のカテゴリーとして捉え，カテゴリー間の結びつきを類似度により分析することで，方略の学年変化に特定のパターンが見出されるのではないかと考えた。

方法

　本研究は，実験系列1の実験1-2で実施した旗型課題と平行して行った解決方略についての質問を分析した。実際に子どもに旗型課題を解かせた上で，その解き方について尋ねたものである。それ故，実験1-2で示した通り，分析対象にした子どもには，回転による事前練習をした実験群と事前に回転練習をしていない統制群とがある。

被験児：小学校1年から4年，実験群118名，統制群116名。実験系列1の実験1-2と同じ子どもからデータを得た。

材料

　解き方に関する質問紙（B4判）と掲示用の大判（A1判）の質問紙を用意した。質問は5項目から成る。質問内容を以下に示す通り，全てひらがなで

第 5 章 実験系列 4 身体を用いた比較方略　329

表した。1）うらがえして といた ひと，2）あたま や からだ を かたむけた ひと，3）て を つかって まわした ひと，4）あたま の なかで ずけい を まわして といた ひと，5）みぎ・ひだり・うえ・した など ことば を つかった ひと。これらの各質問文の左側に具体的な挿絵を添え，質問番号を振った質問紙を作成した（図 5-3-1）。

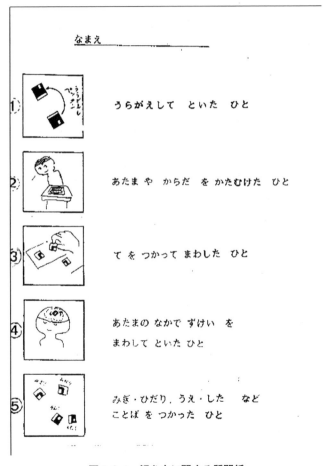

図 5-3-1　解き方に関する質問紙

質問文の項目1を便宜上,「裏返し」と名づけ,項目2を「身体を傾ける」,項目3を「手で回す」,項目4を「頭の中」,項目5を「言葉」とした。「裏返し」は,奥行き回転であるフリップ (Jolicoeur, 1990；Koriat et al., 1991；Murray, 1995) が行われたかどうかの質問である。また「身体を傾ける」は,課題の最中に頭や身体を大きく傾ける子どもが観察されたので (Roberts & Aman, 1993；Stefanatos et al., 1998),それについての質問である。「手で回す」は,実験系列1で確認された,ひきうつし行為と対応している。実際に手で回そうとした場合がこの項目にあてはまる。「身体を傾ける」と同じく,対象への身体的な関わりがあったかどうかを尋ねている。「頭の中」は,文字どおり対象の心内イメージを回したかを尋ねている。回すことへの気づきと関連するが,気づいていても回せない場合は,この質問ではチェックされないと思われる。また「言葉」は記号化と関連している。特に実験1-2で検討したように対象への左右のマッピング (Roberts & Aman, 1993) や同じ側ルール (Platt & Cohen, 1981) により解決しているならば,図柄の空間位置(上下左右)を意識的に言語化していると思われる。

手続き

教示者数名により集団で行った。旗型課題終了後に,それぞれの子どもに質問紙を配布し,同時に教室の黒板に拡大した質問紙を掲示した。中心となる教示者が「どういった解き方をしたか教えてください」「ここに(指差ししながら)エンピツでまるをつけてください」という旨を伝え,ゆっくり教示用の解き方に関する質問紙を指差しながら読み上げた。回答の仕方は複数回答を認めた。子どもが質問紙を解いている最中は,他の教示者は巡回し,子どもの質問を受けた。尚,事前に行った旗型課題(実験系列1の実験1-2,ただし詳細は実験1-1に示した)では,実験群の子どもは実際に刺激と同形同大のチップを渡され,それを実際に回転させて,刺激どうしを比較するという回転練習を受けているが,統制群の子どもは回転練習を受けていない。

結果

1）数量化Ⅲ類

　解き方についての質問紙の各項目で該当する解き方をしている場合にはチェックをつけるよう求めているが，その場合に1点，チェックがついていない場合は0点として整理した。まず1年から4年までの子どもを対象として，実験群と統制群とを別々に数量化Ⅲ類にかけた。数量化でのカテゴリーは5種類あり（図5-3-1），個体には参加児を配した。表5-3-1に示したように，実験群では，第Ⅰ軸の固有値が.344，寄与率34.9％，相関係数が.58，第Ⅱ軸の固有値が.237，寄与率24.11％，相関係数が.49，第Ⅲ軸の固有値が.214，寄与率21.77％，相関係数が.46であった。累積寄与率は80.75％となったので，これらの3軸から成分を検討することとした。統制群は，第Ⅰ軸の固有値が.391，寄与率30.16％，相関係数が.63，第Ⅱ軸の固有値が.369，寄与率28.47％，相関係数が.61，第Ⅲ軸の固有値は.322，寄与率24.84％，相関係数が.57となりⅢ軸までの累積寄与率は83.47％となった。カテゴリー数量で示した方略と子どもの個別の得点に基づく散布図を，実験群と統制群の別に図5-3-2a～dに示した。個別得点では数名が同じ得点を示す場合があり，座標への表現は1つのプロットとなっている場合がある。

　カテゴリー数量順に各項目を並べると（図5-3-2），実験群のⅠ軸では，「頭の中」→「言葉」→「身体を傾ける」→「手で回す」→「裏返し」とな

表5-3-1　数量化Ⅲ類の結果

| 群 | 軸 | 質問項目ごとのカテゴリー数量 | | | | | 固有値 | 寄与率 | 相関係数 |
		裏返し	手で回す	身体を傾ける	言葉	頭の中			
実験群	Ⅰ軸	1.2986	0.9209	0.4799	0.0575	-1.3449	0.344	34.88	0.58
	Ⅱ軸	1.5344	-1.3890	-0.2317	1.1575	-0.1702	0.237	24.11	0.49
	Ⅲ軸	-1.5433	-0.4266	2.0189	0.7094	-0.4187	0.214	21.77	0.47
統制群	Ⅰ軸	0.5967	0.9261	1.9993	-0.3150	-0.9363	0.391	30.16	0.63
	Ⅱ軸	2.4173	-0.9789	-0.6105	0.4442	-0.3557	0.369	28.47	0.61
	Ⅲ軸	0.7330	1.6678	-1.7856	-0.7886	-0.0655	0.322	24.84	0.57

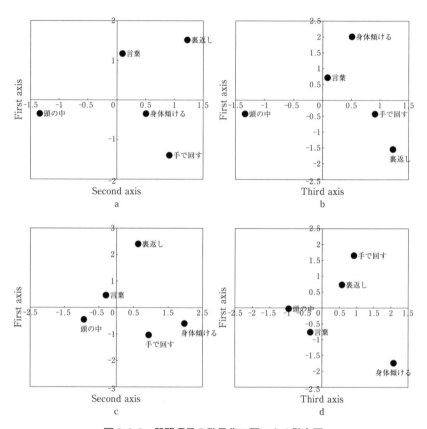

図 5-3-2　質問項目の数量化Ⅲ類による散布図
a が実験群のⅠ軸とⅡ軸，b がⅠ軸とⅢ軸，c が統制群のⅠ軸とⅡ軸，d がⅠ軸とⅢ軸によるカテゴリー数量の値に基づく散布図。

り，統制群のⅠ軸は，「頭の中」→「言葉」→「裏返し」→「手で回す」→「身体を傾ける」という順番にカテゴリー数量が大きくなった。カテゴリー数量の値や順番からすると，「頭の中」が負の値，「言葉」がほとんど0に近い値を取りひとつのクラスターを形成し，「身体を傾ける」，「手で回す」，「裏返し」が正の値を取り別のクラスターを形成している。Ⅱ軸は実験群も統制群も同じく，「手で回す」→「身体を傾ける」→「頭の中」→「言葉」

第5章　実験系列4　身体を用いた比較方略　　333

→「裏返し」という順番になった。「手で回す」,「身体を傾ける」,「頭の中」
が負の値で,「裏返し」と「言葉」が正の値であった。Ⅲ軸は実験群では
「裏返し」→「頭の中」＝「手で回す」→「言葉」→「身体を傾ける」,統制
群では「手で回す」→「裏返し」→「頭の中」→「言葉」→「身体を傾け
る」となった。「裏返し」,「頭の中」,「手で回す」の3項目は両群で順番の
入れ替えがあるが,実験群では負の値を取りひとまとまりのクラスターを形
成している。統制群では,「裏返し」と「手で回す」が正の値をとり,「頭の
中」がほとんど0に近い値をとりまとまったクラスターを形成している。
「言葉」と「身体を傾ける」の2項目は実験群では正の値を,統制群では負
の値を取り別のクラスターを形成した。

2）学年別変化

　学年により子どもの個体数量の平均値に違いがあるかを調べるために,群
別に学年間の一元配置の分散分析による傾向検定を行った。実験群のⅠ軸で
は有意差が認められた（$F(3, 117) = 8.81$, $p < .001$）。多重比較を Scheffe の方
法により行ったところ,1年と2年,3年,4年の間で有意差が認められた
（$p < .01$）。表5-3-2に示されるように,1年から上の学年にかけて個体数量
の平均値が下がっていくことがわかる。Ⅱ軸でも学年間で有意差が認められ
た（$F(3, 117) = 4.026$, $p < .01$）。Scheffe の多重比較の結果,4年と2,3年
との間で有意差（$p < .05$）が認められた。表5-3-2から2,3年から4年に
かけて平均値が増加することがわかる。Ⅲ軸は分散分析の結果,有意差は認
められなかった。統制群ではⅠⅡ軸で有意差は認められなかったが,Ⅲ軸で
は学年間で有意差が認められた（$F(3, 114) = 3.277$, $p < .05$）。しかし Scheffe
による多重比較の結果,個別の学年間の差は認められなかった。平均値は1
年から4年にかけて正の値の方へと増加していることがわかる。

表 5-3-2　各軸の平均値，標準偏差と傾向検定結果

群	軸		学年				傾向検定	
			1 年	2 年	3 年	4 年	F	p
実験群	I 軸	平均(M)	0.66	-0.73	-0.58	-0.51	8.812	**
		標準偏差(SD)	0.67	1.42	1.43	0.86		
	II 軸	平均(M)	-0.05	-0.45	-0.52	0.42	4.026	**
		標準偏差(SD)	1.34	1.09	0.97	1.06		
	III 軸	平均(M)	-0.43	-0.24	-0.17	0.12	1.268	n.s.
		標準偏差(SD)	0.99	0.92	1.20	1.09		
		人数	30	30	31	27		
統制群	I 軸	平均(M)	0.05	-0.14	-0.20	-0.54	1.243	n.s.
		標準偏差(SD)	1.22	1.37	1.08	0.98		
	II 軸	平均(M)	-0.28	0.15	-0.27	-0.02	0.953	n.s.
		標準偏差(SD)	0.71	1.01	1.17	1.47		
	III 軸	平均(M)	-0.23	-0.33	0.48	0.17	3.278	*
		標準偏差(SD)	1.09	1.18	1.15	0.94		
		人数	28	28	30	29		

注）*は 5 ％，**は 1 ％未満の危険率を示し，n.s. は有意水準に達しなかったことを示す。

考察

　旗型課題（実験1-2）で用いた課題の解き方が年齢とともにどのように変化するか明らかにすることを目的とした。

1）方略の違いについて

　実際の 5 種類（「頭の中」，「言葉」，「身体を傾ける」，「手で回す」，「裏返し」）のかかわり方に関する項目が，3 種類の方略（I・II・III軸）に分かれることがわかった。カテゴリー数量の順番とクラスターのまとまりに従って軸ごとに整理した。図 5-3-3 は各軸のカテゴリー数量の正負の方向が学年の進み方と異なるので，正負の方向から切り離して，年齢に従っての変化が読み取れるようにし直したものである。有意差の得られなかった軸もあるが，図内の

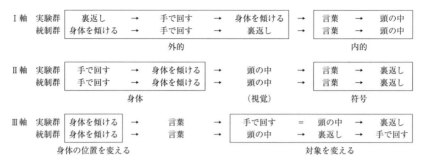

図 5-3-3　各軸のクラスターの整理と方略の意味

矢印（→）は発達の方向を概ね示すと考えられる。

　各軸を 2 極に分けて解釈を試みることにした（図 5-3-3）。Ⅰ軸では，一方の極で「身体を傾ける」と「手で回す」「裏返し」がクラスターを形成していた。これらの項目の共通する内容は，外的かかわりや身体的操作に関連したものと考えられる。一方，「頭の中」や「言葉」から成るクラスターは内的なかかわりを中心とした心内操作によるものと考えられる。Ⅱ軸では「手で回す」と「身体を傾ける」といった身体的なかかわりに関する項目が集まり，他方の極には「言葉」や「裏返し」が集まった。「言葉」は質問紙にうえ・した・みぎ・ひだりという言葉が書き添えられていて，「裏返し」にも，うらがえし　ペッタンという添え書きがある（図 5-3-1）。「言葉」は上下左右といった言葉を用いたかどうかという記号の使用に関する直接的な質問であったが，「裏返し」は行為であるものの裏や表といった概念と関連している。その意味で，ある子ども達は対象の空間の記号化が行われたことを前提に両者を同じ範疇で回答している可能性も考えられる。尚，カテゴリー数量の上では両極の途中に「頭の中」が位置する。身体的なかかわりとマッピングによる解決の仕方の中間にあるので，視覚的な媒体による方略と考えられるかもしれない。Ⅲ軸は，「身体を傾ける」という項目が自分の身体位置を変えることで解決しようと試みる一方で，「手で回す」や「裏返し」「頭の

中」という項目群が示すように，対象の側をなんらかの形で変換しようとした軸と考えられる。「言葉」も空間に関するもので，それ自体が対象へのマッピングにより変換しようとするものであるので，対象を変えるクラスターに入れても良いかもしれない。多重比較の結果も考慮すると，より発達的変化が明瞭になってくると思われる。図5-3-4にさらに要約した概念図を示した。

Ⅰ軸は外的かかわりや身体的操作の段階から内的かかわりや心内での操作が出来るようになっていく姿を捉えた，かかわり方の外在化−内化の程度を表す軸と考えられ，それは実験群の1年から2年にかけて特に顕著に現れ，その後同じレベルが続いたといえる。小学校1〜2年に大きな格差を生じている点で，Piaget (1947/1967) が指摘する前操作期から具体的操作期への移行の時期と対応している可能性がある。全ての思考が内面化した活動であると考えたPiagetの説からすると，外的な行為を通じて対象の識別が行われていたレベルから，それらを内面化して心内で扱えるレベルへ切り替わっていくプロセスを反映しているのではないかと考えられた。

Ⅱ軸は，対象を身体により扱おうとする段階から，言葉を媒介とした記号により扱おうとする段階へと至る姿を扱っていると考えられ，対象を扱う媒体を表す軸として身体―記号の軸と考えられた。それは実験群の1，2，3年と変化がなかったが，3年から4年にかけて顕著に変化が現れた。身体に基づくマッピングがエラーを導くと考える研究があるが (Platt & Cohen, 1981；Roberts & Aman, 1993)，このⅡ軸の意味するところは，むしろ何をもって対象を捉えるかという側面と関係していると思われる。3年までは，手

軸	軸の解釈	学年（年齢）に従っての変化		カテゴリー数量値の変化
Ⅰ軸	内化の程度	外的かかわりや身体的操作	⇒ 内的かかわりや心内での操作	実験群で1年から2年
Ⅱ軸	媒介の程度	身体による	⇒ 記号による（上下左右，裏表）	実験群で3年から4年
Ⅲ軸	変換の対象	身体の位置を変える	⇒ 対象を変える	統制群で学年を通じて

図5-3-4　軸の解釈と発達に関連する概念図

で回すや身体を傾ける等して，対象を自分の身体に取り込む働きが強く現れていたのだろう。そして4年以降は言語表象に置き換えられていったのではないだろうか。

　媒介の程度と解釈したⅡ軸の推移は，Bruner et al.（1967/1968）らの表象の発達に類似した側面を捉えていると思われる。しかし，Brunerの表象の発達変化はPiagetの考えに基づくもので，身体的行為を通じて対象を内化していくという意味ではよく似た性質を捉えている。こうした媒介に基づく表象発達の考えからすると，実験群の3年から4年にかけての変化は，明瞭な象徴的表象の出現によるもではないかと考えられる。

　Ⅲ軸は，対象を識別する上で自分の方が対象に合わせて変わろうとする段階から，対象を動かして変換させようとする段階へ至る姿を捉えた，変換の対象が自己から対象への移行を示す軸と考えられた。統制群の1～4年を通じて変化が生じた。身体を傾けるということは対象の見えを変えようとする行為であるのだが，最初は観察者（子ども）自身の視点に伴う枠組みの変化を調整することからはじまり，次第に自らは変わることなく，つまり視点からは独立した対象そのものを変える為に，対象を中心とした枠組み（Biederman, 1995；Marr, 1982/1987）を調整することへと発達的に移行していくものと考えられる。

　そもそもこの課題は対象にかかわることで刺激を識別する必要があった。いずれの軸の解釈も最初の段階は外的かかわりや身体による媒介，自分の変換という具合に，身体と対象とのかかわりに中心が置かれていた。それらは内的な形式に置き換わり，対象そのものを心内で扱えるようになっていくプロセスと対応していると考えられる。

　こうした各軸の最初の突端は，対象へのかかわりを通じて対象の差異となる特徴いわば示差特徴（distinctive feature）や不変項（invariant）を探索することで認識を得る発達的変化（Gibson & Gibson, 1955；Gibson, E. J. et al., 1962；Gibson, E. J., 1969/1983）ともいえるかもしれない。しかし輪郭情報と図柄情

報に対する感受性の発達変化だけに焦点をあてるならば，Gibson, E. J. のいうような刺激指向的な側面の検討だけで良いかもしれないが，本実験系列での重ねをはじめ比較方略や実験系列1で確認したひきうつし等の身体的なかかわり，つまり対象に向かう姿勢や運動面が認識の発達に貢献するという本研究の視点は，Gibson, E. J. やそれまでの知覚発達の研究とは異なる新たな側面を示していると思われる。

2）実験群と統制群の方略の取り方の違いについて

実験群と統制群で学年による方略の変化の差が生じる軸が異なっていたことから，両群の方略使用は異なっていたことがわかる。このことはチップを用いるという先行経験の有無によると考えられる。Ⅰ軸やⅡ軸での内化の程度や媒介の程度の場合は，先行経験がひとつの方向（＝回転させて解く方向）へと導くことで学年差あるいは年齢差が生じやすくなったのだろう。一方，Ⅲ軸で検討したように変換の対象については，実験群では先行経験が影響して，「身体を傾ける」に代表されるように自分の身体位置を変えることで，対象の見えも変わるという認識から，対象を直接変えるという方向へ緩やかに発達した為に学年差が生じなかったのではないかと考えられた。統制群では先行経験が無い為に探索的な活動が顕著に現れて，学年差が現れたものと思われる。

第4節　実験系列4から導かれた発達の側面

実験系列4では，実験系列1で観察確認された「ひきうつし」行為や実験系列2や3における構成プレートによる参照活動の機能に焦点を当て検討した。ひきうつし行為とは，対象どうしを比較する上で，手や指を用いてイメージを保持し移動させようとする行動のことである。実験系列4の特に実験4-1と実験4-2では，幼児に対して異同判断を行う上で標準刺激と同じ形，図柄のプレートをいかに利用するかという課題が行われた。観察が中心とな

る研究であったが，子ども自身による課題での解き方が問い直された。身体を道具として用いて，対象を変換する方法が取られていることがわかった。また異同判断を行う上で，輪郭を合わせるだけか（重ね比較），輪郭内の図柄も確認して比較するか（透かし・併置）の違いが方略の違いとして確認できた。また実験系列 1 では，課題の最中に身体を傾けて刺激の傾きを修正するかのような行為が観察されていた。これも姿勢による身体的かかわりの一種であると考えられるが，こうした対処の仕方は実験 4-3 で明らかになったように，対象の座標変換を表象やイメージのレベルでおこなうことが出来ないために現れたものと考えられる。

　本研究では，対象の輪郭や図柄といった情報を抽出し特徴分析的な処理を捉えるだけでなく，身体を傾けるとか手操作などを通じて対象を取り込もうとする身体によるかかわりを，対象と自分との関係からなる処理から同時に捉えようとしている。その考えからすると，「かかわり」が「見る」ということを補助するだけでなく，対象へのかかわりがあってはじめて認識が促進されるのではないかと考えられる。実験 4-1 や実験 4-2 では，要請されている刺激の旗型を模したプレートを動かすことで，刺激の空間位置を変換しその都度の視覚情報を得ることが出来たが，これは構成課題においても認められることで，かかわるという行為により，自らが能動的に対象の空間的な視覚情報を変化させ，対象の連続する運動系列を捉えることができるようになるものと考えられる。発達が進めば，実際に身体的なかかわりが明確になくとも，内化された対象を認識することが出来るようになると考えられる。

　実験 4-1 では異同判断が何に基づいて行われるのか明らかにすることが目的で，異同判断のためのプレートを用いた行為を観察分類した。構成課題（実験系列 2）では，既に刺激の一部であるプレートを様々に動かして探索的に参照する行為が見られた。そうした行為には同定の仕方が表されていて，それが認知的な水準と関連するだろうと考えられる。そこで「対象の延長としての道具」でもあるプレートがどのように用いられているか検討すること

で，認知プロセスを明らかにする手がかりが得られると考えられた。結果は6種類のプレートの調べ方に分類された（図5-1-1）。プレートを持っているだけで何もしない「保持」を示す子どももいたが，充分に心内で回転できる場合と何をしていいのかわからない場合との2通りがあると考えられた。一方，プレートを用いて刺激にかかわっていこうとする行為が現れた。少し離して比較する「透かし」や比較対象に重ね合わせる「重ね」，比較すべき対象とプレートを並べる「併置」，向きを逆にしてみる「反転」，標準刺激の0度の向きを保って比較刺激にかざそうとする「正準」が現れた。

　刺激対象にかかわることのなかった「保持」とは異なり，なんらかの行為を伴う他の5種類の調べ方は心内で上手くイメージ操作が出来ないために，対象へ積極的にかかわる手操作として「ひきうつし」と同類と解釈された。つまりプレート自体が視覚的ガイドとしての役割を果たし，常に結果を確認できる。かかわることにより見えていなかった不十分な中間状態のイメージ（Dean, Gros, & Kunen, 1987）を，視覚的に作りだせるという利点があるといえる。こうして，対象の見えていなかった情報の確認や，それを通じての知覚的マッチングがプレートにより促進されたと推測される。

　それまでの実験系列でわかってきたように，年齢により認識できる対象の輪郭情報や図柄情報が異なっていた。このことはGibson et al.（Gibson & Gibson, 1955；Gibson, E. J. et al., 1962）が指摘する示差特徴の性質と類似しており，対象そのものに備わる抽出可能な情報も経験の違いによる制約を受け，対象の属性を処理する働きも発達とともに変化するといえる。実験4-1の結果からすると，年齢に従い増加した「重ね」のように一方の刺激に重ね合わせるという行為は，幼児期から児童期にかけて同一性の確証を得るための，参照行為ではないかと考えられる。すなわち，対象が連続的に変化する系列化（Dean et al., 1987）を概念的に理解する以前に，行為を通じて認識しようとして，プレートを用いず手と指だけの空の状況で行われた「ひきうつし」（実験1-2）も同一性の確証を得るため生じたと考えられる。

第5章　実験系列4　身体を用いた比較方略　　341

　実験4-2では，実験系列3で行ったRT課題を実施し，メンタルローテーターとノンローテーターとに分け，それらの子どもが，LCD上の刺激に対してプレートで異同をどのように調べるかを目的とした。結果は，重ねがメンタルローテーターよりノンローテーターで多く用いられ，併置や透かしがノンローテーターよりメンタルローテーターで多く用いられることが示された。このことは，まだ一定の速度で回転出来ていない子どもの場合は，対象の輪郭に沿って重ねてしまい図柄についての情報を充分に扱えない方法を取ってしまうが，一定の回転速度を保てる子どもの場合は，対象の輪郭と図柄の向きを揃えて扱おうとすることが推測された。つまり「重ね」は図柄を見過ごしてしまう危険性があるので，輪郭情報と図柄情報との統合が充分に発達しないと，実験系列1や2でみたように輪郭情報だけを扱ったエラーに繋がることも推測された。

　また「保持」以外の手操作には，参照活動を伴った探索的な意味があると考えられた。実験4-1や実験4-2ではデッドラインモデル（Carter, Pazak, & Kail, 1983；Pellegrino & Kail, 1982）における追加的変換に相当するプロセスがあったものと考えられる。追加的変換では異なるとはすぐ判断せず，時間の許す限り同じになる可能性を探索しようとするものであった。対象を代理するプレートを変換しても変わらぬ特徴を探そうとする行為は，示差特徴（Gibson, E. J. et al., 1962）を見出そうとする行為と共通すると考えられる。対象を動かすことで見えが変われば，違うとしてもいいが，そうしないのは恒常性が前提にあるからであろう。輪郭の形状が一致していれば，輪郭情報の傾きや輪郭内の図柄情報がどうあるかに注意が行き，それぞれの次元で異同の判断がなされるということが実験系列1～3でわかった。傾けた刺激がどのような視覚イメージであるかを補足するように「ひきうつし」が生じたと解されたが，その「ひきうつし」はあくまで試行的な行為であって，探索の意味があると考えられる。

　実験4-2では，メンタルローテーションにおける完成したフロチャート

（Cooper & Shepard, 1973）よりも，探索が含まれているデッドラインモデルの方が発達的には適合性が高いといえる。おそらくメンタルローテーションのパラダイム以外の異同判断（実験系列１）や，正しい構成が求められる課題状況（実験系列２や３）では，デッドラインに相当する探索が働いていたと考えられる。手操作課題に限るならば，保持以外の５種類のカテゴリーでは探索の役割を担っていたのだろう。

　実験4-3では，実験1-2で行った旗型課題での解き方が年齢とともにどのように変化するか明らかにすることを目的とした。あらかじめ想定した方略に関する質問は，対象を「裏返し」て解いたことがあったか，頭や「身体を傾ける」ことがあったか，対象を「手で回す」ことがあったか，対象を「頭の中」で回したか，右・左・上・下等の「言葉」を使ったか，の５種類である。数量化Ⅲ類の結果，３つの軸が得られた。５種類のカテゴリーがクラスターを形成する仕方が，３軸で各々異なっていたので，それぞれ別の認知的側面を示すものと捉えられた。図5-4-1に示すように，６〜９歳にかけてⅠ軸は，身体的操作に関する内容から心内操作へと発達が進むと考えられる側面である。かかわり方が，外在する身体での扱いから心の中で扱えるようになる程度を示すので，内化の程度を表しているとされた。Ⅱ軸は身体的操作から対象の記号化あるいは符号化による扱いへと進行する側面であり，対象を扱う際に何を媒介にしているかが示されているので，媒介の程度を表していると考えられた。そしてⅢ軸は身体的操作から対象操作へ向かう側面であり，自分を変えることで解決しようとする自己変換から，対象を変えることで解決しようとする対象変換へと進むと考えられ，変換の対象が発達とともに変わっていくことを表していると捉えられた。

　Ⅰ軸の内化の程度は，外的な行為や活動のイメージを伴って内化していくとするPiaget（1952/1967）の基本的な考え方と共通している。身体を傾けたり，手で回したり，裏返したりといった行為があり，それらの洗練された形式として言葉による象徴の利用がなされ，最終的には内化された行動図式で

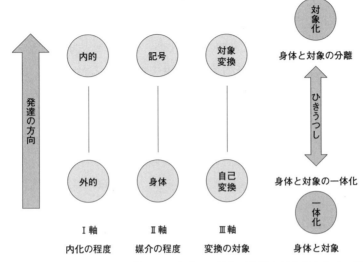

図5-4-1 身体と対象とが一体化した状態から対象が分離し対象化される3側面

あるシェマ (schema) として，対象そのものが表象化されるという考えである。Ⅰ軸は Piaget の見出そうとした内化の過程と対応しうる軸といえるかもしれない。Ⅱ軸を媒介の程度としたが，それは何を持って対象を捉えているかという視点から考えだされた事柄である。Piaget の再解釈を行った Bruner (Bruner et al., 1967/1968) は知識獲得における媒介を重視している。内化の過程を媒介の過程と言い換えているともいえる。Ⅱ軸は最初，手で回したり，身体を傾けたりして，自らの身体を媒介に運動を通じて知識を獲得しようとするが，次第に頭の中での視覚的なイメージを通じて処理できるようになる。最終的には，対象の上下左右などの記号や，裏表という概念という対象の空間的記号化による捉え方へと進むという側面をとらえたと思われる。Ⅲ軸の変換の対象が変わっていくという捉え方は，自分自身が対象にあわせて変わっていく自己変換が中心となる段階から，対象そのものを変換させていく段階へと変化させるというものであった (野田, 2008)。対象に合わ

せて自らが変わる必要がある現象として，対象の物理的な性質にあわせて，対象をつかむ前に自分の手の開きなどを調整するというプリシェイピング現象（Jeannerod, 1986）やつかみ方の研究（Ellis & Tucker, 2000）がある。モノをつかむ際に事前に手の形を対象に合わせて変化させるという点では，対象と身体とがある意味で一体化していく現象であるが，対象に身体的にあわせるレベルつまり変換が行われるのが自分であるレベルから，対象そのものを変換するレベルへとつながる軸と解釈された。Ⅲ軸についてはいくつか議論がある。仮に対象の属性から行為の可能性を引き出すアフォーダンスの見方（Gibson, 1979/1985）でⅢ軸を解釈するならば，読み取れる対象の性質にあわせ身体的に自分が変わるという点で，対象にアフォードされ自己を変えると説明できるのではないだろうか。発達とともに対象を変えることで積極的にアフォーダンスを探そうとする側面を表すことになるのではないだろうか。

　また，自己を変えるか対象を変えるかという捉え方は，対象に対して視点依存的な表象であるのか（Tarr & Pinker, 1989, 1990），視点非依存的な表象を想定しているのか（Biederman, 1995；Marr, 1982/1987）といった表象の在り方とも関連していると思われる。つまり Köhler（1940/1951）が指摘した股のぞきのように，子どもは姿勢や身体的な傾きなどを変えることで，対象を操作しようとする段階から，視点に縛られることなく対象そのものを自在に心内で扱える段階への発達的側面を捉えたと思われる。視点依存か非依存かという議論において，本研究での手を用いて対象へかかわるという行為は，手が視覚的にガイドするという役割を果たしていることから視点依存の側にあるといえるが，むしろ視点依存と非依存の中間状態にあると言い換えた方がよいかもしれない。Marr（1982/1987）の観察者中心から対象（物体）中心座標での記述へ進むという認識のプロセスの変化の過程には発達的視点こそないが，本研究結果と共通する点があると思われる（野田，2011a）。つまり，発達的には，最初に観察者側の左右を対象にマッピング化し（Roberts & Aman, 1996），割り付けの便宜をはかる手立てとして，身体を傾けてみたり，

第5章　実験系列4　身体を用いた比較方略　345

逆さから見ようとしたりするといった自らの身体の向きを変える行為があるのだろう。そのために最初は身体を動かす等の対象にあわせる自己変換としての行為が働き，発達とともに対象のみを扱えるようになり，Ⅲ軸で捉えたように対象変換へと移行するものと考えられた。

実験 4-1 のまとめ

1）　4歳から6歳の子どもに，異同を調べる際に道具として刺激と同形同大で同じ図柄のプレートを渡すと，「保持」「透かし」「重ね」「併置」「反転」「正準」の6種類の質的に異なる手操作による比較方略が現れた。これらは対象の延長としての道具を用いた「ひきうつし」行為の一種と見なされる。

2）　プレートを持ったままの「保持」はよくわからなかったから持ったままでいる場合と，プレートを使用せずとも課題を解けるレベルの場合の2通りあると考えられる。

3）「重ね」は年齢とともに増加したが，輪郭に注意した反応であった。

4）「併置」は並べて見比べるといった直接的な比較であった。

5）「透かし」は間接的な比較であり，重ねと同じく上に配置して投影するという意味では同系統の調べ方ではないかと考えられる。

6）「反転」は実験系列2の鏡映反応（M）と関係していると考えられる。

7）「正準」は同じという事を刺激と同じ傾きという次元で反応したものと解される。

実験 4-2 のまとめ

1）　3歳から5歳の子どもをメンタルローテーターとノンローテーターとに分けたところ，両者とも実験4-1で得られた手操作による比較方略の内，「重ね」が最も多く現れ，次に「保持」の比率が高かった。

2）「重ね」はノンローテーターの方がメンタルローテーターより多く出現

したが，輪郭情報に注意が向けられた結果ではないかと考えられる。

3）「保持」を除き，他の手操作の多くは，調整的な試みであるのでデッドラインモデルにおける追加的変換に相当すると推測される。その点で，デッドラインモデルは Cooper-Shepard モデルに比べ，処理プロセスが発達途中の子どもの姿を反映していると考えられる。

4）「重ね」が輪郭重視であるため，図柄無視だけではなく左右や上下の反転，奥行回転を引き起こしやすく，ノンローテーターでのリニアーな関係の崩壊原因につながっていると推測される。

5）「保持」を除く5種類の比較方略は，対象の延長としてのプレートを用いて対象にかかわることを意味している。

6）幼児期から児童期にかけて長期にわたる調整行為としての「ひきうつし」が存在することが確認され，自己と対象との関係づけが重要な発達要件であると考えられる。

実験 4-3 のまとめ

1）旗型課題で用いられた方略として「裏返し」「身体を傾ける」「手で回す」「頭の中」「言葉」の5種類を想定し，質問紙から得られたデータを数量化Ⅲ類で分析してみたところ，3つの軸が得られた。

2）Ⅰ軸は外的かかわりや身体的操作に関する極から内的かかわりや心内での操作に至る軸を示していた。かかわり方の外在化−内化の程度を表す軸と捉えられ，1年から2年にかけて発達とともに内化の方向に進むことが示された。Piaget & Inhelder（1948/1956）の行為の内化から説明できるプロセスと考えられる。

3）Ⅱ軸は，身体を媒介にしている極から記号を媒介にしている極へ至る軸を示していた。対象とかかわる媒体の違いを反映していることから身体−記号の軸と捉えられた。3年から4年にかけて記号化の方向へ進むことが示された。Bruner et al.（1967/1968）の表象の発達と対応している

と考えられる。

4）Ⅲ軸は，自分の方を対象に合わせて変化させようとする極から対象その
　　ものを変えようとする極へ至る軸を表すと考えられる。変わるものを反
　　映していることから自己変換―対象変換の軸と捉えられる。視点に依存
　　した観察者中心枠から視点から独立した対象中心枠へと進む，視点から
　　の説明と対応すると考えられる。

第6章 総合的考察

第1節 対象へのかかわり

　本研究では，刺激の構造的な特徴として刺激の輪郭情報と図柄情報に限定した場合に，形の認識が幼児期から児童期にかけて発達的にどのように統合されていくかを明らかにし，身体的なかかわりが認識の形成に大きな影響を与えていることを明らかにすることが目的であった。

　本研究ではRT課題以外で確認されたローテーション効果が，対象の全体的なイメージを回転させて生じたというよりは，対象の部分的な特徴に限定した処理が行われたために，勾配とともに成績が減少するという結果を得たものと考えられた。ただし，意図的なローテーションを行う子どもは年齢とともに増え，意識的な回転への注意がなされ，回転のイメージが利用できるようになることもわかってきた。傾きや回転操作は適応する上で無意識的に用いられているという指摘（Foulkes & Hollifield, 1989）や，意識的な心的活動として確認された実験結果（Estes, 1998），意識的に表象上で処理できるようになる段階が5歳から8歳の間にはじまるというLiben（1988）の考えなどからすると，回転への意識的なアクセスが可能になるのは幼児期から児童期にかけての間で生じてくることがわかる。しかしながら，意図的な回転操作を行わずとも知覚的マッチングで解決できることが本研究では示されてきた。おそらく本研究での輪郭情報と図柄情報との結びつきが強固になると，要素ごとではなく体制化された対象として空間的な変換を意図して行うようになる一方で，特徴分析的な方略が用いられ続け，対象に対する空間的な身体的制約や対象の部分的な情報の処理から生じるエラーから，ローテーション効果が生じたものと考えられる。

ただ，そうした統合した対象として扱えるようになるためには，位置が順次変化する対象として運動とともに捉えなければならかった。連続する運動変化には系列化された一連の変化の中間的状態があるので（Dean et al., 1982, 1983, 1987），幼児期から児童期初期において対象の変化を対象そのものだけで捉えるのでなく，自らが対象と一体化したかたちで捉えることではじめて対象の動きの変化を認識することができると思われる。身体を対象に合せていくという行為が対象と一体化した上での変換行為であるという，それまでの考え（Piaget, Inhelder, & Szeminska, 1948/1960；Werner & Kaplan, 1963/1974）と一致する。つまり見えていない中間状態を補完する為に，身体的かかわりとして，ひきうつしや対象にあわせるように身体を傾けるという対象との一体化が現れてくるのではないかと考えられる。そうした対象変化の認識を担う身体的かかわりを，その働きから捉えたことは意義があるといえる。

　本研究での知見を組み立てなおして，重要な役割を担う「ひきうつし」についてモデル化したのが図 6-1-1 である。そして形知覚における発達変化を軸として，1）輪郭情報と図柄情報の認識のされ方，2）準拠のされ方，静的な状態から回転への気づき，そして3）身体から対象へと発達する身体化の3側面を，対象と自己との関係から整理し，①対象と自己とが未分化なレベル，②身体と対象の中間のレベル，③対象化されたレベルに区分してモデル化したものが図 6-1-2（355頁参照）である。そこでは「ひきうつし」やプレートによる参照活動にみられる身体的なかかわりが，対象と自己をつなぎ，なおかつイメージ化していく役割を担う働きとして位置づけられている。この図は実験系列1から4までの知見を総合しひとつにまとめたものである。詳細は実験系列ごとにまとめた図式が参考になる。

1）ひきうつし

　ひきうつしそれ自体の定量的な検討は行っていないが，実験系列1で観察されたこの行為は重要な意味を持つ。ひきうつしは身体を用いたイメージ操

第6章　総合的考察　351

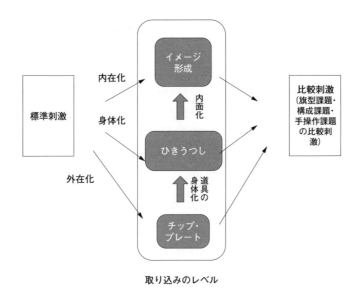

図 6-1-1　イメージの補完的役割を担うひきうつしのプロセス

作の表れと考えられるので，年齢とともに内的なイメージ操作ができるようになっていく過程で現れる行為と考えられる。ひきうつしはイメージの補完的な役割（野田，2001）を担っていると考えられ，各実験系列を通じて，対象と身体との結びつきが強い状態から年齢とともに対象と身体とが離れていき，同時に対象そのものが持つ輪郭情報と図柄情報との結びつきが強くなっていくという相対的な関係が見出された。実験系列1での課題状況は図6-1に示すように，刺激を取り込む上で，動かすことの出来ない検査課題上の刺激を，①外に取り出し（外在化），②それを自らの身体の一部として扱おうとする（身体化）過程が存在し，③表象上で個別に操作可能なイメージ形成（内面化）がなされると考えられる。外在化と身体化を設けたのは，刺激に手をあてがい指で囲むという行為は外在化と身体化との一連の働きとして想定されるが，チップを用いて練習を行う場合や，プレートによる参照活動や探索をする場合は，まずは媒体により外在化し，その上で身体の延長，

身体の一部として扱おうとする身体化が生じていると捉えたものである。狭義の意味では，ひきうつしは外在化と身体化とが一体となったプロセスということになる。尚，ひきうつしを行わずとも直接的に内面化する子どももいるが，その場合は図6-1-1に示すように刺激から直接内在化が行われイメージが形成されると考えた。実際に，類似の行為として対象を把握しようとする際に，手の形を刺激にあわせて変化させる現象，プリシェイピング（Jeannerod, 1986）が報告されている。また，手の形の中に刺激をみたてているという点ではパントマイムにおける身体物体化（BPO: body part as object）があり，本研究でのひきうつしと共通した役割を担っていると考えられる（大神，2007；小早川・小田・大東，2007）。

　こうした「ひきうつし」と名付けた身体利用に似た反応として，研究史でも指摘したがPiaget, Inhelder, & Szeminska（1948/1960）が既に自発的測定として観察した身体的移送（body transfer）あるいは対象の模倣（object imitation）がある。長さの空間的な移動という行為は，本研究で観察されたひきうつしと近似しているといえる。いわば身体を通じて対象になるという，対象のイメージを身体に取り入れる行為（野田，2010）とみなすことが出来るのではないだろうか。手を用いた能動的な触認知的探索を行うアクティブタッチ（Gibson, J. J., 1962）は，対象の特徴を取り出すための行為とされている。身体的なかかわりによる情報抽出という点でいうなら，外在化がそれにあたる。だがアクティブタッチは，その後に続く身体化のプロセスに触れていない。先に示したが，本研究で観察されたひきうつし自体には，身体化を含め3段階のプロセスがあると想定した。まず媒介となるチップやプレートを用いた外在化の段階があり，次に手を対象刺激の輪郭等のフレームとして用いることで，刺激から取り出した情報に基づくイメージを手の内に形成する身体化の段階がある。ひきうつしのプロセスの中でもイメージの生成となる箇所と想定したものである。続いて，生成されたイメージを保持しつつ移動や変換を行う働きが中心となる内面化を経た段階があるとみなされる。情

報を抽出し手のフレーム内へ対象の写しを生成し，抽出された輪郭情報や図柄情報を壊さぬように変換が行われていくと思われる。構成課題では標準刺激の一部でもある構成用プレートを自由に動かすことが出来た。むしろ検査用紙に固定された旗形による異同判断よりも刺激への直接的なかかわりが大きく許された状況にあったといえる。イメージの保持のため旗形の輪郭であるフレームを指あるいは手で形作る必要があったが，構成用プレートが用意されていたので，イメージを形成することなく直接プレートを見て手で変換できるものであった。後は標準刺激と同じ方向・形にするために，プレートの空間位置を変えるといった対象の空間位置のイメージをひきうつす行為を通じて，欠所のイメージ補完にかかわっていたと思われる。確かに構成課題ではプレートを盛んに持ち替えていた。実験系列4における実験4-1と実験4-2から課題最中のプレートの使い方には6種類あることが判明し，その方略は異同判断を行う上で用いられたものと考えられた。幼児期を中心に観察したが，こうした方略の内，積極的に対象にかかわらない「保持」という方略が年長になれば増加すると予想される。児童期になると多くの子どもが頭の中でイメージ変換が可能になるのだが（実験4-3），6種類の方略が立ち現れたということは，積極的に対象にかかわることでプレートにイメージを写し取り，それを変換しようとしたのではないかと推測される。Gibson（1962）のアクティブタッチは触覚による情報抽出行為であったが，本研究でみられた「ひきうつし」は視覚的な参照活動という側面だけではなく，対象を写しかえるために身体やプレート等の媒体を用いて情報を取り出し変換させるという，媒体もあわせた行為を示すものと考えられる。おそらくイメージ変換の必要性から，単に抽出行為にとどまらず，何らかの媒体を変換することの方が効率の良い方法であったのだろう。対象や自己を何かあるものにみたて（市川，1993；野田，2008，2009，2010），ひきうつしていく際，自己と対象との関係性が重要な一側面を担っていると考えられる。

　年齢が進むと，身体やチップ，プレート等を媒体とせずとも直接，対象を

内在化することが可能になるであろうが，外在化や身体化を経て対象の情報を扱う場合，つまりひきうつしを通じて対象の情報に基づきそのイメージを変換する場合は，自らの身体と対象とを一体化して，その上で再び身体とイメージ上の対象を分離する作業が進むものと想定される。図6-1-1で示したモデルは，チップやプレートを用いて対象への身体的かかわりが行われるが，手や指で対象のイメージを空の中につくり変換可能としたモデルである。取り込みのレベルとして示した領域は，すでに対象が対象それ自体から離れていて，対象とは違う媒体に取り込まれていて，取り込んだ媒体のどのレベルで操作するか（比較刺激と比較照合するか）ということを意味している。取り込みは3通りに分かれていて，標準刺激からの3本の矢印が取り込みを示している。子どもの発達の状態により取り込み方が異なってくると思われる。①チップやプレートのような媒体物により対象を代理する場合（外在化）と，②手など自らの身体と対象とを関係させて，最終的には手の中に何も持たずに媒体物とするひきうつしの場合（身体化），③そして媒体を介さずに直接対象をイメージに置きかえて扱う場合（内在化）に分けた。対象の取り込みにおいて物理的に扱うことが出来るものを外在化，心内での操作となるのを内在化とした。そして，子どもが対象をチップやプレートで代理し練習した結果，自らの身体で対象を代理するというレベルへと変わる場合，対象の身体化が行われたものと考えられた。さらに代理物が無くとも対象そのもののイメージを扱えるようになる場合に，対象の内面化が行われたものと捉えた。対象の内面化へはチップやプレートによる代理のレベルから直接到る場合もある。内面化と内在化の違いは，内面化がすでに媒体を通じて扱われているものから媒体無しで扱えるようになることを指し，内在化は刺激それ自体を取り込んでいくなかで，媒体を介せずに刺激それ自体をそのまま扱おうとすることを指す。取り込みの3レベルは発達的な違いと対応するものと想定される。発達し取り込みのレベルが進行し安定すると対象の情報は統合されるが，身体から対象のイメージは分離されるという相対性を持つことになる。

第6章 総合的考察　355

　ここで用いられた内在化や内面化は，対象の取り込みを説明するために用いた用語であるが，本論文全般にわたって用いている内化という用語の下位に位置づけて使用している。

2）総合的な発達モデル：構造理解とかかわりの発達

　実験系列1，2，3，4を通して得られた知見を3つのアプローチから再整理したのが図6-1-2である。各々のアプローチはモデルに示したX・Y・Z軸上での強度として示した。X軸に示した刺激指向という考え方は仮説段階であるが，主に実験系列1と実験系列3で捉えた輪郭情報と図柄情報との結びつきの程度と対応する。刺激に含まれる属性に関する認識を反映すると

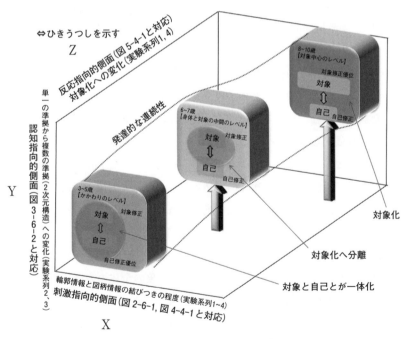

図6-1-2　本研究で捉えられた形へのかかわりの発達図式

考えた。Y軸は実験系列2で検討した静的準拠から動的に回転することへの気づきと対応している。例えば鳥の輪郭を保持しながら，口ばしの向きが変わった場合に，最初の状態から鳥全体の輪郭が傾き回転していく連続的な状態変化をイメージする必要があると思われる。変化する対象の途中の姿をつなぎ合わせていくことが求められるので，系列化の理解や回転途中の状態の理解を含み（Dean et al., 1983, 1986, 1987），移動や回転といった課題遂行で要請される側面（Pellegrino & Kail, 1982）に関する認識の発達軸を反映すると考えた。そして，実験系列4で検討した身体と対象とが一体化したレベルから両者が分離していく対象化への発達の軸をZ軸として表現した。

　Gibson E. J.（1969/1983）は知覚発達のそれまでの研究を刺激指向的，認知指向的，反応指向的説明という3種類の指向別アプローチにより説明しているが，それらを援用するならば，X軸は対象の属性を中心に記述できるものであり，「刺激指向的」な側面を示している。対象の各属性がどう認識されていくかという視点で検討してきたが，発達とともに輪郭情報に注目した認識から，輪郭情報と図柄情報とを結びつけ統合した認識へと進むということが判明した。また実験系列2の構成課題において，3歳から5歳までは呈示された刺激の部分に対する知覚的な準拠を中心とした1次元的構造理解であったが，6歳からは傾きへの認識も加わり，2次元的構造理解をする子どもも現れることがわかった。6歳あたりから準拠する上で各部分が体制化され多重の準拠が可能となり2次元的構造理解がなされ，対象の動的な回転イメージの補完が出来るようになったと推測された。体制化と回転への気づきのどちらが先であるかは判明しないが，ほぼ同時期に生じているものと推測される。特徴分析的な方略を用いたならば，部分の配置が逆さとなるようなRe反応や鏡映反応が生じる可能性がある。対象の全体の空間位置が変わっても，部分間の関係が堅固に統合化されることで正しい結果を示すことができるはずだが，その時点で特徴分析的な処理ではなく統合化された全体を回す，重ねるなどの空間変換を行っていると予想できる。こうした準拠から回

第 6 章　総合的考察　　357

転への気づきへの変化を Y 軸で捉えることとした。

　6 歳の子どもは観察によりイメージを喚起し利用することができたのだが，4，5 歳の子どもはイメージの喚起能力はあるものの，イメージを利用する能力が不充分であるため（Flavell, 1971），観察した内容をうまく利用できなかった。Flavell（1971）が指摘したメタ認知能力でもあるイメージの利用能力は，回転への気づきを契機として大きな役割を担っていると考えられる。統合化された対象が系列的に空間位置を変えることへの気づきと，意図的メンタルローテーションとは質的に異なるものであり，前者は対象の構造理解の結果，変換の際に生じた認識であり，後者は充分に体制化した後にイメージを視覚化し意図的に回すという違いがある。それ故，幼児期・児童期初期では充分なメンタルローテーターは見いだされず（Frick, et al., 2014；Noda, 2010），むしろ特徴分析的な方略が主となり対象化のプロセスにより全体として変換できるようになったものと考えられる。

　正しく比較するために，刺激の属性を理解しておく必要があった。仮説の段階であるが，その意味で対象の構造理解に相当する刺激指向的側面を X 軸に位置づけ，動いた際の中間状態のイメージや次々に変化する動的イメージが求められる回転の気づきは Y 軸に示した。表象が介在し知覚的推理が行われるという意味で Gibson E. J.（1969/1983）が区分した「認知指向的」な側面と対応すると考えられる。Piaget のイメージ論（Piaget & Inhelder, 1971/1975）では，予期的な運動イメージが前操作期でまだ現れないとし，前操作期では知覚に類似した静的なイメージの段階にあるとしている。特徴分析的な方略を用いたと予想されるが，前操作期や移行期の子どもでも身体的かかわりを通じて回転する対象を認識しようとしていることがわかった。Dean et al.（Dean et al., 1983, 1986, 1987）は，中間状態への分化，中間状態の論理的繋がり，対象の部分間の空間的関係を保つことが系列化理解のために必要な事項であるとしている。しかし，論理的なつながりを正しく理解していく途上で，完成された論理性を持たずとも，対象の知覚的な推論にわずか

な順序性の認識が備われば，傾く対象がどう変わるかの予期は可能になるのではないだろうか。発達の進行とともに回転への気づきが明確になっていく側面をY軸で捉えたが（図3-6-2），逆に最初の対象の移動前の位置と移動した後の最終的な位置（end product）との間にある中間状態のイメージをつないでいく能力，いわば運動に伴う時系列の変化をつなぐ論理性（Piaget, 1971/1975）の表れがY軸の本質であるとも考えられる。

　そして，第3番目の軸として対象への身体的かかわりから対象そのものへと向かう対象化の軸を想定した。身体的な行為としてのひきうつしは，実験1-2で見いだされ実験系列4で主に検討したが，身体を傾ける等の姿勢のあり方やひきうつしのように対象に対して自らの身体の空間位置を変えるだけでなく，構成プレートによる参照活動，プレートを用いた探索といった身体的かかわりの強い道具を用いることも含めて，身体的かかわりから対象化へ向かうと考えられる。つまり「～でもって反応する」という具合に身体や道具を媒介とした「反応指向的」な側面が働くと想定した。身体と知覚との関係において，Zaporozhets（1967/1973）は3歳から6歳までの形知覚に関する眼球運動の研究の結果，輪郭に沿って目を動かし，顕著な部分があればそれを見ようとすると報告している。触覚も同じく，4～5歳ではなぞりは生じていないが，6歳頃には次第に図形の輪郭に沿って動くようになってくると報告している。また，視覚的な模写ともいえる輪郭に沿った目の運動だけでなく輪郭に沿った触認知が，図形の認知を形成するというZaporozhets（1967/1973）の知見に加えて，輪郭の追跡行動を捉えた鹿取（1968）や山崎（1975）も同じ傾向を見出している。これらの研究では，対象の輪郭を視覚的にあるいは触覚的になぞるという行為は，行為自体が対象の特徴を抽出することを目的としていると解釈されている。そして，これらの研究知見は本研究で明らかにされた，対象への身体的かかわりから対象の特徴抽出に基づく識別（Gibson et al., 1962）への発達と共通すると思われる。

　本研究ではイメージを形成し変換する為に，身体的かかわりが生じたと解

釈した。身体によるかかわりは，対象の中間状態を補完するものとして位置づけられるが，傾いた刺激への移動運動を行うための運動準備性は，実際に観察されるような「ひきうつし」だけでなく認知の発生での運動的なかかわり（Frick, Daum, Walser, & Mast, 2009；Funk, Brugger, & Wilkening, 2005；Wiedenbauer & Jansen-Osman, 2008）が実際の運動方向へのイメージを促進するという結果を導き出している。実験 4-3 で明らかにしたように，身体と対象とを対峙させた図式（図 5-4-1）での説明が可能で，身体的なかかわりから対象だけを扱うレベルへと発達する軸として，対象化の軸を位置づけることが出来ると想定した。子どもの対象へのかかわりは，自己を対象にあわせる自己修正の方が対象そのものを扱う対象修正より優位である場合に，姿勢の変化や身体を用いた対象へのかかわりが生じるものと位置付けられ，発達とともに対象そのものを扱おうとする，対象修正の比重が優位となるという対象化への変化を想定している。

　対象化は研究史でも扱ったが，Werner らのディスタンシングの考え（Werner & Kaplan, 1963/1974）に基づくもので，最初は対象と身体とはほぼ融合した関係にあるが，対象を心内で扱えるようになるに従って身体から離脱し対象そのものとして扱われるようになることを指している。第 1 章 8 節身体のかかわりで記したように，年少児の図形に対する眼球運動では対象の輪郭を視覚的に辿るような行為が現れ，その後に刺激図形の各所を結び付けて認識していくと報告されている（Zaporozhets, 1967/1973）。また対象に身体的にかかわる例として，対象の大きさにあわせて事前に手の大きさを調整しようとするプリシェイピング（Jeannnerod, 1986）や，つかもうとする対象に対する行為の軌道変化（Ellis & Tucker, 2000），コーヒーを入れる際の微妙な行為の修正（鈴木・三島・佐々木, 1997），さらに道具を使用する身体的かかわりが自らの視覚受容野を拡大するという実験結果（Iriki, Tanaka & Iwamura, 1996）は，身体的な運動を通じて対象へかかわることにより，対象そのものの特徴を認識していくことが示されている。対象化について Werner らは対

象と身体との関係から議論しているが，Piaget らは表象の形成のための内化のプロセスとして対象化を扱っていると考えられる。本研究では様々な領域で確認されてきている運動による対象へのかかわりが，対象の特性を認識する方法であることを強調して用いたもので，前項のひきうつし（図6-1-1）で述べた，3種類の取込みの違いは，このZ軸で示される対象化への3レベルから成るプロセスと部分的に対応すると想定される。

　最初のかかわりのレベル（図6-1-2では3層の一番手前の層）であるが，最も自己修正の度合いの強い段階であり，その初期においては対象と自己とが一体化している状態に近く，対象よりも自分を調整していこうとする就学前の幼児に多く観察されたレベルである。Piaget（1947/1967）は自己中心的な知覚から脱中心化していくプロセスとして捉えている。3〜5歳までのかかわりのレベルにおいて，輪郭情報と図柄情報とは充分に区別されることがなく，対象の部分への準拠を行おうとする時期で，まだ回転への気づきが明確には現れていない。対象の理解においても身体的かかわりが中心となっていた。斜めになっている対象を認識するために，身体を傾けようとするといった自己を対象にあわせる修正は，自らの身体を対象の延長としてかかわることの表れであり（市川，1993；野田，2008，2009，2010；Polanyi, 1966/2003），身体を対象と同一化することが容易なレベルといえる。この層では，本研究で扱った幼児期の年齢域を表す3〜5歳となっているが，それは実験年齢の上での区分であり，かかわりのレベルでは，本質的にはリーチングやポインティングを用いて対象とのつながりを求め，身体的な動きを伴うかたちで対象を認識しようとする更に下の年齢までも含んだ概念であることを想定している。乳児期は自らと対象とが未分化な原初的な共有状態であることを Werner & Kaplan（1963/1974）は想定し，「自我に縛られた行動物（ego-bound things of action）から自我を離れた静観対象（ego distant objects-of-contemplation）へと移行する」としている。対象化のはじまりは自分と対象とがつながり身体と対象とが一体化している状態と考えられている。ただし乳児期か

ら幼児期までのあいだにこの状態は分化するとしているが，Werner のいう分化の程度は混然としていて，かかわりのレベルでは対象と一体となった身体的な動きが最初から観察されるような場合もあるが，与えられればチップやプレートのような対象の延長である代理物を媒体として用いる場合も考えられる。このレベルではチップやプレートは対象の代わりになる道具として用いられても，それを自らの身体の一部として用いるような一体化した状態 (Iriki, Tanaka, & Iwamura, 1996) として利用しない場合もあると思われる。身体・刺激・道具とが別々のものとして扱われる場合では，自己を対象にあわせようとする修正あるいはつながっていこうとする修正が想定され，道具がそれを媒介するのではないかと考えられる。空間位置の情報や自分からの距離も含めて，刺激を自分の側に取り込むことが中心となる。そのために最初のかかわりのレベルでは，対象にあわせようとして自己修正に比重がかかるものと想定され，自ら身体的にかかわることが主となる。つかむ対象の形や大きさに合せて事前に手の開きが異なってくるプリシェピング (Jeannerod, 1986) や扱う道具の握り幅に合わせて握り手の変化 (Ellis & Tucker, 2000) が観察されるのもこの段階にはじまるものと考えられる。児童期初期（6〜7歳）の身体と対象の中間レベルになると，輪郭情報，特に傾きへの拘りと傾きに対する柔軟性が続いて現れ，変換途中の状態に注意が向くようになり，回転への気づきが明確になってくる。それと同時に身体的かかわりから対象が離脱しはじめてくる。かかわりのレベルからひきうつしは観察されるが，身体と対象の中間レベルに引き継がれていく際にも示されている（実験1-2）。ひきうつしは刺激対象の代理となる媒体（チップやプレート）を空間的に変換させるのだが，身体で対象を代理するために，身体と対象とが一体化している状態が求められる。対象のイメージを保持しながら手の中の空を動かすことで，連続的な変換を行うが，手や身体を対象にあわせながら，対象を動かすということを同時に行っている。かかわりのレベルでは対象にあわせるために対象よりも自分が変わることが優位であったが，この中間レベルになる

と対象と自己の修正のどちらかが示した優位性は以前ほどではなくなると考えられる。身体的なふりや動きを伴えば対象も変換できるので，自己修正と対象修正との比重においては中間的な段階にあるといえる。ただし身体と対象とが一体化しているが，意識的に対象にあわせているので，かかわりのレベルとは異なる性質を持った一体化といえる。ひきうつしはイメージを顕著に取り出している行為として解釈できるが，自分を対象にあわせるという点では，傾くなど姿勢の変化も同類の行動といえるのではないだろうか。また，道具を用いることで神経受容野の拡大がみられること（Iriki et al., 1996）は，ある意味で道具を介した身体の拡大化を捉えたものといえるが，この2層目のレベルでは，道具を利用すること，あるいは自らの身体を道具とみなすことにより空間の柔軟な利用が可能になったといえる。しかし対象はまだ身体からは切り離されてはいないと思われる。

　最も奥に表示した第3層の対象中心のレベルにおいて，もはや身体の補助は不要となり内化した対象のイメージを変換できるようになると考えられる。対象修正の度合いが自己修正より強く現れるレベルへと至ると考えた。対象中心のレベルと記した8～10歳あたりになると，輪郭情報と図柄情報は統合され，ともに正しく認識され，全体としての回転が出来るようになり，身体とは切り離した対象として扱える時期が来ると考えられる。つまり年齢とともに，対象のイメージだけで変換できるようになる対象化が完成し，身体を媒体とするひきうつしが不要となり，観察されなくなると考えられる。

　最後の対象のみのレベル，つまり媒体を介せず直接的に対象をイメージに置きかえて扱える段階に到り，ある意味で補助的な役割を果たしていた身体と対象とが一体化した状態から，対象だけのイメージが分離することで，身体の動きの制約なく自在に表象上で変換可能な状態になると推測される。自己修正が優位であった時期から自己修正と対象修正の双方が均衡を取りながら現れ，最終的には対象修正優位へと到ると考えられた。Z軸における対象化への変化は，自己・身体と対象との関係における発達的な変化と対応する

第 6 章　総合的考察　363

ものと想定した。

　こうして，輪郭情報と図柄情報との統合の程度を表す認知指向的側面，準拠から回転への気づきへの変化を表す刺激指向的側面，対象化への変化を表す反応指向的側面の 3 軸から成る発達的な段階として，幼児期（3 ～ 5 歳）までの「かかわりのレベル」，幼児期から児童期初期（6 ～ 7 歳）までの「身体と対象の中間レベル」，児童期中期（8 ～ 10 歳）以降に始まる「対象のみのレベル」に発達の層が分かれるモデルを想定した。

　図 6-2 には，認識の形成を促すそれら 3 側面を立体的に描いた。それぞれに輪郭情報と図柄情報との構造の在り方，一次元構造から二次元構造への変化すなわち準拠から回転への気づき，そして身体的かかわりから対象そのものの認識への変化による発達と経験による双方向的な創成を予想したモデルである。

3）結論

　幼児期から児童期にかけての傾いた刺激に対する知覚発達は，メンタルローテーションのように意図的な回転をするのではなく，特徴分析的な認識が行われていることが明らかとなった。課題あるいは刺激そのものが持つ属性についての構造理解が空間的変換を行う前提として重要な意味を持つことがわかった。本研究での限定的な課題において，発達的には輪郭情報と図柄情報とが結びつき，多次元的な準拠が可能となることは，統合された対象を扱えるようになることを示すものであった。対象への身体的なかかわりを通じて，対象の空間的変位に気づくことにより，連続する空間変換の中間状態の認識を助ける働きがあることがわかった。すなわち，対象の構造理解の側面だけでなく，ひきうつしという対象への能動的な身体的行為が空間的変換の認識形成にとり重要な発達的要件となることが示されたといえる。

第2節　今後の研究課題

残された課題として，現在考慮されるのは以下の3点がある。
1）地理学的な視点：大規模空間での解釈
2）脳科学との連携
3）教育への応用：ひきうつしのモデルと図形教育への応用

1）地理学的な視点：大規模空間での解釈

本研究の場合は観察者の視点は固定されていた。しかし日常的な姿で捉えると観察者の視点は移動し更新されていく。また位置を推測しなければならないことも多く，その意味からも方位の認識は極めて日常的な現象でもある。対象を取り囲むことの出来る小規模空間だけでなく，移動しないと対象と充分にかかわることの出来ない大規模空間において，身体的なかかわりが空間認知とどのような関係にあるかは大きな問題とされる。

実際に空間認知の領域では，対象回転の方が自己回転より容易であるとか，ナビゲーション中に地図を回すと迷いやすくなるという研究等がある。本研究のモデルに位置づけるのは早計であろうが，身体的かかわりが認知のしやすさに関係すると予想される。また実際に地図という記号で表現された小空間で，自分自身と特定のランドマークとの位置関係が回転などの変換を受けた場合に，その小空間をどう表象するかという問題がある。カーナビゲーションや移動中にインターネットで提供される地図情報等の解釈の仕方と関連し，自己や対象を箱庭のような小空間へ投影する働きが，どのような構造を持っているのかについて，見えていない部分を補完するひきうつしと関連した領域の開拓が残されている。

2）脳科学との連携

本研究で構成したモデル（図6-1-2）を，脳の成熟レベルで検証する作業

は重要と考えられる。子どもの視覚情報を扱う発達研究は多数あるが，微弱ながらも観察されるような身体的かかわりが，認識を成立させる上で有効な働きをしていることは明白であり，幼児期・児童期の発達のどの時期にどのような身体的かかわりが生じるのか，脳の成熟や部位と関係づけていくという研究が今後必要になると思われる。

3）教育への応用：ひきうつしのモデルと図形教育への応用

　自然発生的に生じているひきうつしは，イメージ化しにくい場面で補完的に発生していた。その点からすると，空間的変換を必要とする多くの場面で用いられているだろうことが予測できる。まずは，日常のレベルや教育の場面で具体的にどういった側面で用いられているのかを調べる必要があるだろう。そして，変換操作が充分に出来ない年齢の子どもにもなんらかのひきうつし行為を生じさせることで，それまでその年齢で出来なかった課題を促進出来る可能性はある。ひきうつしを利用した教育的効果が期待される。

参 考 文 献

Abravanel, E., & Gingold, H. (1977). Perceiving and representing orientation: Effects of the spatial framework. *Merrill Palmer Quarterly, 23*, 265-278.

Appelle, S. (1972). Perception and discrimination as a function of stimulus orientation: The oblique effect in man and animals. *Psychological Bulletin, 78*, 266-278.

Aslin, R. N., & Smith, L. B. (1988). Perceptual development. In M.R.Rosenzweig & L. W. Porter (Eds.), *Annual Review of Psychology* (pp. 435-473), Vol. 39. Palo Alto, CA: Annual Reviews, Inc.

Beilin, H., Kagan, J., & Rabinowitz, R. (1966). Effects of verbal and perceptual training on water level representation. *Child Development, 37*, 317-329.

Bialystok, E. (1989). Children's mental rotations of abstract displays. *Journal of Experimental Child Psychology, 47*, 47-71.

Biederman, I. (1995). 心, 脳, ネットワークにおける形状認識を説明するジオン理論. 認知科学, *2(2)*, 46-59. 横澤 一彦 (訳)

Bruner, J. S., & Kenney, H. J. (1967). On multiple ordering. In Bruner, J. S., Olver, R. R.,& Greenfield, P. M. *Studies in cognitive growth.* (pp. 154-167). New York: John Wiley & Sons.

Bruner, J. S. Oliver, R. R., & Greenfield, P. M. (1967). *Studies in cognitive growth.* New York, John Wiley & Sons.
(ブルーナー, J. 岡本 夏木・奥野 茂夫・村川 紀子・清水 美智子 (訳) (1968). 認識能力の成長 明治図書)

Bryant, P. (1974). *Perception and understanding in young children.* New York: Basic Books.
(ブライアント, P. 子どもの認知機能の発達. 小林 芳郎 (訳) (1974). 協同出版)

Cairns, N. U., & Steward, M. S. (1970). Young children's orientation of letters as a function of axis of symmetry and stimulus alignment. *Child Development, 41*, 993-1002.

Carter, P., Pazak., B., & Kail, R. (1983). Algorithms for processing spatial information. *Journal of Experimental Child Psychology, 36*, 284-304.

Childs, M. K., & Polich, J. M. (1979). Developmental differences in mental rotation. *Journal of Experimental Child Psychology, 27,* 339-351.

Cooper, L. A., & Shepard, R. N. (1973). Chronometric studies of the rotation of mental images. In W. G. Chase (Ed.), *Visual information processing* (pp. 75-176). New York: Academic Press.

Corballis, M. C. (1982). Mental rotation: Anatomy of a paradigm. In M.Potegal (Ed.), *Spatial abilities: Developmental and physiological foundations* (pp. 173-198). New York: Academic Press.

Corballis, M. C. (1988). Recognition of disoriented shapes. *Psychological Review, 95,* 115-123.

Corballis, M. C., Macadie, L., Crotty, A., & Beale, I. L. (1985). The naming of disoriented letters by normal and reading disabled children. *Journal of Child Psychology & Psychiatry, 26,* 929-938.

Corballis, M. C., & Nagourney, B. A. (1978). Latency to categorize disoriented alphanumeric characters as letters or digits. *Canadian Journal of Psychology, 23,* 186-188.

Corballis, M. C., & Roldan, C. E. (1974). On the perception of symmetrical and repeated patterns. *Perception & Psychophysics, 16,* 136-142.

Corballis, M. C., Zbrodoff, N. J., Shetzer, L. I., & Butler, P. B. (1978). Decisions about identity and orientation of rotated letters and digits. *Memory & Cognition, 6,* 98-107.

Corballis, M. C., & Beale, I. L. (1976). *The psychology of left and right.* Hillsdale, NJ: Lawrence Erlbaum Associates.
（コーバリス，M. C.・ビール，I. L. 白井 常・鹿取 廣人・河内 十郎 (訳) (1978). 左と右の心理学 紀伊國屋書店)

Courbois, Y. (2000). The role of stimulus axis salience in children's ability to mentally rotate unfamiliar figures. *European Journal of cognitive Psychology, 12,* 261-269.

Courbois, Y., Oross, S., & Clerc, J. (2007). Mental rotation of unfamiliar stimuli by teenagers with mental retardation: role of feature salience. *American Journal of Retardation, 112,* 311-318.

Cox, M. V. (1991). *The child's point of view.* New York: The Guilford Press

De Lisi, R. (1983). Developmental and individual differences in children's representation of the horizontal coordinate. *Merrill-Palmer Quarterly, 29,* 179-196.

De Lisi, R., Locker, R., & Youniss, J. (1976). Anticipatory imagery and spatial operations. *Developmental Psychology, 12,* 298-310.

Dean, A. L. (1976). The structure of imagery. *Child Development, 41,* 949-958.

Dean, A. L. (1979). Patterns of change in relations between children's anticipatory imagery and operative thought. *Developmental Psychology, 15,* 153-163.

Dean, A. L., & Deist, S. (1980). Children's precocious anticipatory images of end states. *Child Development, 51,* 1040-1049.

Dean, A. L., Duhe, D. A., & Green, D. A. (1983). The development of children's mental tracking strategies on a rotation task. *Journal of Experimental Child Psychology, 36,* 226-240.

Dean, A. L., Gros, V. A., & Kunen, S. (1987). Development in children's representations of transformations and movements. *Journal of Experimental Child Psychology, 43,* 260-281.

Dean, A. L., & Harvey, W. O. (1979). An information-processing analysis of a Piagetian imagery task. *Developmental Psychology, 15,* 474-475.

Dean, A. L., & Scherzer, E. (1982). A comparison of reaction time and drawing measures of mental rotation. *Journal of Experimental Child Psychology, 34,* 20-37.

Dean, A. L., Scherzer, E., & Chabaud, S. (1986). Sequential ordering in children's representations of rotation movements. *Journal of Experimental Child Psychology, 42,* 99-114.

Doherty, M. J., & Anderson, J. R. (1999). A new look at gaze: Preschool children's understanding of eye-direction. *Cognitive Development, 14,* 549-571.

Elkind, D. (1969). Developmental studies of figurative perception. *Advances in child development and behavior, 4,* 1-28.

Elkind, D. (1978). *The child's reality —Three developmental theme—.* Hilsdale, NJ: Lawrence Erlbaum Associates.

Elkind, D., Koegler, R. R., & Go, E. (1964). Studies in perceptual development: II. Part-whole perception. *Child Development, 35,* 81-90.

Ellis, R. & Tucker, M. (2000). Micro-affordance: the potentiation of components of action by seen objects. *British Journal of Psychology, 91,* 451-471.

Estes, D. (1998). Young children's awareness of their mental activity: The case of mental rotation. *Child Development, 69,* 1345-1360.

Evans, P. M., & Smith, L. B. (1988). The development of identity as a privileged relation in classification: When very similar is just not similar enough. *Cognitive Development, 3,* 265-284.

Farroni, T., Johnson, M. H., Menon, E., Zulian, L., Faraguna, D., & Csibra, G. (2005). Newborn's preference for face-relevant stimuli: Effects of contrast polarity. *Proceedings of National Academy of Science of the United States of America, 102,* 17245-17250.

Flavell, J. H. (1971). Stage-related properties of cognitive development. *Cognitive Development, 2,* 421-453.

Flavell, J. H. (1979). Metacognition and cognitive monitoring: A new area of cognitive-developmental inquiry. *American Psychologist, 34,* 906-911.

Foulkes, D., & Hollifield, M. (1989). Responses to picture-plane and depth mental-rotation stimuli in children and adults. *Bulletin of the Psychonomic Society, 27,* 327-330.

French, J. W., Ekstrom, R., & Price, L. (1963). *Kit of reference tests for cognitive factors.* Princeton, NJ: Educational Testing Service.

Frick, A., Daum, M. M., Walser, S., & Mast, F. W. (2009). Motor processes in children's mental rotation. *Journal of Cognition and Development, 10,* 18-40.

Frick, A., Möhring, W., & Newcombe, N. S. (2014). Development of mental transformation abilities. *Trends in Cognitive Sciences, 18,* 536-542.

Funk, M., Brugger, P., & Wilkening, F. (2005). Motor processes in children's imagery: The case of mental rotation of hands. *Developmental Science, 8,* 402-408.

Fuson, K. C., Richards, J., & Briars, D. J. (1982). The acquisition and elaboration of the number word sequence. In C. J. Brainerd (Ed.), *Children's logical and mathematical cognition* (pp. 34-92). New York: Springer-Verlag.

Geiser, C., Lehmann, W., & Eid, M. (2006). Separating "rotators" from "non-rotators" in the mental rotations test: A multigroup latent class analysis. *Multivariate Behavioral Research, 41,* 261-293.

Ghent, L. (1961). Form and its orientation: A child's-eye view. *American Journal of Psychology, 74,* 177-190.

Gibson, E. J., Gibson, J. J., Pick, A. D., & Osser, H. (1962). A developmental study of the discrimination of letter-like forms. *Journal of Comparative and Physiological*

Psychology, 55, 897-906.

Gibson. E. J., (1969). *Principles of perceptual learning and development.* N. J: Prentice-Hall.

(ギブソン，E. J. 小林 芳郎（訳）(1983). 知覚の発達心理学 I・II 田研出版)

Gibson, J. J. (1962). Observations on active touch. *Psychological Review, 69,* 477-491.

Gibson, J. J., & Gibson, E. J. (1955). Perceptual learning: Differentiation or enrichment? *Psychological Review, 62,* 32-41.

Gibson, J. J., & Robinson, D. (1935). Orientation in visual perception: The recognition of familiar plane forms in differing orientations. *Psychological Monographs, 46,* 39-47.

Gibson, J. J. (1979). *The ecological approach to visual perception.* Boston: Houghton
(ギブソン，J. J. 古崎 敬・古崎 愛子・辻 敬一郎・村瀬 旻（訳）(1985). 生態学的視覚論. 8章（pp. 137-157）サイエンス社)

Grimshaw, G. M., Sitarenios, G., & Finegan, J. K. (1995). Mental rotation at 7 years: Relations with prenatal testosterone levels and spatial play experiences. *Brain and Cognition, 29,* 85-100.

橋本 憲尚・加藤 義信 (1988). 発達的観点よりみた斜線効果現象 教育心理学研究, *36,* 358-368.

Hatakeyama, T. (1989). Mental rotation and cognitive levels in young children. *Japanese Psychological Research, 31,* 116-126.

Hock, H. S., & Tromley, C. L. (1978). Mental rotation and perceptual uprightness. *Perception & Psychophysics, 24,* 529-533.

Hoyek, N., Collet, C., Fargier, P., & Guillot, A. (2012). The use of the Vandenberg and Kuse mental rotation test in children. *Journal of Individual Differences, 33,* 62-67.

Howard, I. P., & Templeton, W. B. (1966). Human spatial orientation.London: John Willy & Sons.

Humphreys, G. W., & Riddoch, J. (1987). *To see but not to see: A case study of visual agnosia.* Sussex: Lawrence Erlbaum Associates.
(ハンフリーズ，G. W.・リドック，M. J. 河内 十郎・能智 正博（訳）(1992). 見えているのに見えない？ 新曜社)

Huttenlocher, J. (1967). Discrimination of figure orientation: Effects of relative position. *Journal of Comparative and Physiological Psychology, 63*, 359-361.

Huttenlocher, J., & Presson, C. C. (1973). Mental rotation and the perspective problem. *Cognitive Psychology, 4*, 277-299.

市川 浩 (1993).〈身〉の構造 身体論を超えて 講談社学術文庫

Iriki, A., Tanaka, M., & Iwamura, Y. (1996). Coding of modified body schema during tool use by macaque postcentral neurons. *Neuroreport. 7*, 2325-2330.

入谷 敏男 (1965). 知覚論 波多野 完治 (編) ピアジェの認識心理学 (pp. 160-186) 国土社

Jeannerod, M. (1986). The formation of finger grip during prehension: A cortically mediated visuomotor pattern. *Behavioral Brain Research, 19*, 99-116.

Jolicoeur, P. (1985). The time to name disoriented natural objects. *Memory & Cognition, 13*, 289-303.

Jolicoeur, P. (1990). Identification of disoriented objects: A dual-systems theory. *Mind & Language, 5*, 387-410.

Just, M. A., & Carpenter, P. A. (1976). Eye fixations and cognitive processes. *Cognitive Psychology, 8*, 441-480.

Kail, R. (1988). Developmental functions for speeds of cognitive processes. *Journal of Experimental Child Psychology, 45*, 339-364.

Kail, R. (1991). Controlled and automatic processing during mental rotation. *Journal of Experimental Child Psychology, 51*, 337-347.

Kail, R., & Pellegrino, J. (1985). *Human Intelligence: Perspectives and Prospects.* New York: Freeman.

Kail, R., Pellegrino, J., & Carter, P. (1980). Developmental changes in mental rotation. *Journal of Experimental Child Psychology, 29*, 102-116.

Kalichman, S. C. (1988). Individual differences in water-level task performance: A component skills analysis. *Developmental Review, 8*, 273-295.

Kanamori, N., & Yagi, A. (2002). The difference between flipping strategy and spinning strategy in mental rotation. *Perception, 31*, 1459-1466.

加藤 義信 (1979).「空間表象の発達」研究の動向－2つの Piaget 型課題を中心として－ 心理学評論, *22*, 384-407.

鹿取 廣人 (1968). 図形認知の発生条件 心理学モノグラフ, No. 7 日本心理学会

勝井 晃 (1971). 方向の認知に関する発達的研究 風間書房

勝井 晃 (1982). 空間概念の形成と指導 宮本茂雄 (編) 講座「障害児の発達と教

育」第 6 巻　発達と指導Ⅳ　概念形成（pp. 97-140）学苑社

Kerns, K. A., & Berenbaum, S. A. (1991). Sex differences in spatial ability in children. *Behavior Genetics, 21,* 383-396.

Kerr, N. H., Corbitt, R., & Jurkovic, G. J. (1980). Mental rotation: Is it stage related? *Journal of Mental Imagery, 4,* 49-56.

小早川　睦貴・小田　桐匡・大東　祥孝（2007）．物品使用パントマイムと実使用における行為対象の視覚的分析－アイマークレコーダを用いた比較－　高次脳機能研究, *27,* 290-297.

Koffka, K. (1924). *The growth of the mind: An introduction to child-psychology.* Routledge, Trench, Trubner & Co., Ltd.

　　（コフカ, K. 平野　直人・八田　眞穂（訳）（1943）．発達心理学入門　前田書房）

Köhler, W. 1940 *Dynamics in psycholoy.* New York: Liveright Publishing.

　　（ケェーラー, W. 相良　守次（訳）（1951）．心理学における力学説　岩波書店）

近藤　文里（1993）．斜線構成の発達的研究　多賀出版

近藤　文里・山崎　弥栄（1989）．斜線構成に関する発達的研究（1）滋賀大学教育学部紀要　人文科学・社会科学・教育科学, *39,* 45-58.

Koriat, A., Norman, J., & Kimchi, R. (1991).Recognition of rotated letters: Extracting invariance across successive and simultaneous stimuli. *Journal of Experimental Psychology: Human Perception & Performance, 17,* 444-457.

Kosslyn, S. M. (1980). *Image and mind.* Cambridge, MA: Harvard University Press.

Kosslyn, S. M., Margolis, J. A., Barrett, A. M., Goldknopf, E. J., & Daly, P. F. (1990). Age differences in imagery abilities. *Child Development, 61,* 995-1010.

Krüger, M. & Krist, H. (2009). Imagery and motor processes－when are they connected?　The mental rotation of body parts in development. *Journal of Cognitive Development, 10,* 239-261.

空間認知の発達研究会（1995）．空間に生きる　北大路書房

Lawson, R., & Humphreys, G. W. (1999). The effects of view in depth on the identification of line drawings and silhouettes of familiar objects: Normal and pathology. *Visual Cognition, 6,* 165-195.

Lee, K., Eskritt, M., Symons, L. A., & Muir, D. (1998). Children's use of triadic eye gaze information for "mind reading". *Developmental Psychology, 34,* 525-539.

Liben, L. S. (1978). Performance on Piagetian spatial tasks as a function of sex, field dependence and training. *Merrill Palmer Quarterly, 24,* 97-110.

Liben, L. S. (1988). Conceptual issues in the spatial development of spatial cognition. 167-194. In J. Stiles-Davis, M. Kritchevsky, & U. Bellugi (Eds.), *Spatial Cognition: Brain Bases and Development.* Hillsdale, NJ: Lawrence Erlbaum Associates.

Liben, L. S., & Golbeck, S. L. (1984). Performance on Piagetian horizontality and verticality tasks: Sex related differences in knowledge of relevant physical phenomena. *Developmental Psychology, 20,* 595-606.

Light, P., & Nix, C.1983 Own view versus good view in a perspective-taking task. *Child Development, 54(2),* 480-483.

Lohman, D. F. (1979). Spatial Ability: Review and re-analysis of the correlational literature.Stanford University Technical Report 8. Cited in Pellegrino, J. W. and Kail, R. (1982). Process analyses of spatial aptitude. In R. J. Sternberg (Ed.), *Advances in the psychology of human intelligence* vol. 1 (pp. 311-365) Hilsdale, NJ: Lawrence Erlbaum Associates.

Luquet, G. H. (1913). *Les dessins d'un enfant: etude psychologique.* Paris, Librairie Felix Alcan.

（リュケ，G. H. 須賀 哲夫（監訳）(1979). 子どもの絵　金子書房）

Mach, E. (1918). *Die Analyse der Empfindungen und das Verhältnis des Physischen zum Psychischen.* 7. Auflage, Jena: Gustav Fisher.

（マッハ，E. 須藤 吾之・廣松 渉（訳）(1971). 感覚の分析　法政大学出版局）

Marmor, G. S. (1975). Development of kinetic images: When does the child first represent movement in mental images? *Cognitive Psychology, 7,* 548-559.

Marmor, G. S. (1977). Mental rotation and number conservation: Are they related? *Developmental Psychology, 13,* 320-325.

Marr, D. (1982). *A computational investigation into the human representation and processing of visual information.* New York: Freeman.

（マー，D. 乾 敏郎・安藤 広志（訳）(1987). ビジョン―視覚の計算理論と脳内表現―　産業図書）

McGee, M. G. (1979). Human spatial abilities: Psychometric studies and environmental, genetic, hormonal, and neurological influences. *Psychological Bulletin, 86,* 889-918.

McGillicuddy-De Lisi, A. V., De Lisi, R., & Youniss, J. (1978). Representation of the horizontal coordinate with and without liquid. *Merrill-Palmer Quarterly, 24,*

198-208.

McGuigan, N., & Doherty, M. J. (2002). The relation between hiding skill and judgment of eye direction in preschool children. *Developmental Psychology, 38,* 418-427.

Mitsumatsu, H., & Yokosawa, K. (2002). How do the internal details of the object contribute to recognition? *Perception, 31,* 1289-1298.

宮崎 清孝 (1983). 認知心理学のイメージ研究 水島 恵一・上杉 喬 (編) イメージの基礎心理学 (pp. 158-191) 誠信書房

Murray, J. E. (1995). The role of attention in the shift from orientation-dependent to orientation-invariant identification of disoriented objects. *Memory & Cognition, 23,* 49-58.

Murray, J. E. (1997). Flipping and spinning: Spatial transformation procedures in the identification of rotated natural objects. *Memory & Cognition, 25,* 96-105.

Myer, K. A. & Hensley, J. H. (1984). Cognitive style, gender, and self-report of principle as predictors of adult performance on Piaget's water level task. *The Journal of Genetic Psychology, 144,* 197-183.

中村 奈良江・松井 孝雄・野田 満・菱谷 晋介 (2008). 空間とイメージ イメージ心理学研究, *6,* 1-17.

Navon, D. (1977). Forest before trees: The precedence of global features in visual perception. *Cognitive Psychology, 9,* 353-383.

Neisser, U. (1976). *Cognition and reality.* San Fransisco: Freeman.
(ナイサー, U. 古崎 敬・村瀬 晃 (訳) (1978). 認知の構図 サイエンス社)

Noda, M. (1994). Perceptual factor in framework using Piaget's water level task-role of the frame of reference-*Bulletin of The Institute Human Sciences (EdogawaGakuen), 10,* 69-82.

Noda, M. (2008). Imagery and perceptual basis of matching tasks in young children. *Perceptual and Motor Skills, 107,* 419-438.

Noda, M. (2010). Manipulative strategies prepare for mental rotation in young children. *European Journal of Developmental Psychology, 7,* 746-762.

Noda, M. (2012). Developmental change of strategies in a matching-sample task. *15th European Conference on Developmental Psychology (MEDIMOND International Proceedings),* 109-113.

Noda, M. (2014). Transformation of the incomplete figure in young children. *Inter-*

national Journal of Behavioral Development, 38, 23-32.

野田 満（1985）．幼児における空間理解の研究 早稲田大学大学院文学研究科修士論文（未公刊）

野田 満（1987）．幼児にみる心的回転の類似反応第51回日本心理学会大会発表論文集

野田 満（1995）．研究方法 空間認知の発達研究会（編）空間に生きる（pp. 250-273）北大路書房

野田 満（1997）．試筆版・心的回転検査の信頼性と妥当性の検討―Vandenberg 課題の再検討― 江戸川学園人間科学研究所紀要, *13,* 131-149.

野田 満（2000）．水平表象再考：メンタルローテーションと関連して 江戸川学園人間科学研究所紀要, *16,* 55-76.

野田 満（2001）．イメージの発達 菱谷 晋介（編）イメージの世界（pp. 233-249）ナカニシヤ出版

野田 満（2003）．子どもは刺激布置の転換を伴う課題をいかに理解するか 江戸川学園人間科学研究所紀要, *19,* 44-66.

野田 満（2004）．イメージ 杉村 伸一郎・坂田 陽子（編）実験で学ぶ発達心理学（pp. 104-113）ナカニシヤ出版

野田 満（2008）．知覚を束ねる身体の役割 江戸川学園人間科学研究所紀要, *24,* 81-115.

野田 満（2009）．ひきうつしの構造―みたての役割― 江戸川学園人間科学研究所紀要, *25,* 1-25.

野田 満（2010）．「対象になる」ということ 江戸川学園人間科学研究所紀要, *26,* 1-35.

野田 満（2011）．Re 反応はなぜ生じたか 江戸川学園人間科学研究所紀要, *27,* 106-134.

野田 満（2011）．旗形刺激の輪郭情報と図柄情報 ―Elkind による全体・部分の解釈について― 江戸川学園人間科学研究所紀要, *27,* 135-145.

野田 満（2016）．幼児期・児童期における傾いた図形の同一性認知の発達的研究 早稲田大学大学院教育学研究科博士論文（未公刊）

Olson, D. R. (1970). *Cognitive Development. The child's acquisition of diagonality.* New York: Academic Press.

Olson, D. R., & Bialystok, E. (1983). *Spatial cognition.* Hilsdale, NJ: Lawrence Erlbaum Associates.

大神 優子（2007）．身振り産出に関わる神経基盤―道具使用身振りに関する fMRI 研

究一 電子情報通信学会技術研究報告，HCS，ヒューマンコミュニケーション基礎，*107(189)*，19-23.

大脇 儀一 (1949). 直観像の心理 培風館

Oyama, T., & Sato, K. (1975). Relative similarity of rotated and reversed figures as a function of children's age. *Journal of Comparative and Physiological Psychology, 88*, 110-117.

Parsons, L. M. (1987). Imagined spatial transformation of one's body. *Journal of Experimental Psychology: General, 116*, 172-191.

Pellegrino, J. W., & Kail, R. (1982). Process analyses of spatial aptitude. In R. J. Sternberg. (Ed.), *Advances in the psychology of human intelligence.* vol. 1 (pp. 311-365) NJ: Lawrence Erlbaum Associates.

Peters, M., Laeng, B., Latham, K., Jackson, M., Zaiyouna, R., & Richardson, C. (1995). A redrawn Vandenberg and Kuse mental rotations test: Different versions and factors that affect performance. *Brain Cognition, 28*, 39-58.

Piaget, J. (1977). Some recent research and its link with a new theory of groupings and conservations based on commutability. In R. W. Rieber & K. Salzinger (Eds.), *The roots of American psychology* (Annuals of the New York Academy of the Sciences, No. 291). New York:New York Academy of Sciences.

Piaget, J., & Inhelder, B. (1956). The child's conception of space. (Langdon, F. J., & Lunzer, J. L. Trans.) New York: The Norton. (Piaget, J. & Inhelder, B. 1948 *La représentation de l'espace chez l'enfant.*)

Piaget, J., & Inhelder, B. (1971). Mental imagery in the child. (Chilton, P. A.Trans.) New York: Basic Books. (Piaget, J. & Inhelder, B. 1966 *L'image mentale chez l'enfant.* Presses Universitaires de France.)

Piaget, J., Inhelder, B., & Szeminska, A. (1964) The child's conception of geometry. (Lunzer, E. A. Trans.) London: Routledge and Kegan Paul. (Piaget, J., Inhelder, B., & Szeminska, A. 1948 *La géométrie spontanée del'enfant*)

Piaget, J. (1947). *La psychologie de l'intelligence.* Paris: Armand Colin. (ピアジェ，J. 波多野 完治・滝沢 武久 (訳) (1967). 知能の心理学 みすず書房)

Piaget, J. (1970). Piaget's theory. In P. H. Mussen (Ed.), *Carmichael's manual of child psychology* (3rd ed.): vol. 1. New York: John Wiley & Sons.

（ピアジェ, J. 中垣 啓（訳）(2007). ピアジェに学ぶ認知発達の科学　北大路書房）

Piaget, J. & Inhelder, B. (1966). *L'image mentale chez l'enfant.* Presses Universitaires de France.

（ピアジェ, J.・インヘルダー, B. 久米 博・岸田 秀（訳）(1975). 心像の発達心理学　国土社）

Pick, A. D. (1965). Improvement of visual and tactual form discrimination. *Journal of Experimental Psychology, 69,* 331-339.

Platt, J. E., & Cohen, S. (1981). Mental rotation task performance as a function of age and training. *The Journal of Psychology, 108,* 173-178.

Poirel, N., Mellet, E., Houdé, O., & Pineau, A. (2008). First came the trees, then the forest: developmental changes during childhood in the processing of visual local-global patterns according to the meaningfulness of the stimuli. *Developmental Psychology, 44,* 245-253.

Polanyi, M. (1966). The tacit dimension. Chicago: University of Chicago Press.

（ポランニー, M. 高橋 勇夫（訳）(2003). 暗黙知の次元　ちくま学芸文庫）

Pylyshyn, Z. W. (1979). The rate of "mental rotation" of images: A test of a holistic analogue hypothesis. *Memory & Cognition, 7,* 19-28.

Riddoch, M. J., & Humphreys, G. W. (1987). A case of integrative visual agnosia. *Brain, 110,* 1431-1462.

Rigal, R. (1994). Right-left orientation: Development of correct use of right and left terms. *Perceptual and Motor Skills, 79,* 1259-1278.

Roberts, R. J., Jr., & Aman, C. J. (1993). Developmental differences in giving directions: Spatial frame of reference and mental rotation. *Child Development, 64,* 1258-1270.

Robertson, A. D., & Youniss, J. (1969). Anticipatory visual imagery in deaf and hearing children. *Child Development, 40,* 1 23-135.

Rock, I. (1973). *Orientation and form.* New YorkAcademic Press.

Rosser, R. A. (1994). Children's solution strategies and mental rotation problems: The differential salience of stimulus components. *Child Study Journal, 24,* 153-168.

Rosser, R. A., Ensing, S. S., Glider, P. J., & Lane, S. (1984). An information - processing analysis of children's accuracy in predicting the appearance of rotated stimuli. *Child Development, 55,* 2204-2211.

Rosser, R. A., Ensing, S. S., & Mazzeo, J. (1985). The role of stimulus salience in young children's ability to discriminate two-dimensional rotations: Reflections on a paradigm. *Contemporary Educational Psychology, 10,* 95-103.

Rosser, R. A., Stevens, S., Glider, P., Mazzeo, J., & Lane, S. (1989). Children's solution strategies and mental rotation: Evidence for a developmental shift. *Genetic, Social, and General Psychology Monographs, 115,* 183-204.

Rudel, R. G., & Teuber, H. L. (1963). Discrimination of direction of line in children. *Journal of Comparative and Physiological Psychology, 56,* 892-898.

Sekiyama, K. (1982). Kinesthetic aspects of mental representations in the identification of left and right hands. *Perception & Psychophysics, 32,* 89-95.

Sekiyama, K. (2006). Dynamic spatial cognition: Components, functions, and modifiability of body schema. *Japanese Psychological Research, 48,* 141-157.

Sekuler, A. B. (1996). Axis of elongation can determine reference frame for objects. *Canadian Journal of Experimental Psychology, 50,* 270-278.

Sekuler, A. B., & Swimmer, M. B. (2000). Interactions between symmetry and elongation in determining reference frames for object perception. *Canadian Journal of Experimental Psychology, 54,* 42-55.

Sharps, M. J., & Gollin, E. S. (1987). Speed and accuracy of mental image rotation in young and elderly adults. *Journal of Gerontology, 42,* 342-344.

Shepard, R. N., & Metzler, J. (1971). Mental rotation of three-dimensional objects. *Science, 171,* 701-703.

Shepp, B. E. & Swartz, K. B. (1976). Selective attention and the processing of integral and nonintegral dimentions: A developmental study. *Journal of Experimental Child Psychology, 22,* 73-85.

Signorella, M. L., & Jamison, W. (1978). Sex differences in the correlations among field dependence, spatial ability, sex-role orientation, and performance on Piaget's water-level task. *Developmental Psychology, 14,* 689-690.

Smith, L. B., & Kemler, D. G. (1977). Developmental trends in free classification: Evidence for a new conceptuialization of perceptual development. *Journal of Experimental Child Psychology, 24,* 279-298.

Snow, J. H. (1990). Investigation of a rotation task with school age children. *Journal of Psychoeducational Assessment, 8,* 538-549.

Snow, J. H. & Strope, E. E. (1990). Development of mental rotation matching abilities with children. *Developmental Neuropsychology, 6*, 207-214.

園原 太郎（1956）．対象認知の方向規制に関する発達的考察 京都大学文学部（編）京都大学文学部五十周年記念論文集，247-264.

園原 太郎（1967）．認知の発達とその障害．児童精神医学とその近接領域，*8*，1-10.

園原 太郎（1972）．幼児の知覚・認知．創造の世界，*3*，38-53.

Stefanatos, G. A., Buchholz, E. S., & Miller, N. F. (1998). Mental rotation: A task for the assessment of visuospatial skills of children. *Perceptual and Motor Skills, 86*, 527-536.

Steiger, J. H., & Yuille, J. C. (1983). Long-term memory and mental rotation. *Canadian Journal of Psychology, 37(3)*, 367-389.

Stern, W. (1909). Über verlagerte Raumformen. *Zeitschrift für angewandete Pschologie, 2*, 498-526.

Sternberg, R. J. (1985). Cognitive Approaches to Intelligence In B. B. Wolman, (Ed.), *Handbook of intelligence: theories, measurements, and applications*. New York: John Willy & Sons.

（スタンバーグ，R. J. 杉原 一昭（監訳）比留間 太白（訳）（1992）．知能の認知的アプローチ 知能心理学ハンドブック第1編，（pp. 59-112）田研出版）

鈴木 健太郎・三島 博之・佐々木 正人（1997）．アフォーダンスと行為の多様性―マイクロスリップをめぐって― 日本ファジイ学会誌，*9*，826-837.

Tanaka, T. (1960). Developmental study on the comparison of similarity of figures which change in direction and arrangement of elements: VIII. recognition and direction. *Japanese Psychological Research, 31*, 222-227.

田中 敏隆（1991）．認知の実験発達心理学 中央法規出版

田中 敏隆（2002）．子供の認知はどう発達するのか 金子書房

Tarr, M. J., & Pinker, S. (1989). Mental Rotation and Orientation-Dependence in Shape Recognition. *Cognitive Psychology, 21*, 233-282

Tarr, M. J., & Pinker, S. (1990). When does human object recognition use a viewer-centered reference frame? *Psychological Science, 1*, 253-256.

Thomas, H., & Jamison, W. (1975). On the acquisition of understanding that still water is horizontal. *Merrill Palmer Quarterly, 21*, 34-44.

Thurstone, L. L. (1938). Primary mental abilities. Chicago: University of Chicago Press.

Thurstone, L. L. & Jeffrey, T. E. (1956). *FLAGS A test of space thinking*. In L. L. Thurstone & T. G. Thurstone Personnel classification series Chicago: Education Industry Service.

Vandenberg, S. G., & Kuse, A. R. (1978). Mental rotations, a group test of three-dimensional spatial visualization. *Perceptual and motor skill, 47,* 599-604.

Voyer, D., & Hou, J. (2006). Type of items and the magnitude of gender differences on the Mental Rotations Test. *Canadian Journal of Experimental Psychology, 60,* 91-100.

Voyer, D., Butler, T., Cordero, J., Brake, B., Silbersweig, D., Stern, E., & Imperato-McGinley, J. (2006). The relation between computerized and paper-and-pencil mental rotation tasks: A validation study. *Journal of Clinical and Experimental Neuropsychology, 28,* 928-939.

渡邊 弘純 (1974). 就学前児童における形知覚の発達－VTR による手の活動の分析 － 教育心理学研究, *22,* 115-119.

Werner, H. (1948). *Comparative psychology of menatl development.* New York: International Universities Press.
（ウェルナー，H. 園原 太郎（監修），鯨岡 隆・浜田 寿美男（訳）(1976). 発達心理学入門　ミネルヴァ書房）

Werner, H., & Kaplan, B. (1963). *Symbol formation. An organismic-developmental approach to language and the expression of thought.* New York: John Willy & Sons.
（ウェルナー，H. & カプラン，B. 柿崎 祐一・鯨岡 峻・浜田 寿美男（訳）(1974). シンボルの形成　ミネルヴァ書房）

Wexler, M, Kossly, S. M., & Berthoz, A. (1998). Motor processes in mental rotation. *Cognition, 68,* 77-94.

Wiedenbauer, G., & Jansen-Osmann, P. (2008). Manual training of mental rotation in children. *Learning and Instruction, 18,* 30-41.

Witkin, H. A., & Goodenough, D. R. (1981). *Cognitive Styles: Essence and origins.* New York: International University Press.
（ウィトキン，H. A. & グッドイナフ，D. R. 島津 一夫（監訳），塚本 伸一（訳）(1985). 認知スタイル 本質と起源　ブレーン出版）

Wohlschläger, A. & Wohlschläger, A. (1998). Mental and manual rotation. *Journal of Experimental Psychology: Human Perception and Performance, 24,* 397-412.

Wohlwill, J. F. (1962). From perception to inference: A dimension of cognitive development. *Monographs of the Society for Research in Child Development, Thought in the Young Child: Report of a Conference on Intellective Development with Particular Attention to the Work of Jean Piaget., 27*, 87-112.

山口 真美 (2003). 赤ちゃんは顔をよむ：視覚と心の発達学 紀伊國屋書店

山本 利和 (1993). 環境認知と目的地への移動：原寸大の環境認知と対象化による環境認知 *MERA*（人間－環境学会誌), *1*, 47-54.

山本 利和 (1995). 日常生活空間の認知と目的地への移動 空間認知の発達研究会（編）空間に生きる（pp. 121-134）北大路書房

山崎 愛世 (1975). 触覚による図形認知と手による輪郭の追跡行動 教育心理学研究, *23*, 180-187.

Yokosawa, K., & Mitsumatsu, H. (2002). Contribution of internal details in obejct recognition. *Journal of Vision* (The second annual meeting of The Vision Science Society), *2*, 673.

Yuille, J. C., & Steiger, J. H. (1982). Nonholistic processing in mental rotation: Some suggestive evidence. *Perception & Psychophysics, 31*, 201-209.

Zaporozhets, A. V., Venger, L. A., Zinchenko, V. P., & Ruzskaia, A. G. (1967). *Perception and action*. Moscow: Prosveshtshenie.

（ザポロージェツ，A. V. 青木 冴子（訳)(1973). 知覚と行為 新読書社）

あ と が き

本書は，2016年に早稲田大学大学院教育学研究科に提出した博士論文に若干の修正を加えたものである。独立行政法人日本学術振興会平成30年度科学研究費助成事業（科学研究費補助金）（研究成果公開促進費　課題番号18HP5198）の助成をいただき刊行したものである。

本研究は，幼児期から児童期にかけて子どもがどのように図形を認知しているか，その認知特性を明らかにすることを目的としている。この論文で探求された発達課題は図形の同一性認知をめぐる問題である（ここでいう「同一性認知」とは，傾いた図形が輪郭と図柄において正立した図形と一致しているかどうかを判断することと定義される）。同一性認知の研究方法として，図形の異同判断の正誤を調べるサイコメトリックな検査方法と異同判断の反応時間を測る実験心理学的方法を用いている。更に，傾いた図形の部分を提示して，正立した図形と同じになるように，残された部分を配置させ補完させるという筆者が開発した独自の構成的方法を試みている。

筆者は，傾いた刺激の認知ではイメージ上での回転だけでなく知覚的な解決がなされているのではないかという考えに基づいて研究をしている。その上で縦断的・横断的なデータ（3～10歳）を分析し，形態知覚の認知過程において，対象に含まれる輪郭情報と図柄情報とが充分に統合されていない発達レベルから，相互に結びつき統合されるまでのプロセスを明らかにした。また，同一性認知の成立には刺激の形状による情報だけではなく，手の動かし方等，身体的なかかわりも多く関与すると予想されることから，対象にかかわる情報の統合と対象に対する身体的かかわりを含めた，認知過程を明らかにしている。さらに本研究で観察された身体的かかわりのひとつである「ひきうつし」と命名した特殊な行為を取り上げ，同一性認知の形成を説明

する上で身体性認知の重要な役割を明らかにしている。

第1章の研究史においては，知覚とイメージの発達に関連する知見を小テーマごとに8節に分け整理し，第9節では本研究の目的を示している。第2章から5章までは実証的実験がまとめられている。第2章では図形を用いた児童期における異同判断課題の条件分析的研究，第3章は図形を用いた幼児期における構成課題の条件分析的研究を行い，第4章では構成課題と従来の反応時間を用いたメンタルローテーション課題との比較研究，第5章においては身体をどのように用いるかという，身体のあり方の発達的研究が行われている。最終章6章において，それまでの実験的な知見ならびに従来の研究知見を統合し，知覚と参照，身体的かかわりからなるダイナミックな発達図式を提案した。

この研究の発想へ至った源泉を振り返ると，様々な転機があり多くの方々に支えられてきた。遠い過去から記憶を辿ってみようと思う。まず，学部から大学院に移る頃，初めてピアジェの理論に出会い深い感銘を受けた。小嶋謙四郎先生がピアジェを取り上げ注意深く掘り下げられていたことを思い出す。卒論や修論の主査となって頂いた故冨田正利先生からのアドバイスもあって，ピアジェの水位課題を用いた空間理解の研究を推し進めることとなった。自分の視点は，知覚的な要因が子どもの認識を支えている一方で，妨害的に働いてもいるという捉え方をし，認識の成立要因を視覚的な対象の属性に求めていこうとする，少し認知心理学寄りの見方へと移っていった。解釈の枠組みを広く一般的な心理学の方法に求めることが研究成果の妥当性の保証にもなると考えたからである。ただ正当なピアジェ派からすれば，実験心理学や認知心理学のモデルを借りて説明することは，間違ったピアジェ解釈に陥るともいえる。その後に子どもの臨床現場で天地を逆さにして描かれた頭足人の絵に偶然出会った。心を動かされ，今でもその3歳児の描いてくれた情景が心に残っている。おそらくそれは自分にとって研究方向のターニングポイントになったのだと思う。左右逆の鏡映文字は多くの研究者が取り上

げていたが上下逆は無かった。問題は，なぜこのような逆さの絵を生み出せたのか？　である。シュテル，W. が観察した幼児の方向に対する無頓着さがヒントを与えてくれた。

　既に職を得て幼児や児童の空間認知に関する研究が蓄積していく中で，それらをまとめる枠組みを模索した。最大のきっかけは故本明寛先生によるところが大きいと思う。まずは相当数ある実験を貫いている空間の枠組みの認識発達をどのようなモデルで説明するかであった。筆者は子どもの対象への行為に関心を持ち始めていた。ピアジェをはじめ先人達は行為が認識を生むということを述べていたにもかかわらず，その現象にどうもピンと来ていなかったのだと思う。実際に実験者側が子どもに求めた反応以外に身体の動きを伴うことが多くあった。それが認識の助けになっているのではないかというアイデアを膨らませていったことを思い出す。その頃は英語論文も受理されるようになり国外の学会にも目を向け始めていた時期でもあった。論文全体を通しての枠組みの再編に時間をかけながら進めた。機が熟し院生の頃から研究会を通じてご指導頂いていた早稲田大学の中垣啓先生に主査をお願いすることにした。この本で扱った研究の初期の頃からお世話になってきた正統なピアジェ派の研究者であり，しかも国内外を問わず度々研究上の指導を受け，多くの啓発を受けてきた良き師である。副査にはやはり大学院の頃から存じ上げていた名古屋芸術大学の加藤義信先生，早稲田大学の坂爪一幸先生，椎名乾平先生にお願いした。加藤先生は空間認知の発達領域のみならず，ワロンについて碩学であり，研究会では直接子どもの空間認知についてご指導頂いてきた。また坂爪先生は障害児医学を極めた方で切れ味の鋭い指摘を受けた。椎名先生は院生の頃より既知でありながらも，数量化Ⅲ類での馬蹄形効果を指摘され新鮮な驚きと少し悩んだことを思い出す。中垣啓先生，加藤義信先生，坂爪一幸先生，椎名乾平先生には心より感謝申し上げたい。本研究では多くの幼稚園，保育園，小学校の子どもたち先生方のお世話になってきた。感謝申し上げたい。更に実験補佐や論文の校正で目を通してくれた

妻に感謝したい。出版にあたっては，迷っていた自分を推していただいた風間書房の風間敬子代表取締役，編集の労をお取り頂いた斉藤宗親氏に深く感謝の意を表したい。

　最後に，文部科学省では，現在の5歳児を就学年齢として組み込むプラン等が検討されている。拙書が幼稚園・保育園から小学校へと子どもを橋渡しする上で，生じる認知発達上の軋轢を緩和する有益な資料となりえる知見を提供できればと思っている。特に幼児から児童においての認識の仕方の変化を明示した点は本研究の成果の真骨頂ともいえる。その意味で，この時期の子どもの図形に対する認識のあり方を詳細に検証し，身体的かかわりが彼らの空間に対する理解を促進していくという発達の総合モデルが，子どもの認識の発達に何某かの助けになれればと願っている。

　2018年　晩秋

野田　満

著者略歴

野田　満（のだ　みつる）

1956年生まれ
江戸川大学社会学部人間心理学科教授
博士（教育学）早稲田大学

専門　空間認知発達，対象への身体的かかわり

傾いた図形の同一性認知の発達的研究

2019年1月31日　初版第1刷発行

著　者　野　田　　満

発行者　風　間　敬　子

発行所　株式会社風間書房
〒101-0051　東京都千代田区神田神保町 1-34
電話 03(3291)5729　FAX 03(3291)5757
振替 00110-5-1853

印刷　太平印刷社　　製本　井上製本所

©2019　Mitsuru Noda　　　　　　　NDC 分類：140
ISBN978-4-7599-2263-9　　Printed in Japan
[JCOPY]〈㈳出版者著作権管理機構　委託出版物〉
本書の無断複製は，著作権法上での例外を除き禁じられています。複製される場合はそのつど事前に㈳出版者著作権管理機構（電話 03-5244-5088，FAX 03-5244-5089，e-mail: info@jcopy.or.jp）の許諾を得てください。